조세와 재정의 미래

지속 가능한 복지를 위한 증세 방향

The Future of Public Finance

조세와 재정의 미래

지속 가능한 복지를 위한 증세 방향

홍순만 지음

문우사
MoonWooSa

이 저서는 대한민국 교육부와 한국연구재단의 지원을 받아 수행된 연구임
(NRF-2017S1A3A2067636)

머리말

17세기 프랑스 재무장관이었던 콜베르(Jean-Baptiste Colbert)는 국가재정 상황을 황금으로 만든 수첩에 기록해 루이 14세에게 보고했다고 전해진다. 다섯 살의 어린 나이에 즉위한 루이 14세는 이 황금 수첩을 통해 재정 상황을 파악하고, 국가를 개혁할 명분을 갖게 된다. 그러나 막상 본인이 절대군주가 된 이후에는 오히려 이 수첩이 눈에 거슬렸나 보다. 악화되어 가는 재정 상태를 적나라하게 보여주었기 때문이다. 결국 수첩을 폐기하고 사치스러운 생활을 하다가 프랑스 재정은 파탄 지경에 이르게 된다. 정부 재정 상황에 대한 이해는 이렇듯 한 국가의 흥망성쇠에 영향을 미칠 수 있다.

대한민국의 재정은 2020년을 넘어가며 향후 약 30년간 빠른 속도로 악화될 전망이다. 대한민국이 미래의 재정적 도전을 슬기롭게 극복해 나가기 위해서는 현 재정 상황에 대한 명확한 이해가 필요하다. 또한 재정수입 확대 필요성과 증세의 방향성에 대한 사회적 공감대도 중요하다. 본서는 이 두 가지 목적에 기여하고자 작성되었다. 본서가 대한민국 재정의 현재와 미래를 이해하는 데 조금이나마 도움이 되었으면 하는 마음이다.

본서의 초안은 연세대학교에 개설된 「조세정책의 이해」라는 수업의 강의 교재로 작성되었다. 이후 대학 강의 교재와 일반인을 위한 교양서라는 두 가지 목적을 모두 달성할 수 있도록 수정되었다. 강의 교재를 기반으로 작성되었기 때문에 딱딱한 면이 없을 수 없다. 또한 일반인들도 이해할 수 있도록 수정하다 보니 이론적 설명은 상당수 삭제되었다. 그리고 '조세와 재정의 미래'라는 제목에 걸맞게 미래 재정 시뮬레이션 결과가 포함되어 있었지만, 코로나 사태의 장기화로 불확실성이 증대되어 삭제되었다. 구체적 숫자는 제시하지 않았지만, 필자가 생각하는 미래 방향성은 이해할 수 있으리라 생각된다.

본서가 나오기까지 많은 분들의 조언, 격려, 도움이 있었다. 우선 행정학을 포함한 사회과학 분야 여러 교수님들의 기존 연구가 큰 도움이 되었다. 많은 분들 중에서도 특히 연세대학교 하연섭 부총장님과 고려대학교 김태일 교수님의 재정 분야 출판물, 연세대학교 양재진 교수님의 복지 분야 출판물이 많은 도움이 되었다. 또한 국회예산정책처, 한국조세재정연구원, 한국재정정보원의 연구 결과도 많은 참고가 되었다.

그리고 부족한 원고를 흔쾌히 출판해 주신 문우사 김영훈 대표님, 멋진 편집으로 원고에 날개를 달아주신 전영완 차장님과 편집진들께도 깊이 감사드린다. 연세대학교 대학원 과정 박정인, 어태선, 지수호(가나다 순), 학부 과정 김다현, 안민서, 이권형, 황원준(가나다 순)이 마무리 작업에 크게 기여하였다. 마지막으로 필자의 부모님께서 이 지루한 원고를 읽고 많은 조언과 격려를 해주셨다. 깊은 감사의 마음을 전한다.

본 원고를 집필하느라 몇 달 동안 학계에서 두문불출하였다. 온갖 바쁜 척을 하며 주변의 초청과 제안을 거절했던 기억이 난다. 송구한 마음을 금할 수 없다. 그리고 이 책을 집필하는 기간 동안 가족과 많은 시간을 보내지 못한 것 같아 미안한 마음이다. 묵묵히 곁에서 도와준 아내와 항상 웃음을 선사하는 세 자녀에게 사랑하는 마음을 전한다.

2021년 11월 2일

명당(明堂) 연희관 317호에서

홍 순 만

차 례

CHAPTER 07 사회보장기여금(사회보험료) 253

CHAPTER 08 재산에 대한 세금 283

CHAPTER 09 지방세와 지방재정 311

CHAPTER 10 해외 주요국 조세제도의 특징 321

CHAPTER

1

기본 개념의 이해

1.1 생산, 소득, 조세의 관계

"소득이 있는 곳에 세금이 있다." 정부의 세수입 증가는 궁극적으로 그 국가의 소득 증가와 밀접한 관련이 있으며, 국가의 소득 증가는 결국 그 국가의 생산 증가와 불가분의 관계에 있다. 따라서 여기에서는 먼저 '조세', '소득', '생산'이라는 세 변수 간의 관계에 대해서 알아보자.

한 국가의 경제적 수준은 어떻게 결정되는가?

한 국가의 경제적 수준이 과연 어떻게 결정되는지, 다음과 같은 질문을 시작으로 생각해 보자.

'국가는 어떠한 경우에 경제적으로 번영하는가?'

이는 조세 정책을 포함한 여러 국가 정책을 논하기 위해서 명확하게 이해할 필요가 있는 질문이다. 여기에 대해서는 여러 가지 설명이 가능하겠지만, 그중에서도 재화 및 서비스의 생산 수준이 경제적 번영에 지대한 영향을 미침은 부인하기 어렵다. 대한민국 영토에서 더 많은, 그리고 더 가치 있는 재화 및 서비스가 생산되면 대한민국에 거주하는 국민들 역시 더 부유해지게 되는 것이다. 따라서 국가 정책도 대한민국 영토 내에서 더 많은 생산 활동이 일어날 수 있도록 설계되어야만 한다.

그런데 여기에서 몇몇 독자들은 고개를 갸웃할 수도 있다. 위 질문에 대해 가장 먼저 생각해 볼 수 있는 오답이 바로 '현금'이다. 국가가 많은 현금을 보유하고 있을 때 과연 경제적 번영이 이루어질까? 이 주장이 맞는다면 정부(중앙은행)는 많은 양의 화폐를 찍어내어 국민들에게 수억 원씩의 현금을 안겨주면 될 것이다. 그러나 생산은 제한되어 있는데 통화량만 늘어나서는 국민들이 부유해질 수 없다. 그럴 경우 한정된 재화와 서비스의 가격은 올라가고, 현금의 가치는 떨어지게 된다. 즉 물가가 상승하게 되어, 결국 현금 살포 전과 동일한 상태로 돌아가게 될 것이다.

대한민국의 화폐, 즉 원화가 가치 있는 이유는 궁극적으로 대한민국에서 생산된 재화 및 서비스와 교환할 수 있는 청구권을 갖기 때문이다. 극단적인 예로 만약 대한민국에서 생산이 전혀 이루어지지 않는다면, 아무도 한국의 원화를 소유하려고 하지 않을 것이다. 이 경우 현금은 휴지 조각이 되어버린다.

두 번째로 생각해 볼 수 있는 오답으로는 국내 기업의 주식, 채권과 같은 '금융 자산'이 있다. 그러나 주식과 채권은 궁극적 가치를 갖는 자산이 아니다. 주식이 가치 있는 이유는 그 해당 기업에서 생산하는 재화 또는 서비스가 가치 있기 때문이다. 만약 해당 기업이 더 이상 의미 있는 생산 활동을 하지 않을 경우 주식과 채권의 가치도 떨어질 수밖에 없다.

결국 한 국가의 경제적 수준은 그 국가에서 생산되는 재화 및 서비스의 생산 수준에 의해 제약된다. 물론 해외에서 생산된 재화와 서비스를 수입할 경우 생산보다 더 많은 양의 풍요를 누릴 수 있겠지만 필연적으로 수입은 그것을 수입하는 국가에 대한 채무를 발생시킨다. 미래 언젠가는 그 채무를 갚아야 하고, 그 미래 시점에서는 생산 수준보다 더 낮은 수준의 풍요를 누릴 수밖에 없다. 결국 대한민국이 중장기적으로 얼마나 풍요로운 경제생활을 할 수 있는지는 대한민국 영토 내에서 얼마나 많은, 그리고 얼마나 가치 있는 재화와 서비스가 생산되는가에 의해 결정된다고 볼 수 있다.

생산은 곧 소득을 결정한다

지금껏 생산의 중요성에 대해서 살펴보았다. 그런데 이 생산은 '소득'이라는 지표와 매우 밀접한 관계가 있다. 국가의 생산은 통상 '국내총생산Gross Domestic Product, GDP'이라는 지표로 측정하는데, 이것은 '일정 기간 국내에서 생산된 최종 재화와 서비스의 시장 가치의 합계'로 정의된다. 바로 이것이 정책적 관점에서 우리가 매년 이 GDP라는 지표에 관심을 갖는 이유이다.[1] GDP의 개념을 이해하기 위해서 우선 다음과

그림 1.1 생산 활동의 예시

	A회사	B회사	C회사
매출	1000원	2500원	3000원
재료비	(0원)	(1000원)	(2500원)
인건비/이자/배당 등	(1000원)	(1500원)	(500원)

같은 간단한 사례를 살펴보자.

〈그림 1.1〉을 보면 A, B, C라는 세 회사가 있다. A사는 벌목 회사인데, 그들은 숲에서 나무를 베어 가구 회사인 B사에게 1000원에 판매하였다. 이 1000원의 수입은 곧 A사가 창출한 부가가치인데, 이 금액은 A사 근로자의 인건비, 차입금에 대한 이자 비용, 주주에 대한 배당금으로 귀속되었다. 반면 B사는 1000원에 구입한 나무를 가공하여 목재 가구를 만들어 2500원에 소매상 C사에 판매하였다. 차액 1500원은 B사가 창출한 부가가치이며, 이 금액은 역시 인건비, 이자 비용, 배당금으로 지급되었다. C사는 B사로부터 사들인 가구를 다시 3000원에 소비자에게 판매하고, 거기에서 창출된 부가가치인 500원은 역시 인건비, 이자 비용, 배당금으로 지급하였다.

이 사례에서 GDP로 측정한 생산은 얼마인가? 그것은 최종 재화 및 서비스의 가치이므로 바로 3000원이 된다. 이 금액은 생산 활동에서 창출된 부가가치의 총합(1000원+1500원+500원)과 일치한다. 또한 A,

생산과 소득은 정확히 일치하는가?

생산은 곧 소득과 동일하다고 설명하였다. 그렇다면 우리가 흔히 접하는 국내총생산GDP이라는 지표는 국민총소득Gross National Income, GNI과 정확히 일치할까? 결론부터 말하면 그렇지 않다. 대한민국의 GDP는 '대한민국 영토 내에서 생산한 최종재의 가치'인 반면 GNI는 '대한민국 국민이 벌어들인 소득의 합계'이다.

따라서 GDP를 GNI로 변경하기 위해서는 대한민국 국민들이 해외에서 벌어 오는 소득을 가산하고, 외국인이 국내에서 벌어 가는 소득을 차감해야 한다. 이것은 '생산'과 '소득' 통계의 차이라기보다는 '국내' 생산과 '국민' 소득의 차이라고 할 수 있다. 또한 GDP에서 감가상각도 차감해야 한다. GDP는 생산된 최종재의 가치인데, 이 중 일부는 생산 시설을 유지하기 위해 재투자되어야 하며 어느 누구의 소득도 아니게 되므로 조정이 필요하다.

이러한 두 가지 차이에도 불구하고 두 지표의 실제 금액 차이는 그렇게 크지 않다. 2019년 한국의 1인당 명목 GDP는 3만 1838달러USD였고, 1인당 명목 GNI는 3만 3720달러였다. 따라서 여기에서는 종종 GDP를 소득의 대용치로 사용하여 분석하고 있음을 양해해 주기 바란다.

B, C 회사가 인건비, 이자, 배당으로 지출한 금액의 총합(1000원+1500원+500원)도 역시 3000원인데, 이 금액은 누군가의 '소득'으로 귀속되었다. 이를 통해 결국 생산은 소득과 밀접한 관련이 있음을 알 수 있다.

생산과 소득의 관계를 이해하면 우리가 이 생산이라는 지표를 왜 중요시하는지를 보다 더 정확히 이해할 수 있다. 대한민국의 생산이 늘어나면 결국 그 생산 활동에 참여한 대한민국 국민들의 소득 총합도 늘어난다. 대한민국 거주자의 소득을 증대시키려면 대한민국 영토 내에서 더 많은, 그리고 더 가치 있는 생산 활동이 일어나도록 유도해야 한다.

소득은 노동소득과 자본소득으로 구분 가능하다

앞서 살펴본 〈그림 1.1〉에서 최종 재화의 판매 가격인 3000원이 곧 생산 활동에서 창출된 부가가치의 합이고, 이 금액은 인건비, 이자, 배당 등으로 배분됨을 이해하였다. 경제학자들은 생산 과정에 투입되는 자원을 '생산요소'라고 부르는데, 이 생산요소는 크게 '노동'과 '자본'으로 나눌 수 있다. 이것을 그림에 대입해 보면 노동에는 인건비를 지급하고, 자본에는 이자와 배당을 지급한 것으로 이해할 수 있다.

결국 생산 활동에서 창출된 가치는 노동과 자본에 대한 대가로 지급되는데, 전체 국민소득에서 노동에 배분된 몫을 '노동소득분배율'이라고 한다. 예를 들어 노동소득분배율이 60%라고 하면 생산 활동에서 창출된 가치의 60%가 노동소득(인건비 등)으로 배분되고, 나머지 40%는 자본소득(이자, 배당 등)으로 지급되었다는 뜻이다.

그리고 이러한 노동소득분배율은 소득 불평등과 밀접한 관련이 있다고 알려져 있다. 예를 들어, 프랑스의 경제학자 토마 피케티Thomas Piketty 교수는 『21세기 자본*Capital in the Twenty-First Century*』이라는 그의 저

그림 1.2 **주요 선진국의 국민소득 대비 자본소득 비율**

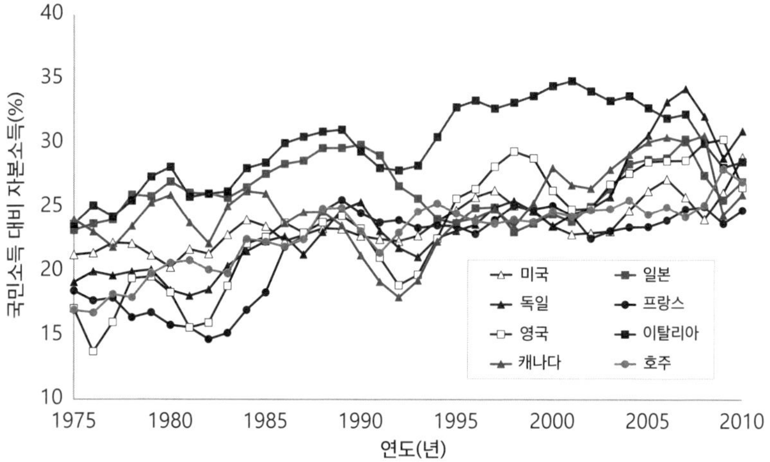

자료: Piketty(2013)[2]

서에서 세계 많은 나라에서 소득 불평등이 심화되는 원인으로 '시간이 갈수록 자본에 대한 소득분배율이 높아지고 있는 현상'을 꼽았다. 그것은 즉 노동소득분배율이 감소하고 있음을 뜻하는데, 〈그림 1.2〉를 보면 주요 선진국의 국민소득 대비 자본소득 비율이 1970년대 이후 꾸준히 상승하고 있음을 확인할 수 있다.[3]

또한, 미국을 포함한 일부 선진국에서는 노동소득에 대한 세금(근로소득세)에 비해 자본소득에 대한 세금이 감소하고 있어 그것이 소득 불평등의 원인이 되고 있다. 여기서 자본소득은 법인세 · 이자 · 배당 등의 금융소득, 자산 양도차익 · 부동산 임대소득 · 로열티 수입 등의 불

그림 1.3 미국의 노동소득과 자본소득에 대한 평균세율 추이

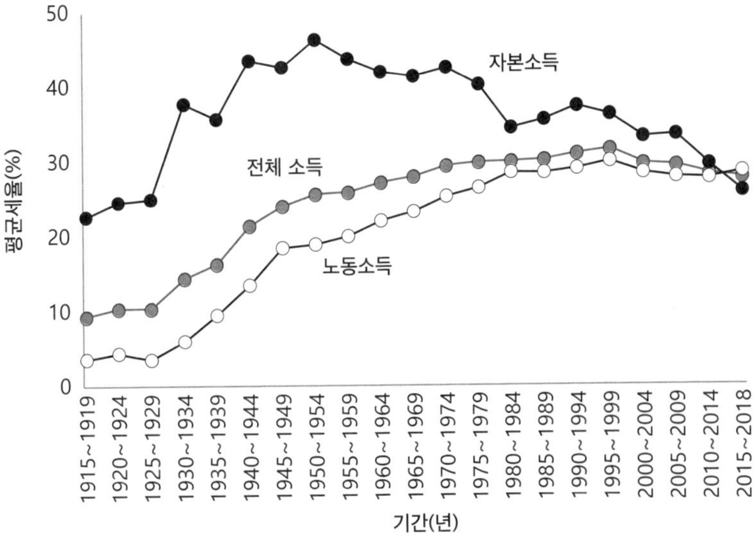

자료: Saez & Zucman(2019)[4]

로소득을 모두 포함한다. 〈그림 1.3〉에서 보듯이 20세기 중반 이후 미국에서는 자본에 대한 평균세율이 지속적으로 하락하였음을 확인할 수 있다. 이러한 현상은 미국뿐 아니라 세계 많은 선진국에서 발견되고 있는데 한 가지 놀라운 점은 이상적인 복지국가의 모델로 대표되는 북유럽 국가들 역시 이러한 추세에 적극 동참하고 있다는 사실이다. 뒤에서 다시 설명하겠지만 스웨덴을 포함한 북유럽 국가들은 자본소득에 대해 노동소득보다 낮은 단일세율로 과세하는 이원소득세제dual income taxation를 도입하였다.

참고로 우리나라의 경우 다행히 이러한 추세에 동참하고 있지 않다. 한국의 노동소득분배율은 최근 10년간 꾸준하게 증가하고 있을 뿐만 아니라, 근로소득에 대한 실효세율이 낮고, 이자배당소득과 부동산 임대소득 등을 합산하여 '종합소득'이라는 이름으로 누진세를 부과하고 있다. 그리고 법인세와 배당소득에 대한 세금을 합산해 보면 주주들이 납부하는 세금도 다른 선진국 대비 높다. 이에 관하여는 뒤에서 다시 자세히 설명하기로 한다.

조세부담(국민부담률) 증가는 사회복지지출 증가와 깊은 연관이 있다

지금껏 경제적 번영을 위한 생산의 중요성, 그리고 생산과 소득 간 관계에 대해서 설명하였다. 앞서 살펴본 대로 소득 증대는 생산 증대를 통해 가능하며, (조세수입은 결국 소득의 일부를 정부가 징수하는 개념이므로) 세수입 증대는 소득 증대를 통해 가능하다. 따라서 궁극적으로 세율 인상 없이 조세수입이 증대되려면 생산이 증대되어야만 하는 것이다. 바로 이것이 우리가 일반적으로 국민들의 조세부담 수준을 GDP와 비교하여 측정하는 이유이기도 하다.

그런데 국민들의 조세부담을 국가 간 비교하기 위해 사용되는 통계로는 '조세부담률'과 '국민부담률'이 있다. 조세부담률은 GDP 대비 조세수입을 의미하고, 국민부담률은 GDP 대비 조세와 사회보장기여금 수입을 의미한다. 그리고 조세에는 국가(중앙정부)가 징수하는 국세와 지방자치단체(지방정부)가 징수하는 지방세가 모두 포함되며, 사회

그림 1.4 **주요 선진국 대비 국민부담률 추이**

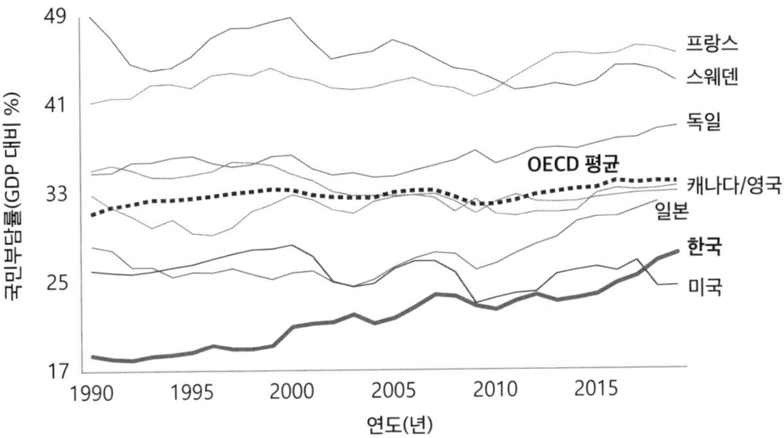

주: 1. 굵은 실선이 한국을 나타내며, 점선은 OECD 회원국 평균임.
2. 1990년부터 2019년까지의 데이터임(단, 일본은 데이터가 공개된 2018년까지 포함함).
자료: OECD Global Revenue Statistics Database

보장기여금은 국민연금, 건강보험, 고용보험료 등의 사회보험료를 의미한다. 이 책에서는 '조세'를 넓은 의미로 해석하여 사회보장기여금까지 포함한 개념으로 정의하고자 한다. 따라서 국민의 조세부담을 조세부담률이 아니라 국민부담률을 중심으로 살펴보기로 한다.

우리나라와 주요 선진국의 국민부담률을 비교한 결과는 〈그림 1.4〉와 같다. 주요 선진국으로는 G7(미국, 영국, 캐나다, 프랑스, 독일, 일본, 이탈리아)에서 이탈리아를 제외하고 스웨덴을 포함하였다. 그림에서 보듯이 한국의 국민부담률은 선진국 대비 낮은 수준이다. 비교 대상 국가 중에는 프랑스와 스웨덴이 가장 높고, 독일이 그다음, 그리고 캐나

그림 1.5 **한국 국민부담률의 구성**

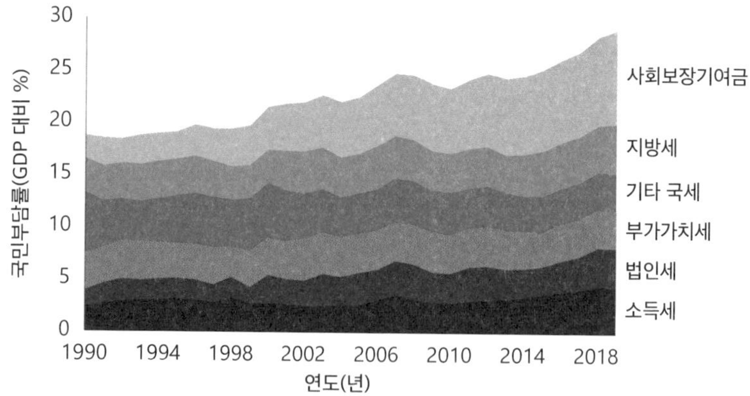

자료: e-나라지표

다와 영국은 OECD 평균과 유사한 수준인 반면 일본, 한국, 미국은 부담 수준이 낮은 편이다. 다만 한국의 국민부담률이 선진국 대비 매우 빠르게 증가하고 있다는 점은 주목할 필요가 있다.

그렇다면 한국의 국민부담률은 왜 빠르게 증가하는 것일까? 이 질문에 대한 답을 얻기 위해 〈그림 1.5〉처럼 국민부담률을 구성 항목별로 나누어 살펴보자. 먼저 데이터가 시작되는 1990년으로 거슬러 올라가 보면 '기타 국세'로 분류된 항목이 가장 큰 비중을 차지함을 알 수 있다. 그러나 최근 들어서는 사회보장기여금의 비중이 가장 높은 것을 확인할 수 있는데, 이렇듯 한국의 국민부담률의 빠른 증가세는 대부분 사회보장기여금의 증가에 기인함을 알 수 있다.

한국은 '저부담-저복지 사회'이다

사회보장기여금(사회보험료)은 사회복지 지출의 중요한 재원이기 때문에, 그것이 빠르게 증가하면서 국민부담률을 상승시키는 데에는 복지지출이 밀접하게 연관되어 있음을 알 수 있다.[5] 사회복지 수요의 증가가 국민의 세금부담을 견인하는 현상은 비단 우리나라에서만 발견되는 것은 아니다. 〈그림 1.6〉에서 OECD 회원국의 국민부담률과 공공

그림 1.6 국민부담률과 공공사회복지지출

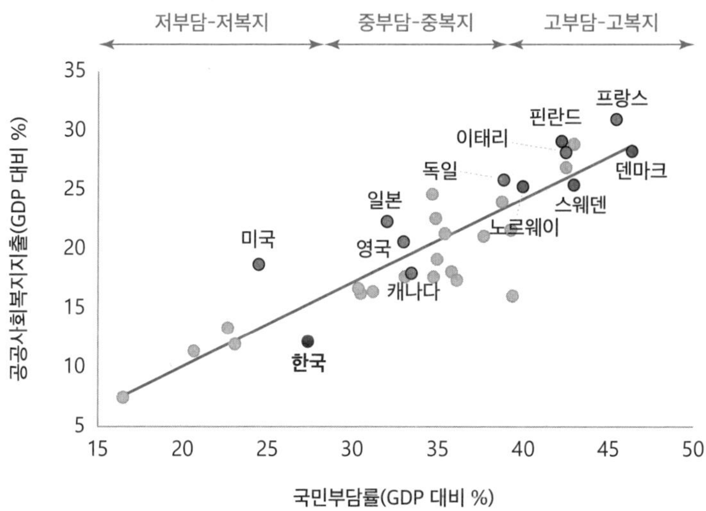

주: 1. 일본과 캐나다를 제외하면 모두 2019년 데이터를 사용함.
2. 일본의 사회복지지출과 국민부담률은 각각 2017년과 2018년 데이터이며, 캐나다의 사회복지지출은 2018년 데이터를 사용함.
자료: OECD Database

사회복지지출이 매우 강한 양(+)의 상관관계를 보임을 알 수 있다.

국민부담률과 공공사회복지지출의 수준에 따라 OECD 회원국을 세 가지 유형으로 구분할 수 있다. 〈그림 1.6〉에서 보듯이 '저부담-저복지', '중부담-중복지', '고부담-고복지' 유형이 그것이다. 물론 '고부담-고복지' 또는 '저부담-저복지' 사회를 구분하는 명확한 기준은 없지만, 많은 전문가들은 한국을 저부담-저복지 국가로 분류하고 있다. 그러나 빠른 고령화 속도를 고려할 때 한국도 2030년대 초중반 전후로 '중부담' 수준의 복지지출 수요가 발생할 것으로 예상된다.

한국의 재정수입은 어떻게 구성되어 있는가?

조세에 대하여 논하기에 앞서 한국의 정부재정에 대해서 알아보자. 그를 위해서는 먼저, 정부가 갖고 있는 '일반회계', '특별회계', '기금'이라는 세 가지 유형의 돈주머니에 대해서 이해할 필요가 있다. 일반회계는 우리가 알고 있는 가장 일반적이고 중요한 주머니이다. 반면 특별회계는 특정 사업을 운영하고자 할 때 일반회계와 구분하여 계리하기 위해 설치하는 주머니를 말하며, 기금은 특수한 정책 목적을 실현하기 위하여 자금을 신축적으로 운용할 필요가 있을 때 설치하는 주머니이다. 2021년 현재 정부에는 1개 일반회계, 20개 특별회계, 67개 기금이 있다.[6]

다음으로 정부의 재정수입에 대해서 살펴보자. 그를 위해 우선은 정부의 '총수입'이라는 개념을 이해할 필요가 있는데, 총수입은 중앙정부의 수입을 나타내는 지표로서 일반회계, 특별회계, 기금의 수입을 모

그림 1.7 **국민부담률의 구성**

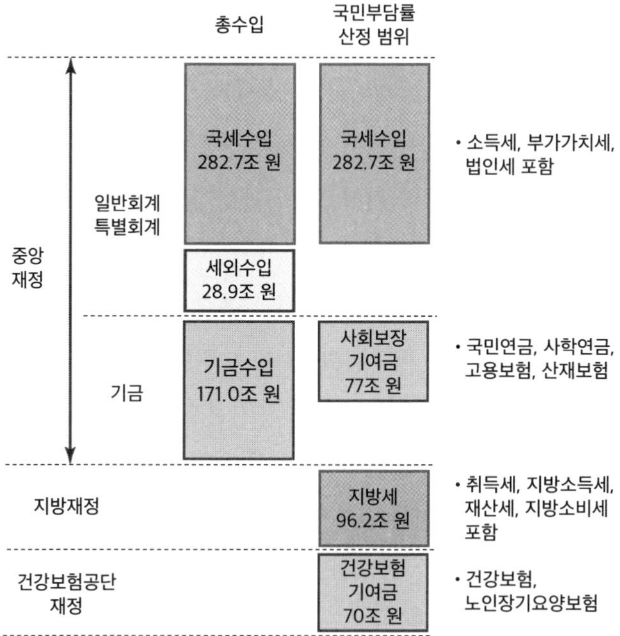

주: 2021년 본예산 기준이지만 건강보험기여금은 2020년 기여금을 사용함.
자료: 한국재정정보원(2021)[7]

두 더한 뒤 내부 거래를 제거한 금액을 말한다. 이는 간단히 중앙정부의 재정수입으로 이해하면 될 것이다. 〈그림 1.7〉에서 보듯이 총수입은 다시 '국세수입', '세외수입', '기금수입'으로 구분할 수 있다.

그런데 국민부담률에 포함되는 조세와 사회보장기여금은 이 총수입과 몇 가지 측면에서 차이가 난다. 첫째, 국민부담률에 포함되는 조세에는 국세뿐 아니라 지방자치단체가 징수하는 지방세도 포함된다. 둘째, 기금수입 중에서 사회보장기여금 수입을 제외한 나머지 수입(기금 운용수익 등)은 국민부담률에 포함되지 않는다. 셋째, 국민건강보험공단이 징수하는 건강보험기여금도 국민부담률에 포함한다. 특이하게도 건강보험기여금은 국민연금 등 공적연금처럼 정부의 돈주머니(기금)로 들어가지 않고, 국민건강보험공단이라는 공공기관이 관리하고 있다.[8]

〈그림 1.7〉은 국민부담률의 구성과 총수입과의 관계를 보여준다. 그런데 국민부담률에는 포함되지 않지만 조세와 유사한 성격을 지닌 재정수입이 있는데, 바로 「부담금관리 기본법」상의 부담금이다. 여기서 '부담금'이란 특정 공익사업과 관련하여 정부가 부과하는 조세 외의 금전지급의무를 말하는데, 그림 안에서는 세외수입 및 기금수입에 포함되어 있다. 이것은 국민부담률을 계산할 때에는 포함되지 않지만 그 규모가 상당해, 2019년에 20조 4000억 원이 징수되었으며, 이는 GDP 대비 약 1.1% 수준이다.

마지막으로, 조세와 사회보장기여금이 정부 재정수입에서 차지하는 비중은 어느 정도일까? 일단 조세 중 국세수입은 총수입의 약 60%를 차지하며, 만약 기금수입에 포함된 사회보장기여금까지 고려할 경우 약 80% 수준이다. '정부'의 범위를 확장하여 지방정부(지방재정, 지방교육재정), 비영리 공공기관까지 포함한 '일반정부'로 정의할 경우에도 유사하다. 국세와 지방세를 포함한 조세수입이 재정수입의 약 60%, 사회보장기여금까지 고려하면 약 80% 수준이다.

1.2 조세 체계의 이해

우리나라 조세는 국세와 지방세로 구분된다

우리나라의 조세는 먼저 '세금을 부과·징수하는 과세권의 주체가 누구인가'에 따라 '국세'와 '지방세'로 구분할 수 있다. 국세는 국가(중앙정부)가 부과하고, 지방세는 지방자치단체가 부과한다. 2019년 기준으로 국세는 약 294조 원, 지방세는 91조 원이 징수되었다. 비율로는 76 : 24 정도이다.

〈그림 1.8〉에서 국세의 주요 항목을 보면 3대 세목이라 불리는 소득세, 법인세, 부가가치세가 전체 국세 징수액의 약 77%를 차지함을 볼 수 있다. 지방세의 경우 취득세, 지방소득세, 재산세, 지방소비세가 전체 지방세 수입의 약 72%를 차지한다. 이 중 취득세와 재산세는 주로 부동산과 관련된 세금으로, 지방세 수입은 지역 부동산 경기에 민감하게 반응하는 경향이 있다.

그림 1.8 **국세와 지방세 수입 현황(2019년)**

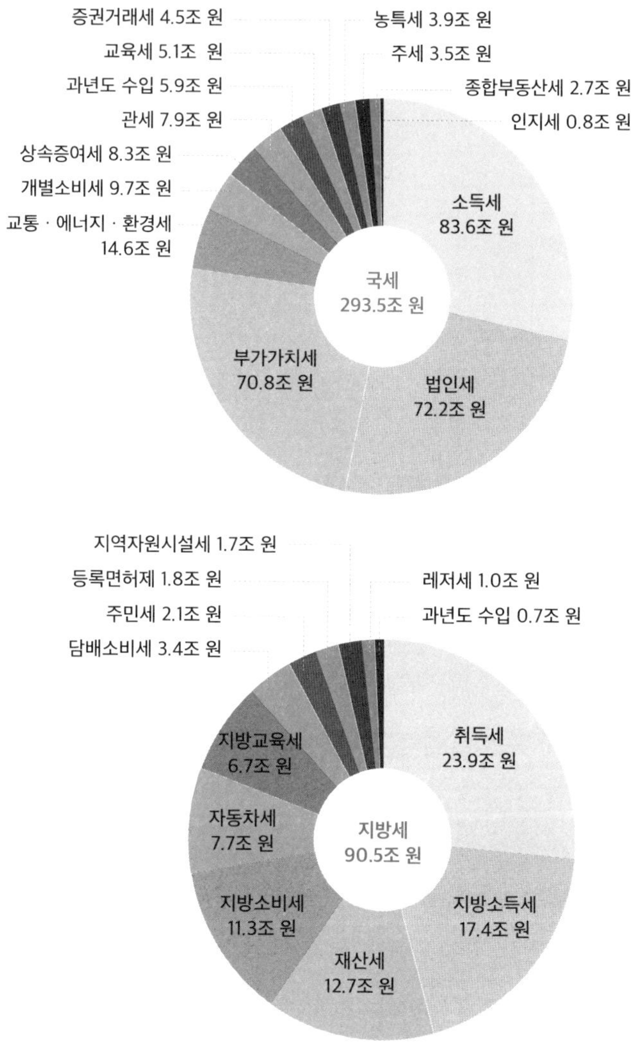

자료: 국회 예산정책처 조세수첩 2020[9]

조세는 소득, 소비, 재산에 대한 세금으로 구분된다

조세는 또한 '그 부과 대상이 무엇인가'를 기준으로 '소득과세', '재산과세', '소비과세', '기타'로 구분할 수 있다. 그중에서도 소득과 소비에 부과되는 세금의 비중이 압도적으로 크며, 재산에 부과되는 세금의 비중은 상대적으로 훨씬 작다.

앞서 우리는 생산의 개념에 대해서 살펴보면서 경제 내에서 창출된 생산은 곧 누군가의 소득으로 배분된다는 사실도 알았다. 이러한 소득은 개인에게 귀속될 수도 있고 법인에게 귀속될 수도 있는데, 개인에게 귀속되는 소득에 대한 세금을 '소득세', 법인에게 귀속되는 소득에 대한 세금을 '법인세'라고 한다.

한편 소득을 얻은 개인은 그 돈으로 소비를 하거나 저축을 할 수 있다. 여기서 개인이 소비하는 금액에 대해서 부과되는 세금을 '소비세'라고 하며, 이러한 소비세 가운데 가장 큰 비중을 차지하는 세목은 '부가가치세'이다. 반면 개인이 저축한 돈은 금융시장을 통하여 법인

그림 1.9 소득과 소비의 관계

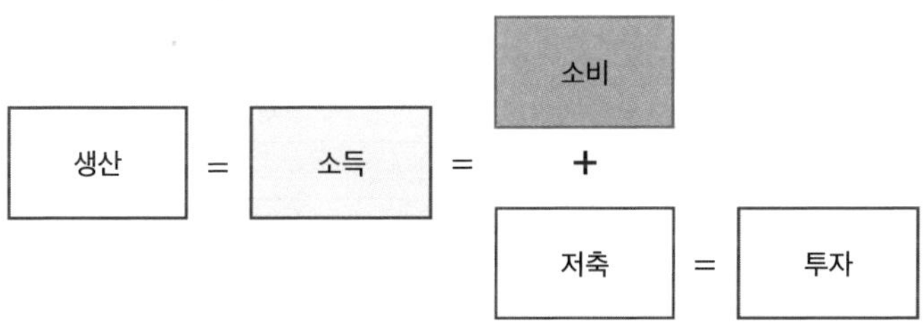

(기업)의 투자 자금으로 전달되기도 하는데, 이렇게 투자를 통해서 소득이 창출되면 또다시 거기에 세금이 부과된다. 법인에게 부과되는 '법인세', 개인에게 부과되는 '소득세'가 그것이다.

세금은 또한 재산에 대해서도 부과된다. 우리의 소득 중 소비로 지출되지 않고 저축된 금액은 쌓이고 쌓여 재산을 형성하게 되는데 그렇게 쌓인 재산에 대해서도 다양한 세금이 부과된다. 재산이 증여되거나 상속되면 각각 '증여세'와 '상속세'가 부과되며, 부동산 형태의 재산을 보유할 경우에는 국세인 '종합부동산세'와 지방세인 '재산세'가 부과된다. 부동산 외 재산에는 보통 세금이 부과되지 않지만,[10] 2020년 현재 노르웨이, 스페인, 스위스 등 극소수 국가들은 예외적으로 부동산 외의 재산에 대한 보유세도 부과하고 있는데 이를 '부유세wealth tax'라고 한다.

소득, 소비, 재산에 대한 주요 조세를 정리하면 〈표 1.1〉과 같은데, 표에는 포함되지 않았지만 뺄 수 없는 항목이 있다. 바로 '사회보장기여금', 다른 말로 '사회보험료'이다. 이는 현행법상 '조세'는 아니지만

표 1.1 조세의 분류

종 류	내 용
소득에 대한 세금	소득세, 법인세 등
소비에 대한 세금	부가가치세, 개별소비세 등
재산에 대한 세금	상속・증여세, 종합부동산세, 재산세(지방세) 등
기타 세금	거래세(취득세, 증권거래세 등), 교통・에너지・환경세 등

국민 입장에서는 실질적으로 조세와 다를 바가 없다. 그럼에도 불구하고, 현재 조세와 사회보험료에 관한 정책과 행정이 분절적으로 이루어져 국민들이 불편을 겪고 있다. 이는 향후 사회보험료 비중이 크게 증대될 것이기 때문에 간과할 수 없는 문제이므로 조세와 사회보험료의 통합적 관리를 검토할 필요가 있다.

소득세는 노동소득에 대한 세금과 자본소득에 대한 세금으로 구분된다

앞서 생산 활동에는 노동과 자본이라는 두 가지 생산요소가 투입된다고 설명하였다. 따라서 생산을 통해 창출된 소득에 부과되는 소득세(법인세 포함)는 소득이 어느 생산요소에 귀속되는가에 따라 '노동소득에 대한 세금'과 '자본소득에 대한 세금'으로 구분할 수 있다. 이는 물론 이론적 관점의 분류이고, 이러한 이론적 관점을 실제 제도와 연결할 때에는 많은 쟁점이 발생한다.

노동소득 중 가장 대표적인 것으로 근로소득이 있으며, 자본소득은 법인의 소득, 금융소득(이자와 배당), 자산의 양도차익, 로열티 수입 등으로 구분된다. 뒤에서 설명하겠지만 스웨덴 등 북유럽 국가들은 노동소득과 자본소득에 대해 차별적인 세율을 부과하는 이원소득세제를 도입하였는데, 여기에는 개인 사업자의 소득(사업소득)을 노동소득으로 볼 것인지, 자본소득으로 볼 것인지의 쟁점이 발생한다.

세계적 추세는 소득세와 부가가치세의 인상, 그리고 법인세의 인하이다

그렇다면 다른 선진국에서는 세율이 어떻게 변화하고 있을까? 이 질문에 대한 답을 얻기 위해서 3대 세목인 소득세, 부가가치세, 법인세 세율의 주요국 추이를 살펴보면 〈그림 1.10〉과 같다. 먼저 소득세율과 관련해서는 다음의 세 가지 사실을 확인할 수 있다. 첫째, 세율은 G7 평균, 한국, OECD 평균 순서로 높다. 둘째, 세계적으로 소득세율이 완만하게 상승하는 추세이다. 셋째, 한국의 소득세율이 매우 빠른 속도로 인상되고 있다.

다음으로 법인세율을 보자. 첫째, 세율은 한국, G7 평균, OECD 평균 순으로 높다. 둘째, 해외 선진국에서 법인세율이 상당히 빠른 속도로 인하되고 있다. 셋째, 한국은 최근 법인세율을 인상하였다. 2017년까지만 해도 한국의 법인세율이 타 선진국 대비 계속 낮은 수준이었는데 2018년 이후로는 오히려 높아졌다.

마지막으로 부가가치세이다. 첫째, 세율은 OECD 평균, G7 평균, 한국 순으로 높다. G7 평균의 소득세율은 OECD 평균보다 높은 경향이 있지만, 부가가치세율은 그와 반대이다. 둘째, 세계적으로 부가가치세율이 완만하게 상승하고 있다. 셋째, 한국의 부가가치세율은 10%로 낮은 수준을 유지하고 있다.

이상의 분석을 요약하면 다음과 같다. 첫째, 세계적으로 소득세와 부가가치세는 완만하게 상승하고, 법인세는 빠른 속도로 인하되고 있다. 둘째, 선진국과 비교했을 때 한국의 소득세와 부가가치세는 인상

그림 1.10 **주요 세목 세율 추이**

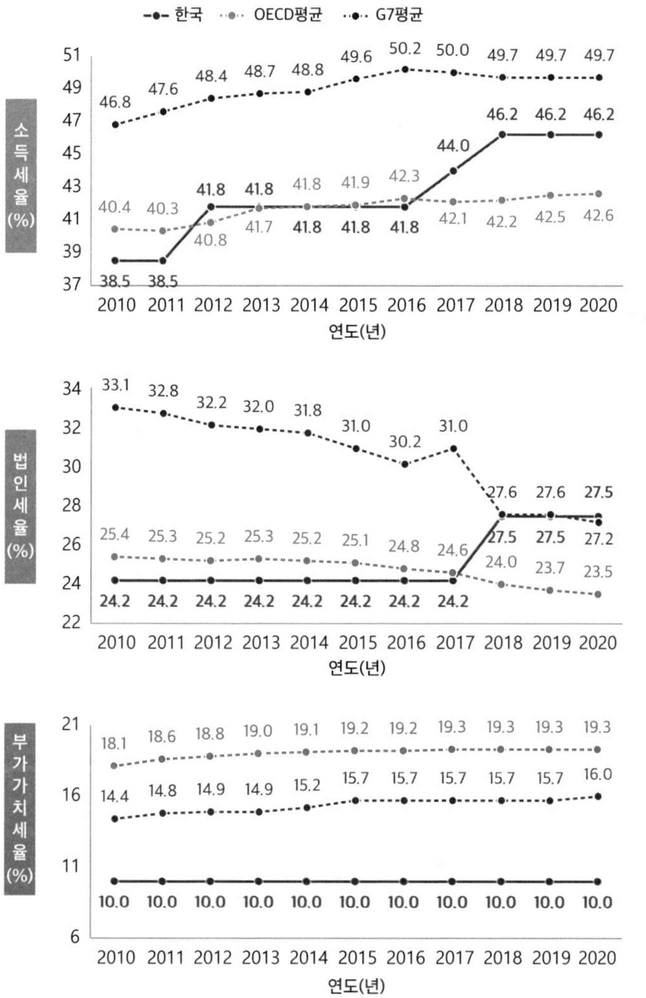

주: 소득세와 법인세는 지방세 등 포함 최고세율, 부가가치세는 표준세율 기준임.
자료: 국회예산정책처(2020)[11]; OECD Database

여력이 있으며, 법인세는 국제적 기준에 비추어 볼 때 다소 높은 수준이다.

우리나라 조세 체계와 본서의 초점

2021년 현재 우리나라 조세의 종류는 총 25개 세목이며, 이 중 국세가 14개, 지방세가 11개이다. 국세는 5개 직접세(소득세, 법인세, 상속세, 증여세, 종합부동산세), 5개 간접세(부가가치세, 개별소비세 등), 3개 목적세와 나머지 1개 관세로 구성되어 있다. 반면 지방세에는 11개 세목이 있으며, 과세권이 자치단체별로 나뉘어 있다.

본서는 국세, 그중에서도 특히 3대 세목인 법인세, 소득세, 부가가치세를 중심으로 한국의 조세 정책을 설명하기로 한다. 또한 재산에 부과되는 세금 중에서는 부동산 관련 조세, 상속·증여세에 이어, 2020년 미국 대선에서 중요한 이슈로 떠오른 부유세와 관련된 이슈를 설명하고, 이어서 지방세와 지방재정에 대해서 간략하게 살펴보도록 한다. 마지막으로 향후 인구 고령화에 따라 정부재정에 막대한 부담이 될 수 있는 사회보장기여금(사회보험료)에 대한 정책적 이슈들도 정리하기로 한다.

CHAPTER

2

미래 재정 전망과 증세 필요성

2.1 미래 재정적 도전

재정지출 증가는 거스를 수 없는 세계적 추세이다

“향후 30년간 정부의 지출 규모는 큰 폭으로 증가할 것이다.” 이는 오직 우리나라만 해당되는 이야기가 아니라 세계 대부분의 선진국이 당면할 문제이다. 국민의 삶의 수준이 유지되려면 큰 폭의 지출 증가가 불가피한 데다 코로나19로 인한 팬데믹 사태는 이러한 재정지출 증가를 촉발시키는 요인으로 작용하고 있다. 구체적으로 다음의 다섯 가지 요인이 정부의 재정지출 증가를 견인할 것이다.

첫째, 모든 선진국에서 인구의 고령화가 진행되고 있기 때문에 경제활동인구가 은퇴한 고령인구를 지원하는 구조를 가진 연금제도의 재정건전성 문제가 대두될 것이다. 둘째, 세계 많은 나라에서 국민의 의료비 지출이 증가하고 있는데, 각국 정부가 국민 의료비의 상당 부분을 공공의료보험 등을 통해 부담하기 때문에 이와 관련된 정부의 재정지출도 함께 증가할 수밖에 없다. 셋째, 코로나19 사태 이후 환경 문제에 대한 관심이 크게 증가하여, 환경 보호를 위한 정부의 역할이 강화될 것이다. 넷째, 과학 기술의 발달이 전통적 사회보험의 사각지대에 있는 플랫폼 노동자 등 새로운 형태의 근로자를 양산하고 있으므로, 사각지대 해소를 위한 복지지출의 증가가 예상된다. 다섯째, 대부분 선진국들이 노후된 사회간접자본Social Overhead Capital, SOC의 유지·보수에 상당히 많은 비용을 지출할 수밖에 없을 것이다.

인구 고령화로 인한 연금 고갈

그렇다면 먼저 인구 고령화에 대해서 살펴보자. 〈그림 2.1〉은 세계 각국의 65세 이상 고령인구 비율을 보여준다. 그림에는 1960년부터 2018년까지는 실제 데이터, 그 이후 2030년까지는 추정치를 사용하였는데, 우선 OECD 회원국 평균과 G20 회원국 평균을 포함하여 전반적으로 고령인구 비율이 증가함을 확인할 수 있다. 인구 고령화는 이미 전 세계적인 현상이다.

그림에서는 특히 한국과 일본 두 나라가 눈에 들어온다. 일본의 고령인구 비율은 세계 그 어떤 국가와도 비교할 수 없을 정도로 높다. 대략 1990년대 초부터 고령인구 비율이 빠르게 증가하여 2005년 전후로 세계에서 노인 비율이 가장 높은 나라가 되었다. 한국은 아직 다른 국가의 대오에서 이탈하지 않았지만, 고령인구 비율이 매우 빠르게 증

그림 2.1 **65세 이상 고령인구 비율(1960~2030년)**

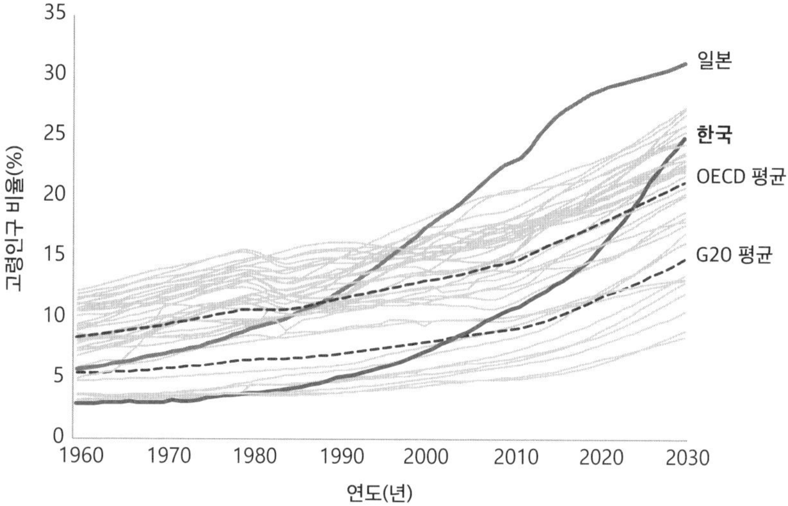

주: 1. OECD Database에 자료가 있는 모든 국가를 포함함.
2. 2019년부터 2030년은 추정치임.
자료: OECD Database

가하고 있다. 특히 2020년 이후 기울기가 가파르게 증가하는데, 그 증가 속도가 1990년대의 일본보다도 훨씬 빠르다. 더욱 충격적인 사실은 2050년 전후로 한국의 고령인구 비율이 일본을 추월할 가능성이 높다는 점이다.

이러한 고령인구의 비율은 정부의 재정건전성에 큰 영향을 미치게 되는데, 첫째로 연금지출이 큰 폭으로 증가하게 된다. 현재의 예상대로라면 2060년에는 연금제도의 정상적 운영을 위해 근로자들이 국민연금

그림 2.2 **주요 선진국 정부 채무 비율(1960~2015년)**

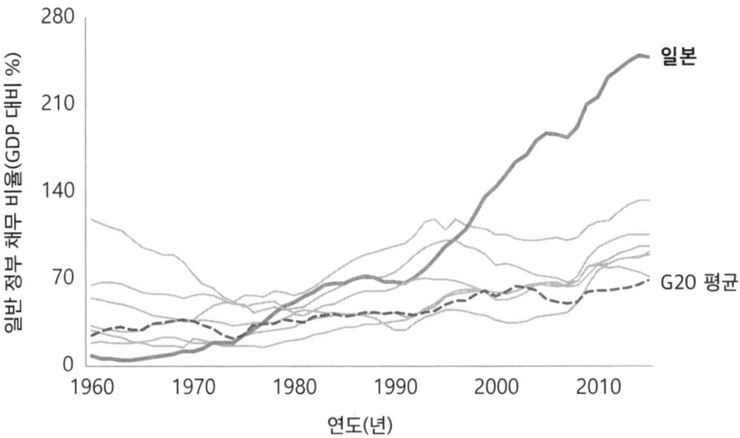

주: G7 평균과 G20 평균을 분석에 포함함.
자료: IMF Historical Public Debt Database

보험료로만 소득의 30%를 납부해야 할 것으로 추산되고 있다.[1] 또한 의료비 지출이 증가하게 되어 건강보험 재정도 영향을 받을 뿐만 아니라, 경제적 능력이 없는 노인들의 빈곤 문제가 대두되며 복지지출 역시 증가하게 된다.

〈그림 2.2〉는 주요 선진국의 정부 채무 비율을 나타낸 그림으로, 특히 일본 정부의 채무가 1990년대 초반부터 급속도로 불어났음을 확인할 수 있다. 이는 공교롭게도 앞서 설명한 고령인구 비율이 본격적으로 증가하기 시작한 시기와 일치하지만, 그것은 단순히 고령화로 인한 재정지출 증가 때문만은 아니었다. 1990년대 버블 붕괴로 인한 경기침

체로 조세수입이 감소한 상황에서 일본 정부가 큰 폭의 증세 없이 국가채무를 늘리는 대안을 선택한 것이 보다 중요한 원인이라 할 수 있다.[2]

일본은 현재 재정건전성의 악화로 큰 어려움을 겪고 있다. 2020년 현재 이자 지급 등 국가의 채무 상환에 23조 엔을 지출하고 있는데, 이는 중앙정부 지출의 약 23%에 달한다. 세계적인 초저금리 상황이 지속되고 있기 때문에 간신히 버티고 있지만, 막대한 채무 상환 비용과 사회복지지출 때문에 산업 지원이나 연구·개발R&D 등에 자원을 배정하기 어려워 경제의 활력이 계속 떨어지는 악순환에 빠져 있다. 향후 우리가 인구 고령화라는 큰 재정적 도전에 대한 대책을 수립할 때 일본은 중요한 '반면교사'의 대상이 될 수 있다.

증가하는 의료비 지출로 인한 건강보험 재정 악화

의료비 지출도 정부재정에 상당한 부담을 줄 수 있다. 〈그림 2.3〉은 국민 1인당 연평균 의료비 지출의 변화를 보여주고 있는데, 이는 OECD에 데이터가 존재하는 모든 국가의 실적을 평균한 결과이다. 회원국들은 1970년 1인당 170달러USD를 의료비로 지출하였으나, 약 50년이 지난 2019년에는 4033달러를 지출해 약 24배가 증가하였다. 같은 기간 물가도 역시 인상되었지만, 의료비 지출 속도는 물가 인상 속도를 크게 상회하였다.

국민 의료비 지출 증가는 재정건전성의 위협 요인이다. 선진국들은 국민 의료비의 70% 이상을 정부가 감당하고 있다. 한국은 2019년 현재 국민 의료비에서 건강보험 등 공공재원이 차지하는 비중이 약

그림 2.3 OECD 회원국 1인당 연평균 의료비 지출(1970~2019년)

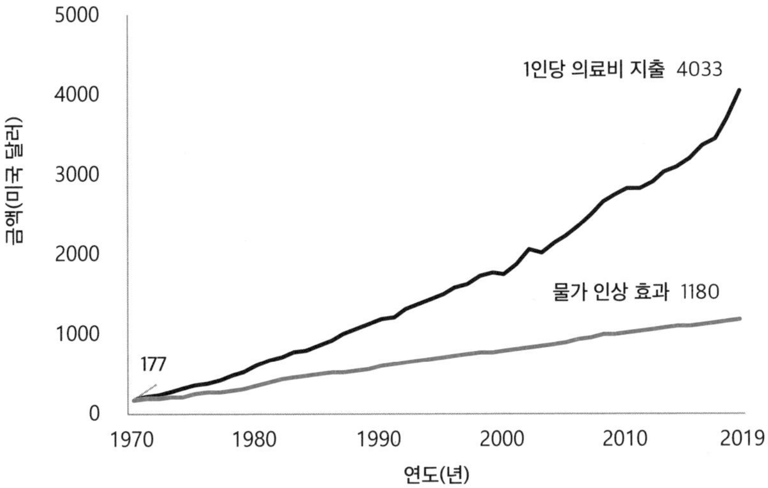

주: 1. OECD Health Spending Database에 데이터가 존재하는 모든 국가의 평균치를 사용함.
2. 의료비는 경상의료비 기준임.
자료: OECD Health Spending Database

60% 수준인데, 이는 의료보험의 보장성이 강화되며 계속 증가할 것으로 전망된다.[3] 따라서 국민 의료비 지출의 증가는 재정에 막대한 부담을 줄 수밖에 없다.

더욱 우려되는 점은 한국의 국민 의료비 지출이 지나치게 빠르게 늘고 있다는 점이다. 〈그림 2.4〉는 1970년부터 2019년까지 GDP 대비 국민 의료비 지출의 비중을 국제 비교하고 있는데, 한국은 2019년 기준으로 아직 OECD 회원국 평균 수준을 밑돌고 있지만, 이 추세대로라면 머지않아 세계에서 의료비를 가장 많이 지출하는 국가 중 하나가 될 수

그림 2.4 **GDP 대비 의료비 지출 국제 비교(1970~2019년)**

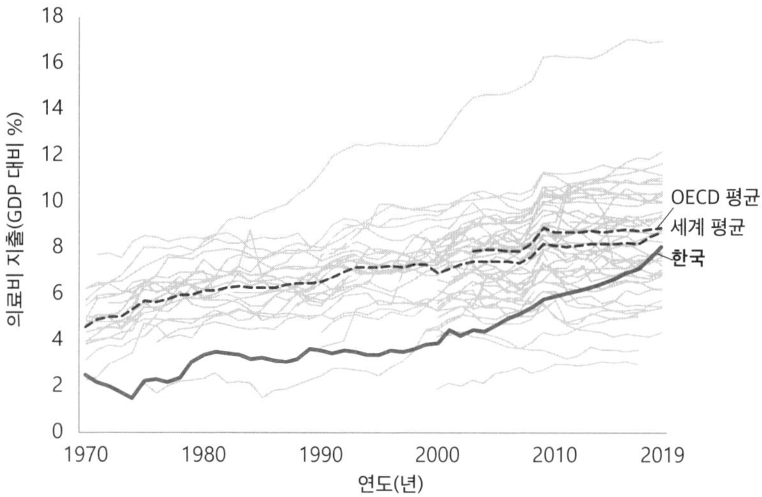

주: 1. '세계 평균'은 OECD Health Spending Database에서 데이터가 존재하는 모든 국가의 평균치를 사용함.

2. 의료비는 경상의료비 기준임.

자료: OECD Health Spending Database

있다. OECD가 2019년에 발표한 자료에 따르면, 2030년까지 한국의 의료비 지출 증가율이 세계에서 가장 빠를 것으로 예상되고 있다.[4]

환경보호, SOC 노후화, 복지 사각지대 해소를 위한 지출 증가

고령화와 의료비 지출 외에도 세 가지의 재정지출 증가 요인이 더 존재한다. 우선 환경 보호를 위한 정부의 역할이 더욱 강조될 전망이다. 코로나19 사태 이후, 전 세계적으로 환경에 대한 관심이 크게 고조되었다. 환경 분야 ESGEnvironmental, Social and Governance 펀드의 모집액은 연일 사상 최고치를 경신하고 있다. 2018년 4분기 170억 달러USD였던 모집액은 2020년 4분기에는 9배 정도 증가하여 1520억 달러가 되었다.[5] 환경 보호를 위한 정부의 역할에 대해 국제 사회의 압력이 계속 증가할 가능성이 높다.

세계 많은 나라에서 노후 사회간접자본SOC에 대한 유지보수 비용도 증가할 전망인데, 이는 미국 바이든Joe Biden 행정부가 당선 직후 대규모 인프라 투자 계획을 발표한 것을 보면 알 수 있다. 한국의 경우 해외 선진국에 비해서는 다소 여유가 있지만, 많은 사회기반시설이 1970년대에 집중적으로 건설되었기 때문에 머지않아 동일한 문제가 대두될 것으로 예상된다. 국토교통부 발표에 따르면, 2020년 기준으로 사회기반시설 중 30년 이상 경과된 비율은 18%이지만, 2030년에는 40%로 크게 증가할 것으로 예상된다.

마지막으로 과학 기술의 발달로 인해 기존 복지제도의 사각지대에 있는, 예컨대 '플랫폼 노동자' 같은 새로운 형태의 근로자들이 증가할 전망이다. 소상공인을 보호하기 위하여 사회 안전망을 어떻게 확장할 것인가에 대한 논의도 대두될 것이며, 코로나19 사태를 계기로 세계 각국에서 현금 지원 복지사업이 증가할 가능성 또한 높다. 2016년 스위스에서는 모든 성인에게 월 300만 원의 기본소득을 지급하는 정책안이 국민 투표에 부쳐져 유권자의 약 80%가 반대한 일이 있었지만, 아마도 코로나 이후의 세계에서는 그와 다른 결과가 나올 가능성이 높다.

2.2 증세냐, 국가채무 확대냐

한국의 국가채무, 어느 정도 수준인가?

향후 가파르게 증가할 재정지출을 어떻게 감당할 것인가? 여기에는 크게 두 가지 선택지가 있다. 첫 번째는 증세를 하는 것이고, 두 번째는 국가채무를 확대하는 것이다. '증세냐, 국가채무의 확대냐'를 판단하기 전에, 우선 한국의 국가채무가 어느 정도 수준인지 알아보자. 2021년 4월, 국제통화기금IMF은 세계 35개 선진국의 2020년 GDP 대비 국가채무비율을 비교하고, 2026년까지의 전망치를 발표하였다. 한국의 2020년 국가채무비율은 48.7%로 선진국 평균에 비해서 현저히 낮아, 아직까지는 양호한 수준을 유지하고 있다.

다만 〈그림 2.5〉와 같이 한국과 다른 선진국 간 격차가 빠르게 줄어들고 있다는 사실도 확인된다. 2020년에는 선진국 평균과 33%의 차

그림 2.5 IMF의 국가채무비율 전망치

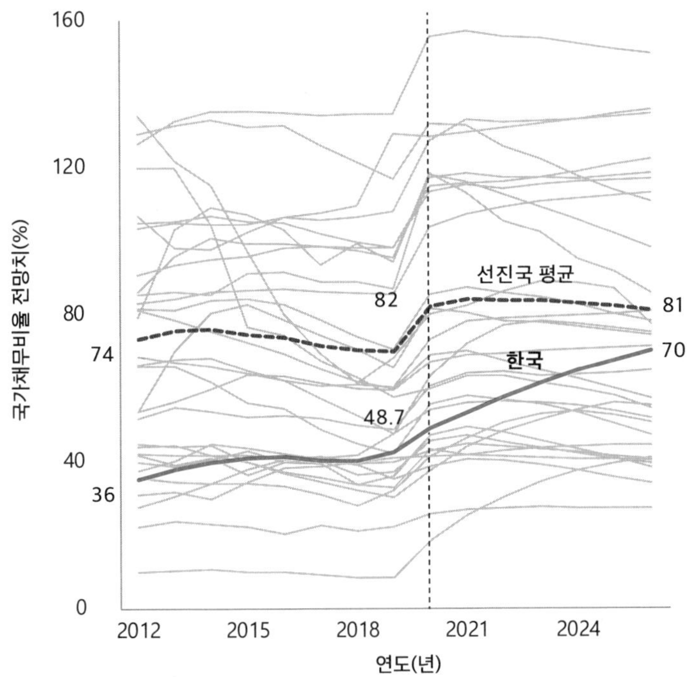

주: 1. 2021년 4월 기준임.
2. 국가채무비율은 D2 기준임.
3. 일본과 그리스는 그래프에서 제외함(단, 평균을 구할 때는 포함함).
자료: IMF Fiscal Monitor

이를 보이다가, 불과 6년 만에 그 차이가 11%로 좁혀져 국가채무비율의 증가 속도가 조사 대상 35개국 중 두 번째로 높았다. 따라서 현재까지의 수준은 비교적 양호하다고 할 수 있으나, 그 증가 속도는 매우 우려할 만하다.

정부의 투자수익률과 금리의 비교

국가채무를 확대하는 것이 타당한지는 금리 수준에 영향을 받는데, 아래 사례를 통해 이를 보다 자세히 생각해 보자. 예를 들어, 여러분이 5년 후 은퇴할 예정인데, 은퇴 이후에도 풍요로운 노후 생활을 누리기 위해서 다음의 두 가지 대안 중 한 가지를 선택해야 한다고 하자. 과연 여러분은 어느 안을 선택하겠는가?

- A안은 열심히 저축하는 것이다. 열심히 저축하여 하루빨리 은행 차입금을 상환하고 5년 후에는 홀가분한 마음으로 은퇴하는 것이다.
- B안은 주변에서 소개받은 좋은 투자 기회를 잡는 것이다. 현재 보유 자금에다 은행에서 추가로 차입한 돈까지 합쳐 투자하면 5년 후 상당한 이윤을 얻을 수 있다.

둘 중 어느 대안이 유리한지 판단하려면 두 가지 정보가 필요하다. B안의 투자 기회에서 기대되는 수익률과 은행의 금리 수준을 알아야 한다. 만약 투자수익률이 금리보다 높다면 B안을 선택하는 것이 합리적이다.[6] 그러나 만약 투자수익률이 금리보다 낮다면 A안이 낫다.

국가의 재정투자 의사 결정도 개인의 의사 결정과 유사하다. 정부재정 관점의 '투자수익률'이란 결국 GDP 성장에의 기여도이다.[7] 금리가 충분히 낮을 경우, 경제가 어느 정도 성장률을 유지하면 채무가 늘어나도 이자 부담은 오히려 하락할 수 있다. 많은 전문가들이 저금리 상황에서 적극적으로 재정지출을 확대할 것을 권고하는 이유이다.

금리의 중요성과 향후 전망

국가채무의 적정성을 논할 때 정부의 투자수익률과 금리 수준이 중요함을 설명하였다. 투자수익률의 중요성은 결국 정부가 미래 가치를 창출할 수 있는 곳에 투자해야만 한다는 것을 말해준다.[8] 정부가 재정투자에 대한 성과 관리를 충실히 수행할 경우 투자수익률은 어느 정도 관리 가능한 변수이지만 금리 수준은 그렇지 않다. 그렇다면 금리는 도대체 어떻게 결정이 될까?

중앙은행은 주기적으로 기준금리를 결정한다. '기준금리'란 중앙은행이 금융기관과 돈을 거래할 때의 금리이다. 기준금리가 변경되면 초단기 시장금리가 변화한다. 그러나 만기가 더 긴 금융상품 금리의 경우, 기준금리 외에 시장의 자금 수요와 공급에도 영향을 받는다. 그것은 만기까지의 기간, 위험성 등을 고려하여 시장에서 결정된다.

결국 금리는 기준금리와 시장원리에 동시에 영향을 받는다. 시장의 구조적 상황만을 보면 제로금리가 오랜 기간 유지될 가능성이 높지만[9] 기준금리는 반등할 수도 있다. 금융 시장이 세계화됨에 따라 한국의 기준금리는 미국의 기준금리 변화에 영향을 받는다. 미국이 금리를 인상했는데 한국이 따라 올리지 않으면, 자본이 더 높은 금리를 찾아 빠져나갈 수 있어서 부정적이다.

2020년에는 미국을 포함한 많은 선진국들이 막대한 돈을 시장에 공급하였다. 코로나19 사태가 종식되며 억눌려 있던 소비 심리가 폭발할 경우 물가가 인상되고, 미국이 물가 안정을 위해 기준금리를 인상할 가능성이 높다(금리가 인상되면 시민들이 소비를 줄이고 저축을 늘리기 때문이다). 이 경우 한국의 금리도 함께 올라갈 수 있다.

한국의 특수한 상황: 공기업 부채와 가계부채

한국의 국가채무 수준을 다른 선진국과 비교할 때는 다소 보수적으로 판단할 필요가 있다. 한국에는 다른 선진국과 달리 두 가지 위험 요인이 도사리고 있기 때문인데 '공기업 부채'와 '가계부채'가 그것이다. 우리나라는 다른 선진국과 달리 공기업의 부채 규모가 매우 큰데, 공기업을 다시 한국전력공사 등 비금융 공기업과 KDB산업은행 등 금융 공기업으로 구분해서 살펴보자. 먼저 비금융 공기업의 부채는 2019년 기준 20.6%로, 자료가 존재하는 국가 중 가장 높다. 그러나 그보다 심각한 것은 금융 공기업이다. 한국의 금융 공기업 부채는 GDP의 62.7%로 다른 선진국보다 월등하게 높다.[10]

공기업 부채에 이은 두 번째 고려 사항은 가계부채이다. 2008년 세계 경제 위기 이후, 선진국의 가계부채는 소폭 감소한 반면, 한국의 가계부채는 크게 증가하였다. 2020년 2분기 기준으로 한국의 가계부채는 GDP 대비 98.6%로 선진국의 75.3%에 비해 20% 이상 높다. 게다가 선진국과의 격차가 빠르게 확대되고 있다.

공기업 부채와 가계부채는 정부가 상환해야 할 채무는 아니다. 다만 경제 위기가 발생할 경우, 국가채무가 급속도로 증가하는 원인이 될 수 있다. 먼저 공기업의 경우, 공기업이 경영 악화로 채무를 상환할 수 없게 되거나, 금융 공기업이 부실 대출로 인한 위기 상황에 빠지면 그들의 부채는 결국 정부가 떠안게 될 것이다. 최소한 시장에서는 그렇게 믿고 있다.[11] 그리고 이는 가계부채의 경우에도 마찬가지이다. 금리가 급등하는 등 경제 위기 상황이 도래하면 정부가 민간의 부채를 상당 부분 떠안게 될 가능성이 높다.

지금까지의 논의를 정리해 보자. 한국의 국가채무는 비록 양호한 수준이기는 하지만, 잠재적 위험 요인에는 취약한 상황이다. 향후 정부의 채무 수준을 논의할 때에는 공기업과 가계 부문의 부채 수준도 함께 참고할 필요가 있다. 보다 근본적으로는 가계의 부채가 통제하기 어려운 수준까지 증가하지 않도록 정책적 노력을 기울일 필요가 있다.

한국의 특수한 상황: 통일 비용

한국 정부의 재정을 논할 때에는 추가적으로 통일 비용도 고려할 필요가 있다. 통일 비용과 관련해서는 독일의 사례를 참고해 볼 수 있는데, 독일은 1990년 통일 당시에는 증세 없이 동독의 자산 매각, 재정지출 축소, 국가채무 확대를 통해 통일 비용을 조달하려고 생각하였다. 그러나 1991년 소득세 및 법인세에 7.5%를 부가하는 사회연대세 solidarity surcharge를 1년 한시로 도입한 것을 시작으로 소비세, 사회보험료도 차례로 인상하였다.

그렇다고는 해도 독일의 통일 비용은 증세보다는 주로 국가채무를 통해 조달되었다. 독일의 국민부담률은 1990년 34.8%에서 1995년 37.2%로 2.4% 포인트 증가하였으나 이후로는 안정적으로 유지되었다.[12] 반면 국가채무의 증가 속도는 통일 이후 더 빨라졌는데 〈그림 2.6〉은 독일과 프랑스의 GDP 대비 국가채무 비율을 보여주고 있다. 그림을 보면 1990년 통일이 이루어지기 전까지 독일의 재정건전성은 양호한 수준을 유지하였으나, 통일 이후 2008년까지는 국가채무 수준이

그림 2.6 **독일과 프랑스의 국가채무비율**

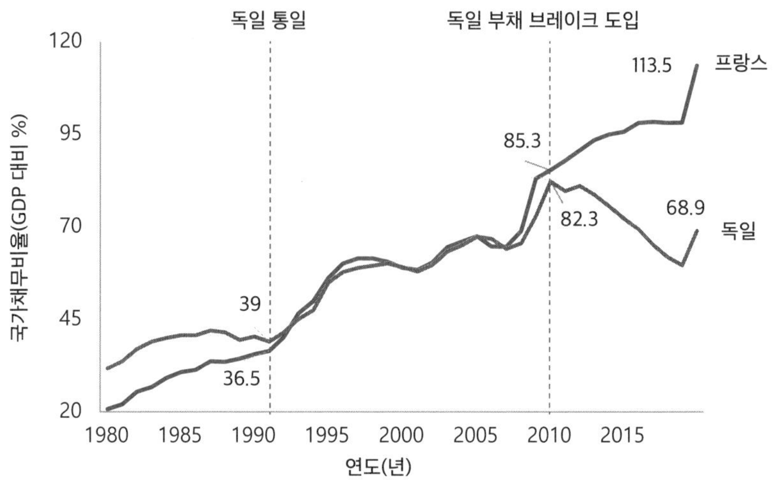

자료: IMF Datamapper, General Government Gross Debt; 독일 재무부

프랑스와 유사하게 가파르게 증가하였다. 그렇지만 독일은 2008년 경제 위기 직후인 2009년 '부채 브레이크' 제도를 도입하여 코로나19 사태 전까지 꾸준히 국가채무를 줄여왔다.

독일이 통일 과정에서 어느 정도의 비용을 지출하였는지에 대해서는 비용의 정의와 추정 기관에 따라 크게 차이가 난다. 그러나 대략 20년간 매년 GDP의 4~5% 정도의 비용이 지출되었고, 그중 약 절반 정도가 연금, 복지 등 사회복지 분야에서 발생했다는 것이 일반적인 견해이다. 그것이 상당한 부담이었음은 틀림없으나, 독일의 현재 재정 상황으로 미루어 보았을 때 충분히 관리 가능한 수준이었다는 견해도 존재한다.

다만 한국의 북한과의 통일 비용은 독일의 경우보다 상당히 높을 가능성이 있다. 현재 북한 경제가 독일 통일 당시의 동독 경제보다 열악하고, 한국의 인구나 경제력은 당시 서독 수준에 미치지 못하기 때문이다. 물론 낙관론도 존재한다. 통일 이후 발생할 경제적 및 비경제적 편익benefit을 고려할 경우 한국의 통일 비용도 충분히 관리 가능한 수준이라는 것이다. 현재로서는 어느 주장이 타당한지 알기 어렵지만, 우리 정부가 언젠가 다가올지 모를 미래의 통일에 대비하여 재정건전성을 유지할 필요가 있다는 점은 분명해 보인다.

국가채무는 과연 어느 정도까지 증가할 수 있을까?

학계에서는 오랫동안 'GDP 대비 국가채무비율 40%(개발도상국) 내지 60%(선진국)'를 안전한 채무 관리의 기준으로 보아왔다. 유럽연합EU은 1991년 「마스트리히트 조약Maastricht Treaty」을 통해 모든 회원국이 'GDP 대비 국가채무비율 60%, 재정적자비율 3%'를 지키도록 하였다. 이러한 경향에 맞추어 한국 정부 역시 오랫동안 국가채무비율 40%를 마지노선으로 지켜왔으나 2008년 경제 위기가 촉발한 제로금리 시대가 도래하며 이 기준에 대한 인식은 크게 바뀌었다. 저렴한 비용으로 자금을 차입할 수 있기 때문에 훨씬 더 높은 수준의 채무를 감당할 수 있게 된 것이다.

경제학자들은 국가채무의 지속가능성을 판단할 때 GDP 성장률과 금리 수준을 비교한다.[13] 2021년 현재 제로금리로 인하여 대부분의 국가에서 GDP 성장률이 금리 수준을 초과하고 있는데, 이러한 상황에서는 정부가 국가채무비율을 높게 유지할 수 있다. 최근의 한 연구는 새로운 경제 환경하에서 미국의 국가채무비율이 최대 220%(GDP 대비)까지 증가할 수 있을 것으로 추정하였다.[14]

한국의 국가채무비율 상한선은 아마도 미국 기준인 220%보다는 훨씬 낮을 것이다. 기축통화국인 미국이나 일본의 기준을 그대로 적용하는 것은 무리이다. 미국에 대해서 220%의 기준선을 제시한 연구에서도 독일과 이탈리아에 대해서는 그보다 낮은 155%와 191%를 각각 제시하였다. 우리의 경우 앞서 설명하였듯이 비대한 공기업 부채와 가계부채 역시 고려해야 한다.

게다가 현재의 낮은 금리 수준이 오랜 기간 지속되지 않을 수 있다는 신중론도 존재한다. 과거 사례를 보면 재정 위기 직전에 금리가 급격하게 상승하는 경우도 있기 때문에 주의가 필요하다. 리스크 관리 차원에서 국가채무비율의 완충 구간buffer을 확보할 필요가 있다.

국가채무 확대만으로는 다가올 재정적 도전을 극복하기 어렵다

과연 한국은 증세 없이 국가채무 확대만으로 다가올 재정적 도전을 극복할 수 있을까? 이 질문에 대한 답을 찾기 위해서는 미래를 예측해야만 한다. 물론 미래가 예측대로 변화하지만은 않기 때문에 예측 그 자체는 무의미할 수도 있겠지만 그럼에도 미래에 대한 전망을 바탕으로 현재의 정책을 돌아보는 것은 중요한 의미를 갖는다.

국가채무의 질도 중요하다

자국통화표시 채무비율이 높을수록 안정적이다

국가채무는 그 양뿐만 아니라 질 역시 중요하다. 먼저 자국통화표시 채무비율이 높을수록 좋다. 이는 위기 상황에서 중앙은행이 자국 통화를 발행하여 채무를 상환할 수 있기 때문인데, 즉 '환율 변동에 따른 위험currency risk'이 없다는 것으로, 한국은 원화표시 채무비율이 높은 편이어서 긍정적이다.

통상 재정 위기 전에는 만성적인 무역 적자가 선행되며, 이는 2008년 그리스와 2018년 아르헨티나 재정 위기 사례에서도 마찬가지였다. 무역 적자가 지속되면 자국 통화 가치는 하락하게 된다.[15] 예를 들어, 한국과 일본 두 나라만 있다고 가정해 보자. 한국에서 무역 적자가 발생한다는 것은 한국 재화에 대한 일본의 수요가 적다는 것으로 그에 따라 한국 통화에 대한 수요 역시 적어지기 때문에, 결국 일본 엔화 대비 한국 원화의 가치는 하락한다.[16] 만약 한국의 국가채무가 일본 엔화로 표시되어 있다면, 환율 변동으로 인해 채무 규모가 증가하여 부정적이다.

외국인 채권자 비중도 고려해야 한다

국가채무의 질에는 외국인 채권자의 비중도 영향을 줄 수 있다. 외국인 채권자 비율이 높을수록 위기 상황에서 자본이 유출될 위험도 커지는데, 한국은 다행히 해외 선진국에 비해 외국인 채권자 비율이 낮은 편이다. 다만 주로 내국인이 국가채무를 보유하고 있기 때문에 채무 관리를 소홀히 해도 된다는 주장은 부적절하다. 내국인 채권자 비율이 높다 하더라도 국가채무가 감당하기 어려운 수준이 되면 국가신용도가 하락하고 채무 불이행 위험이 높아진다는 사실에는 변함이 없으며, 이러한 상황이 되면 결국 채권자가 그 손실을 떠안게 된다. 내국인 채권자 비율이 높다는 말은 곧 위기 상황에서 내국인의 손실이 커진다는 것을 의미하므로 국민의 자산을 보호한다는 관점에서 재정건전성의 중요성은 변함이 없는 것이다.

그림 2.7 **국민부담률과 국가채무비율 국제 비교(2020년)**

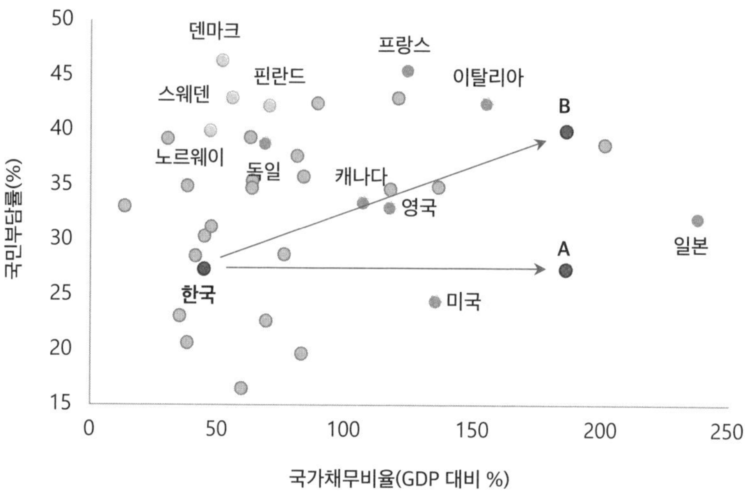

주: 1. A는 2070년 기준 장기 재정 전망이고, B는 국민부담률 증가를 통해 사회보험 수지 균형을 달성할 경우의 2070년 장기 재정 전망임.

2. 한국은 국가채무비율(D1)을, 다른 선진국은 OECD가 발표한 일반정부채무비율(General Government Debt)을 사용함.

자료: 국회예산정책처(2020)[17]

〈그림 2.7〉은 2020년 기준 주요 선진국의 국민부담률과 국가채무비율을 보여준다. 한국의 경우 국민부담률과 국가채무비율이 모두 낮은 반면에 미국과 일본은 기축통화국이라는 이점을 갖고 있어서 채무비율이 매우 높은 편임을 알 수 있다. 예를 들어, 일본은 높은 채무 수준에도 불구하고 부담하는 금리는 낮은 편인데, 여기에는 기축통화국의 이점이 작용하는 것으로 보인다.[18] 그와 반대로 스웨덴 등 북유럽 국가들처럼 조세부담은 높고 채무비율은 낮은 국가도 있는데, 유럽 국가

중 독일도 이 유형에 속한다.

그림은 또한 국회예산정책처가 발표한 장기 재정전망 결과도 함께 보여준다.[19] 국회예산정책처는 2070년에 한국의 재정 상황이 어떻게 변화할지 두 가지 가정하의 추정치를 제시하였다. 우선 정부가 증세를 하지 않고, 국가채무의 확대만으로 나라 살림을 꾸려나갈 경우 2070년 채무비율이 185.7%에 이를 것으로 전망하였다. 이는 그림상의 A에 해당한다.

그런데 이 첫 번째 분석은 지나치게 낙관적이다. 국민연금과 사학연금이 각각 2055년과 2048년에 고갈될 것으로 예측하면서도 그 부족분을 정부가 지원하지 않는 것으로 가정하였는데, 이는 매우 비현실적인 가정이다. 그래서 국회예산정책처는 국민연금을 포함한 사회보험의 부족분을 정부가 조세 또는 사회보험료의 인상으로 보전한다고 가정한 결과도 함께 제시하였고, 그것이 바로 그림상의 B이다.

앞서 독일의 채무비율 상한선을 155%로 추정한 연구가 있다고 설명하였는데, 한국의 경우에도 이 상한선이 적용된다고 가정해 보자. 국회예산정책처의 분석 결과는 만약 증세를 하지 않으면 머지않은 미래에 채무비율이 이 상한선을 초과하게 됨을 보여주고 있는데, 이는 심지어 정부가 국민연금 고갈 등 사회보험 적자를 방관하더라도 그렇다. 만약 정부가 사회보험 적자를 책임질 경우, 점진적으로 증세를 하더라도 마찬가지 결과가 나온다. 따라서 채무비율 상한선 155%를 넘지 않으려면 상당한 수준의 증세가 불가피하다.

국가채무 문제의 핵심은 연금이다

한국 재정건전성 문제의 8할은 연금 문제이다. 여기서 '연금'이라 함은 사회보험으로 관리되는 공적연금, 건강보험, 장기요양보험과 조세를 재원으로 하는 기초연금 등을 모두 포함하는 것으로 정의하였다. 앞서 현재 제도를 유지할 경우 국가채무 수준이 장기적으로 감당하기 어려운 수준이 될 수 있음을 설명하였는데 여기서는 이를 다시 '연금충당부채'라는 회계會計상의 개념을 이용하여 보다 직관적으로 이해해 보자. 연금충당부채란 향후 70년간 공무원연금, 군인연금 기금에서 수급자에게 지급할 금액의 현재 가치이다. 2020년 말 기준 연금충당부채는 GDP 대비 54%인데, 이는 오히려 국가채무보다도 더 크다.

연금충당부채를 국가채무와 동일시하는 것은 부적절하다. 그것은 연금지급액만을 고려하고, 정부가 징수할 연금보험료(기여금) 수입을 고려하지 않았기 때문이다. 즉 미래에 지급할 연금액의 상당 부분은 가입자들이 납부하는 연금보험료 수입으로 충당되기 때문에, 그 차액만 정부의 부담으로 보는 것이 맞다. 또한 앞서 살펴본 다른 선진국의 국가채무 통계에도 연금충당부채가 포함되어 있지 않다.

그러나 반대로 연금충당부채를 고려하지 않는 현재의 국제 비교 방식은 한국에게 지나치게 관대하다. 그것은 바로 다음의 두 가지 요인 때문에 그렇다. 첫째, 뒤에서 다시 설명하겠지만 한국의 공적연금은 연금지급액에 비해서 연금보험료가 매우 작다. 따라서 연금충당부채에서 정부가 부담할 금액의 비중이 선진국 대비 크다. 둘째, 한국의 비정상적인 고령화 속도로 인해 연금수급자 대비 연금가입자의 비율이 선진국보다 빠른 속도로 감소할 전망이다.

정리하면, 연금충당부채 금액 중에서 미래 보험료 수입으로 충당되지 않을 부분이 얼마인지가 중요한 문제이며, 한국의 경우 이 '미래 보험료 수입으로 충당되지 않을 부분'이 해외 선진국보다 월등하게 크다. 참고로 연금충당부채는 국가가 고용 계약을 체결한 공무원, 군인의 연금에 대해서만 추계하고 있으므로 국민연금과 사학연금까지 포함할 경우 그 규모가 훨씬 더 클 것이다.

경제 위기 상황에서의 재정의 역할

2020년 코로나19 사태에 대응하여 정부가 국민들에게 수차례의 재난지원금을 지급하는 과정에서 정부 정책과 국가채무 수준에 대한 다양한 의견과 평가가 있었다. 그것은 정부가 추가로 국채를 발행하여 재난지원금을 지급하는 것이 타당한가에 대한 논쟁이었다.

〈그림 2.8〉은 2020년 1년간 주요 선진국의 국가채무와 민간부채가 얼마나 변화하였는지를 비교한 결과이다. 2020년에 한국의 국가채무는 다른 선진국 대비 크게 증가하지 않은 반면 스웨덴을 제외한 비교 대상 6개 선진국은 모두 한국에 비해 국가채무가 월등하게 많이 증가하였다.

국가채무와 달리, 한국의 민간부채(가계부채와 기업부채)는 선진국 대비 크게 증가하였다. 일부에서는 정부가 국채를 추가로 발행하여 보다 적극적으로 지출을 늘렸다면 민간부채가 덜 증가했을 것이라고 주장한다. 이 주장의 타당성에 대해서는 다양한 평가가 있을 수 있으나,

그림 2.8 2020년 1년 동안의 국가채무와 민간부채 변화

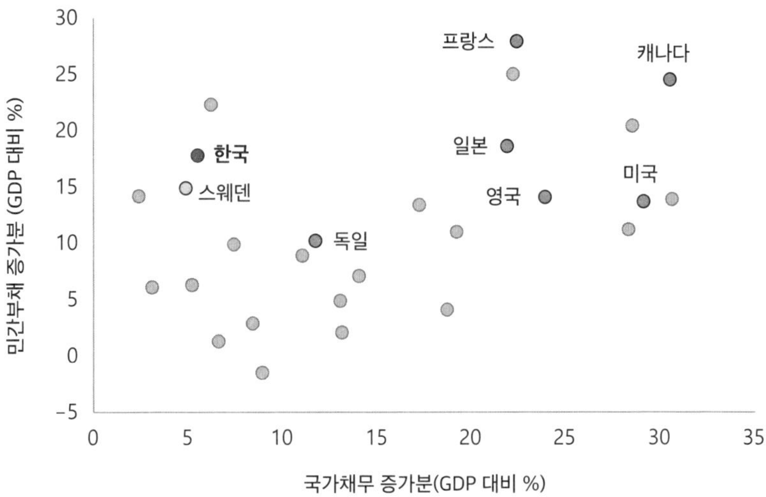

주: 1. 민간부채는 가계부채와 비금융 기업부채의 합계임.
2. 극단치에 해당하는 아일랜드는 제외함.
자료: 국제결제은행(Bank for International Settlements)

정부가 경제 위기 상황에서 재정적자에도 불구하고 적극적으로 지출을 늘렸어야 한다는 점에는 의심의 여지가 없다. 영국의 경제학자 케인즈John Maynard Keynes가 주장한 내용의 핵심이 바로 '경기 침체 상황에서는 적자 지출deficit spending을 해야 한다'는 것이었다.

한국 재정건전성 문제의 핵심은 정부가 '구조적인 문제'를 방관한다는 점이지, 위기 상황에서 일시적 지출이 과도하다는 점이 아니다. '구조적 문제'란 결국 앞서 설명한 다섯 가지 요인으로 인한 문제를 말하며 그중에서도 고령화로 인한 연금 문제가 그 핵심이다. 위기 상황에

서는 지출을 조금 늘려도 된다. 재정건전성을 관리하는 이유 중 하나가 바로 정부가 위기 상황에 제대로 대처하기 위함이기 때문이다.[20]

증세냐 지출 구조 조정이냐

지금껏 국가채무의 확대만으로는 우리에게 당면한 재정적 도전을 극복하기 어려움을 설명하였다. 사실 증세와 국가채무 확대 외에 한 가지 대안이 더 있다. 그것은 바로 지출을 축소(구조 조정)하는 것이다. 그러나 증세를 하는 대신 정부지출을 축소하는 대안은 현실적으로 실현되기 어려울 것으로 생각된다.

앞서 소개한 국회예산정책처의 장기 재정전망은 기본적으로 현행 정부 정책이 유지된다는 가정하에 수립되었다. 구체적으로 그것은 총지출이 매년 1.6% 증가한다고 가정하였지만, 문제는 해외 선진국의 과거 사례를 보면 고령화가 빠르게 진행되며 새로운 지출 수요가 생겨난다는 점이다. 예를 들어 일본 정부는 2014년과 2019년에 소비세를 각각 5% 인상하면서도 증가하는 세수입의 약 30%는 복지제도를 추가로 강화하는 데 사용하였다. 정부지출 증가율을 1.6% 수준으로 막는 것만 해도 대단히 어려울 수 있다는 것이다. 참고로 한국의 정부 총지출은 2014년부터 2019년까지 5년간 연평균 6% 상승한 바 있다.

감세를 통해 재정수입을 증대시킬 수는 없는가?

미국의 경제학자 래퍼Arthur Laffer는 세율을 낮추면 역설적으로 조세수입이 증가한다고 주장하였다. 이 이론은 1980년대 미국 레이건Ronald Reagan 대통령의 감세 정책에 이론적 토대를 제공하였지만, 결론부터 말하면 조세수입은 증가하지 않았다. 그것은 심지어 당시 예산관리국Office of Management and Budget, OMB 국장이었던 스토크먼David Stockman도 인정했던 사실이다.

〈그림 2.9〉는 소득세를 가정하여 래퍼의 이론을 설명한 그림이다. 조세수입은 과세 대상 소득에 세율을 곱하여 결정된다. 감세 정책으로 세율이 감소하면 경제가 활성화되어 과세 대상 소득이 증가한다. 그런데 과연 소득의 증가가 충분히 커서 세율 감소 효과를 상쇄할 수 있는지가 관건이다. 기존 연구에 따르면 세율이 10% 감소할 때, 과세 대상 소득은 약 1.2~4% 정도 증가하는 것으로 나타났다.[21] 조세수입이 증가하려면 세율이 10% 감소할 때, 과세 대상 소득은 10%를 초과하여 증가해야 하는데, 1.2~4% 정도밖에 증가하지 않았기 때문에 조세수입은 감소할 수밖에 없다.

그림 2.9 래퍼 이론의 검증

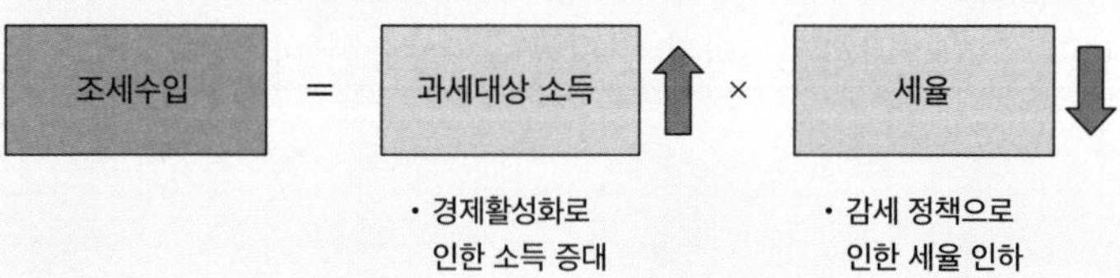

다만 여러 가지 세목 중에서 법인세의 경우에는 예외적으로 래퍼의 예측이 맞을 수 있어 정책적 관심을 기울일 필요가 있다. 법인세 인하로 실제 경제 활동이 촉진된다기보다는 해외 자본이 절세를 위하여 서류상의 본점 소재지를 이전하여 조세수입이 증가하는 효과가 있다. 이는 조세 피난처로 거론되는 국가들이 높은 조세수입을 확보하는 방식이다.

CHAPTER

3

조세 정책의 평가 기준

3.1 효율성

세 가지 종류의 세율: 명목세율(법정세율), 한계세율, 평균세율(실효세율)

효율적인 조세제도는 어떠한 특징이 있는지 이해하기 위해서 먼저 '명목세율', '한계세율', '평균세율'이라는 세 가지 종류의 세율에 대해서 알아보자. 명목세율이란 법정세율을 말하는데, 예를 들어 「소득세법」에 따르면 개인소득에 대해서는 6~42%의 세율(2020년 3월 현재)이 적용된다.

〈표 3.1〉에서 보듯이 여러분의 과세표준이 증가하면 적용되는 세율도 점차 올라간다. 여기서 '과세표준'이란 세금을 부과하기 위한 목적으로 계산한 소득이다. 과세표준 1200만 원 이하의 저소득자는 6%의 낮은 세율로 과세하고, 과세표준이 5억 원을 초과하는 고소득자는 42%

표 3.1 **종합소득 명목세율**

2018년 귀속 이후

과세표준	세율(%)	누진공제액(원)
1,200만 원 이하	6	0
1,200만 원 초과 4,600만 원 이하	15	1,080,000
4,600만 원 초과 8,800만 원 이하	24	5,220,000
8,800만 원 초과 1억 5,000만 원 이하	35	14,900,000
1억 5,000만 원 초과 3억 원 이하	38	19,400,000
3억 원 초과 5억 원 이하	40	25,400,000
5억 원 초과	42	35,400,000

의 높은 세율로 과세한다. 이처럼 소득이 증가할 때 세율도 증가하는 세금을 '누진세progressive tax'라고 한다. 반면 소득이 증가할 때 세율이 하락하는 경우는 '역진세regressive tax', 세율이 항상 일정할 경우는 '정률세proportional tax 또는 flat tax'라고 한다. 단일 세율로 과세할 경우가 바로 정률세가 된다. 표에서 보듯 우리나라의 소득세는 누진적으로 설계되었다.

한계세율이라는 개념도 있다. 한계세율이란 소득이 변화할 때 소득 변화분에 적용되는 세율이다. 예를 들어, 소득이 100원 증가할 때

세액이 30원 증가하면 한계세율은 30%이다. 이 한계세율은 여러분의 의사 결정에 영향을 미칠 수 있는데, 예를 들어 어떤 기업에서 여러분에게 강연을 부탁하였고 강연료는 100만 원이라고 하자. 이때 초과 수익 100만 원에 대해서 적용되는 세율이 한계세율이 되는데, 그렇다면 한계세율이 0%일 때와 50%일 때를 비교해 보자. 전자의 경우 강연료 100만 원이 모두 순수입이 되는 반면 후자의 경우에는 50만 원밖에 손에 들어오지 않는다. 즉, 한계세율이 높아지면 이 초과 수익 100만 원을 벌고자 하는 여러분들의 의욕을 꺾을 수 있어 생산 활동에 부정적 영향을 미친다. 뒤에서 설명하겠지만 이러한 효과를 '대체효과 substitution effect'라고 한다.

마지막으로 평균세율이라는 개념을 살펴보자. 평균세율은 '실효세율'이라고도 한다. 앞에서 살펴본 명목세율은 세법상 규정된 세율이지만 실제로는 더 낮은 세율이 적용되는 것이 일반적이다. 각종 감면제도(비과세, 공제 등)가 있기 때문이다. 예를 들어 여러분이 1000만 원을 벌었다면, '소득공제'라는 이름으로 일부를 차감한 뒤 남은 금액에 대해서 법정 명목세율이 적용된다. 그렇다 보니 실제 여러분에게 적용되는 평균세율은 명목세율보다 낮다. 실효세율은 감면(비과세, 공제 등)이 적용되기 전 소득 대비 세부담을 의미하며, 이는 평균세율의 다른 이름이다.

〈그림 3.1〉은 우리나라 법인세, 종합소득세, 근로소득세(연말정산)의 실효세율의 변화를 보여준다. 실효세율은 법인세가 가장 높고, 그다음 종합소득세, 근로소득세 순이다. 근로소득에 대해서는 '근로소득공제'라는 이름의 공제가 있어서 실효세율이 낮은 편인데, 근로소득 실효

그림 3.1 **법인세, 근로소득세, 종합소득세 실효세율 변화**

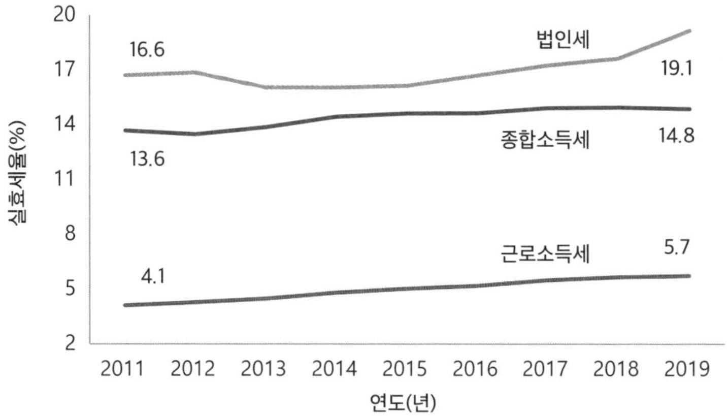

자료: 국세통계연보

세율은 2019년 기준 약 5.7%이다. 물론 이 수치는 평균치로서, 조세가 누진적이기 때문에 고소득자에게는 더 높은 세율이, 저소득자에게는 더 낮은 세율이 적용될 것이다.

그런데 임금 근로자들은 위의 실효세율을 보고 조금 놀랐을 수 있다. 그것은 아마도 본인 예상보다 낮기 때문일 것인데, 납세자들은 보통 자신이 실제보다 훨씬 높은 세율을 적용받고 있다고 착각하는 경향이 있다. 2010년 미국 CBS와 뉴욕타임스New York Times에서 실시한 설문조사에 따르면 응답자들은 정부가 부과하는 세율이 실제보다 훨씬 높다고 착각하는 것으로 조사되었다. 그 착각의 원인 중 하나는 한계세율이 높기 때문일 수 있는데, 일반인들은 보통 공제 등 세금 감면에 대해서 충분히 이해하지 못하기 때문에 한계세율을 실효세율로 착각하는 경향이 있다.

정률세가 누진세보다 효율적이다

다른 조건이 동일하다면 정률세가 누진세보다 효율적인 것으로 알려져 있다. 여기서 '효율적'이라 함은 사회의 자원이 최적으로 활용되는 상황을 의미한다. 따라서 사회 구성원들이 자신들의 능력, 즉 사회적 자원을 최대한 활용하여 경제 활동을 하는 상황이 효율적인 상황이다.

또한 효율적인 조세제도는 시장 참여자들의 경제 활동 의욕을 꺾지 않는 조세제도를 말한다. 그런데 누진적인 조세체계는 고소득자의 경제 활동에 부정적인 영향을 줄 수 있다. 누진세하에서는 소득이 늘어나면 세율도 함께 높아지므로 고소득자들이 더 많은 소득을 위해 더 많은 생산 활동을 추구하는 동기를 꺾는 원인이 된다. 이러한 부정적 인센티브 효과는 정률세보다 누진세하에서 더 크다.[1]

정리하면 조세제도가 누진적일수록 효율성은 저해된다. 그러나 누진적이지 않은 조세제도는 다른 단점을 갖고 있는데, 뒤에서 설명할 수직적 형평성을 저해한다. 이러한 현상을 '효율성과 형평성 간 상충관계 equity efficiency tradeoff'라고 한다. 효율성을 개선하기 위한 정책은 일반적으로 저소득층에게 부정적이거나 소득 분배 관점에서 바람직하지 않은 경우가 많다.

누진세는 개인과 자본에 각각 다른 영향을 미치는 것으로 알려져 있다. 개인에게 적용되는 세금에 한정하여 본다면, 누진세의 부정적 효과는 당초 예상보다 크지 않은 것으로 보고되고 있다. 즉 고소득자들이 누진세하에서 근로 활동을 덜 열심히 할 것이라는 주장은 기존 학자들이 생각했던 것보다 뚜렷하지 않은 것으로 밝혀지고 있다.

문제는 개인과 달리 법인과 자본 투자 의사 결정의 경우 세율 변화에 매우 민감하게 반응한다는 사실이다. 예컨대 한국 모 대기업에 다니는 김 대리가 소득세율이 인상되었다는 이유로 싱가포르로 이직하기란 쉽지 않다. 언어 장벽, 문화 차이, 가족 문제로 인해 주거지를 옮기는 것은 쉬운 일이 아니기 때문이다. 그러나 세율이 변화할 때 싱가포르에 투자한 자금을 미국으로 이전하는 결정은 상대적으로 쉽게 일어난다. 자본은 경제적인 인센티브에 매우 민감하게 반응하기 때문이다.

이제 논의를 정리해 보자. 기존 이론에 따르면 누진세는 고소득자의 경제 활동 의욕을 꺾는 경향이 있다고 알려져 왔다. 이는 물론 정률세에 비해 그렇다. 그러나 이러한 주장은 두 가지 생산요소, 즉 노동과 자본으로 구분하여 따져봐야 한다. 누진세의 부작용은 개인의 근로 활동에는 큰 영향을 미치지 못하지만, 자본의 투자 의사 결정에는 상당한 영향을 미칠 수 있다. 이 논리대로라면 근로소득세는 누진적으로 설계되고, 법인소득, 금융소득, 부동산임대소득 등 자본소득에 대한 세금은 정률세에 가깝게 설계되어야 할 것인데, 바로 이것이 스웨덴을 포함한 북유럽 국가들이 도입한 이원소득세제이다.

효율적인 조세제도의 황금률: 넓은 세원, 낮은 세율

효율적인 조세제도를 설명할 때 '넓은 세원, 낮은 세율'이라는 원칙을 이야기한다. 이 원칙의 의미를 다음 사례를 통해 살펴보자. 한 자영업자가 매일 8시간씩 일하며 시간당 5만 원의 소득을 얻고 있다. 이때 자영업자의 소득에 대해서 정부가 20%의 세율로 세금을 부과한다면 어떤 일이 벌어질까?

먼저 자영업자는 노동시간을 줄이는 선택을 할 수 있다. 과세 전에는 시간당 5만 원씩 벌어왔는데 정부가 세금을 부과하기 시작한 이후에는 시간당 4만 원밖에 못 벌게 되어 순수입이 감소하기 때문에 차라리 노동시간을 줄이고 여가 시간을 늘릴 수 있다. 즉 여가의 기회비용이 낮아진 것인데, 앞서 언급했듯이 경제학자들은 이 효과를 '대체효과'라고 부른다.

그러나 이와 정반대의 효과도 발생할 수 있다. 자영업자 입장에서는 정부의 세금 부과로 인하여 소득이 감소하게 되고, 그 감소하는 소득을 일부 보전하기 위하여 근로시간을 늘리는 선택을 할 수도 있다. 예를 들어, 자영업자가 하루에 대략 40만 원 정도의 소득을 얻고자 하는데 정부가 세금을 부과하여 기존의 8시간으로는 이 소득을 얻을 수 없게 되자 근로시간을 늘리게 되는 상황을 상상하면 된다. 이 효과를 '소득효과income effect'라고 한다.

한 가지 중요한 사실은 한계세율의 변화는 대체효과와, 평균세율(실효세율)의 변화는 소득효과와 각각 연관되어 있다는 점이다. 세율 인하는 일반적으로 한계세율과 평균세율을 동시에 인하시키며, 반대로 세율 인상은 한계세율과 평균세율을 동시에 인상시킨다. 위에서 설명하였듯 대체효과와 소득효과가 근로의욕에 미치는 효과는 반대로 나타나게 되므로 세율 변화가 근로의욕에 미치는 영향은 이론적으로 불분

그림 3.2 **비과세, 소득공제, 세액공제가 있는 경우**

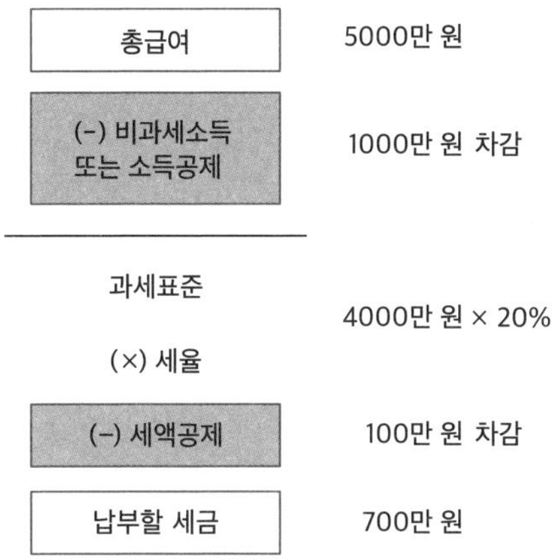

명하다. 그러나 과거 연구에 의하면 대체효과가 소득효과보다 그 영향이 큰 것으로 알려져 있다. 따라서 정부가 조세를 부과하게 되면 위 자영업자의 근로의욕(근로시간)이 감소한다.

효율성 관점의 조세 정책의 목표는 정부가 조세를 부과하면서도 이 자영업자의 근로의욕을 꺾지 않는 것이다. 즉 조세 부과로 인한 부작용을 최소화하는 것이 되는데, 그 목표를 달성하기 위한 방안은 다음과 같다. 첫째, 한계세율은 낮으면 낮을수록 좋다. 한계세율이 낮을수록 위 자영업자는 근로의욕을 잃지 않고 일하게 될 것이다(대체효과). 반면 평균세율은 높으면 높을수록 좋다(소득효과). 요약하면 한계세율은 낮추고 평균세율은 높이는 것이 조세 부과의 부작용을 최소화하는 길이다.

그리고 이 목표는 '넓은 세원과 낮은 세율'을 통해 달성할 수 있다. 다시 예를 들어서 다음과 같은 사례를 살펴보자. 연간 수입이 5000만 원인 한 근로자가 있다. 이 근로자의 수입 중 1000만 원에 대해서는 정부가 비과세소득 또는 소득공제라는 이름으로 세금을 감면해 주고 있다고 가정한다. 이 경우 세율 20%는 5000만 원에서 1000만 원을 차감한 4000만 원에 대해서 적용된다. 따라서 세금은 800만 원이 발생하는데 여기서 또 세액공제라는 이름으로 100만 원의 세금을 깎아줘서 실제 납부할 세금은 700만 원이라고 가정해 보자.

이 근로자 입장에서의 한계세율과 평균세율은 무엇인가. 이 근로자는 현재 5000만 원을 벌고 있다. 그러나 조금 더 많이 일해서 5000만 원이 아닌 6000만 원의 소득을 얻게 될 경우, 추가 소득 1000만 원에 대해서는 20%의 세율이 적용된다(비과세, 소득공제와 세액공제 금액은 변함없다고 가정한다). 따라서 한계세율은 20%이다. 반면 평균세율은 총급여 기준으로 14%에 불과하다(세금 700만 원을 총급여 5000만 원으로 나누어 산출한다).

이 사례에서 비과세, 소득공제, 세액공제 등 조세감면을 없애고(넓은 세원) 세율을 인하(낮은 세율)할 경우, 평균세율을 일정하게 유지하며 한계세율을 인하할 수 있다. 즉 조세감면(비과세, 소득공제, 세액공제)을 모두 없애는 대신 세율을 20%에서 14%로 낮추었다고 해보면, 〈그림 3.3〉에서 보듯이 정부의 조세수입은 700만 원으로 동일하지만 한계세율은 14%로 낮아져 평균세율과 동일해지게 된다.

그림 3.3 **평균세율 고정, 한계세율 인하**

총급여 — 5000만 원

과세표준
(×) 세율 — 5000만 원 × 14%

납부할 세금 — 700만 원

한계세율과 평균세율의 차이가 작을수록 효율적이다

'넓은 세원, 낮은 세율'을 달성하기 위해서는 조세감면(비과세, 공제)을 줄이고 세율을 낮춰야 한다. 이 경우 앞 사례에서 보듯이 한계세율과 평균세율의 차이가 줄어든다. 따라서 국가 간 조세제도의 효율성을 비교할 때에는 보통 한계세율과 평균세율의 차이를 비교하여 제도가 얼마나 '넓은 세원, 낮은 세율'에 근접한지를 판단한다.

〈표 3.2〉를 보면 한국과 주요 선진국의 한계세율 및 평균세율이 나타나 있는데, 이는 OECD 자료에 근거하여 작성된 것으로, 지방세를 합산한 근로소득세율을 보여주고 있다.[2] 표를 통해 우리는 한국의 근로소득세율이 선진국 대비 매우 낮지만, 한계세율과 평균세율 간 차이는 대단히 큰 편에 속함을 확인할 수 있다. 한계세율 대비 평균세율이 46.5% 수준으로 비교 대상 국가 중 가장 낮다. 그리고 이것은 효율성 관점에서 바람직하지 않다. 한계세율 대비 평균세율이 낮을 경우에

표 3.2 **한계세율과 평균세율 차이** (단위: %)

국가명	평균세율	한계세율	평균세율/한계세율
캐나다	14.3	26.3	54.4
프랑스	11.7	14.6	80.1
독일	16.1	26.7	60.3
일본	6.9	11.5	60.0
영국	12.5	17.6	71.0
미국	15.1	26.6	56.8
스웨덴	13.4	19.5	68.7
OECD 평균	13.7	22.6	60.6
한국	6.0	12.9	46.5

주: 1. 미혼에 무자녀인 평균 근로소득자의 소득세율이며, 지방세를 합산한 수치임.
2. 비교 대상 국가는 G7에서 이탈리아를 제외하고, 스웨덴을 추가함.
출처: OECD(2019)[3]

는 납세자들이 실제보다 세율이 높은 것처럼 착각하게 되어 조세저항도 커진다.

하지만 우리나라의 조세제도가 항상 이렇게 비효율적이었던 것은 아니며, 또한 모든 세목이 비효율적인 것도 아니다. 〈그림 3.4〉를 보면 3대 세목인 법인세, 소득세, 부가가치세의 조세감면 규모 추이를 볼 수 있는데, 이 자료를 보면 조세감면 금액이 2011년 이후 가파르게 증가한 것을 확인할 수 있다. 그중에서도 특히 소득세에 조세감면이 집중되어 있다.

소득세 조세감면 내역을 살펴보면 규모 면에서 보험료 특별소득공

그림 3.4 **조세감면 규모 추세**

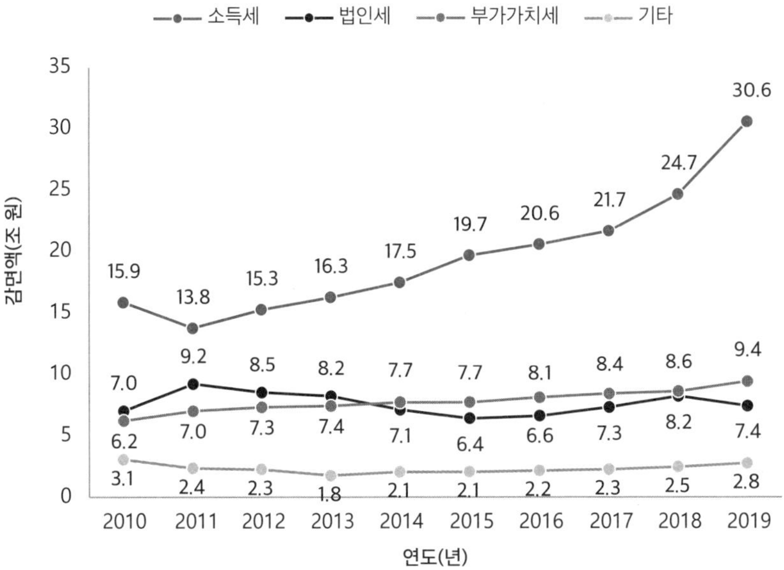

출처: 국회예산정책처(2020)[4]

제 및 특별세액공제(3.5조 원), 연금보험료 공제(2.8조 원), 신용카드 소득공제(2.1조 원) 순이다. 이 중 신용카드 소득공제는 '자영업자의 과세표준 양성화'를 위한 목적으로 2002년 11월 30일을 그 종료 시점으로 하여 지난 1999년 한시적으로 도입되었다. 그러나 이는 2021년 현재까지도 유지되고 있을 뿐만 아니라 심지어 공제액 규모 또한 매년 증가하고 있다. 거기에 신용카드 소득공제의 혜택을 받는 이들이 주로 고소득자라는 문제점도 가지고 있다. 당초 제도의 도입 목적은 이미 달성한 상황이므로 이러한 조세감면은 과감하게 폐지하는 것이 효율성 측면에서 바람직하다. 신용카드 소득공제와 같은 조세감면이 유지되면 결국 재원이 부족해져 세율이 인상될 수밖에 없기 때문이다.

조세감면은 항상 부정적인가?

앞서 비과세, 소득공제, 세액공제 등 조세감면을 없애고 세율을 인하할 경우에 보다 효율적인 조세제도를 설계할 수 있음을 설명하였다. 그렇다면 조세감면은 항상 부정적인가? 이 문제에 대한 답을 얻기 위해서는 조세감면이 실질적으로 재정지출과 동일하거나 유사한 효과가 있음을 이해해야 한다. 쉽게 말해 재정지출은 정부가 우리에게 돈을 주는 것이고, 조세감면은 정부가 우리에게 받을 돈을 깎아주는 것이다. 이러한 이유로 조세감면을 '조세지출'이라고도 하는데, 이는 조세감면을 통해 정부가 마치 재정을 '지출'하는 것과 같다고 하여 붙여진 이름이다.

그럼 다시 본래의 질문으로 돌아와 보자. 조세감면은 항상 부정적인가? 꼭 그런 것은 아니다. 다만 아무래도 직접 재정을 지출하는 것보다 감면 규모나 수혜 대상 등이 투명하게 관리되지 않는 특성이 있다. 한마디로 그것은 '숨어있는 지출'이다. 이러한 문제를 해결하기 위해 한국을 포함한 많은 선진국들은 조세지출을 재정지출과 유사하게 관리하고자 노력하고 있다. 그러나 그럼에도 불구하고 조세지출에 대한 국회와 시민들의 이해가 부족하기 때문에 재정지출에 비하여 느슨한 통제가 이루어지고 있는 상황이다. 즉 일부 조세감면이 뚜렷한 존재 이유 없이 계속 유지되면서 조세제도를 비효율적으로 만들고 있다.

그렇다면 반대로 정부는 어떻게 조세지출을 전략적으로 활용할 수 있을까? 조세지출은 단기적인 인센티브로만 활용되는 것이 타당하다. 예를 들어 경기 침체기에 자영업자들에 대한 조세감면 혜택을 일시적으로 제공하는 것이다. 정부재정으로 추진되는 사업은 한번 시작되면 추후 폐지하기가 매우 어려운 반면 조세지출은 일정 기간이 지나면 감면을 폐지하는 일몰제의 형식이 존재하므로 상대적으로 단기 인센티브제로의 활용이 용이하다. 그러나 최근 많은 조세지출 항목들의 일몰이 지속적으로 연장되고 있어 정부의 관심이 필요한 상황이다.

소득세법상 열거주의와 과세 사각지대 해소 필요성

지금까지 '넓은 세원, 낮은 세율' 원칙의 대표적 사례가 바로 '조세감면을 없애는 대신 세율을 인하하는 것'이라는 점을 살펴보았다. 그러나 '넓은 세원, 낮은 세율' 원칙은 그보다 더 폭넓게 응용이 가능하다. 예를 들어, 두 가지 종류의 활동(A활동과 B활동)이 존재할 때, 정부가 A활동에서 발생하는 이익에 대해서만 40%의 세율로 과세하고 B활동은 세금을 면제해 주는 상황을 생각해 보자. 즉 B활동이 과세 사각지대loophole를 형성하고 있는 것이다.

위 상황에서 만약 세금이 없었다면 A활동을 수행하였을 사업자가 40%의 세금 때문에 B활동을 수행하는 경우가 생길 수 있고, 이러한 선택은 사회 전체적으로 비효율적이다. A활동에 재능이 있는 사업자는 A활동을 선택하고, B활동에 재능이 있는 사업자는 B활동을 선택하는 것이 인적 자원의 효율적인 배분 상황인데, 조세로 인하여 이러한 선택이 왜곡될 수 있다. 또한 A활동을 통해 발생된 이익을 마치 B활동에서 발생한 것인 양 편법으로 전환하여 조세를 회피할 유인도 존재한다.

그러나 역시 이 사례에서도 '넓은 세원, 낮은 세율' 원칙을 통하여 조세 부과의 부정적인 효과를 완화할 수 있다. 과세 사각지대를 없애고 A활동과 B활동에 모두 과세하여 세원을 확대하는 대신 세율을 인하하는 것이다. 이 경우 동일한 세수입을 유지하면서도 조세 부과로 인한 납세자의 선택 왜곡 현상이 줄어들 수 있어 효율적이다. 또 다른 표현으로 '조세 중립성'을 확보할 수 있는 것이다.

우리나라 소득세법은 법에 나열된 소득에 대해서만 세금을 부과하는 '열거주의'를 채택하고 있는데 그로 인해 과세 사각지대가 발생한다. 예를 들어, 채권매매차익이나 외환차익 등의 금융상품 자본이득은 '열거주의'로 인하여 과세 대상에서 제외되고 있는 것이다. 그렇다 보니 금융이 고도화되고 복잡해지며 다양한 세무상 문제가 발생한다. 채권이나 주식·파생상품 등을 결합한 하이브리드 상품을 과세하는 것이 적법한지 판단이 쉽지 않은 데다 투자자들은 과세되는 이자수입을 비과세되는 외환차익으로 전환하여 세부담을 회피하고 있다.

그간 금융상품의 자본이득에 대해 제한적으로만 과세했던 것은 자본시장을 육성하기 위한 조치였다. 그러나 이미 한국의 자본 시장이 선진국에 가깝도록 성장한 지금, 모든 금융상품의 자본이득에 대해서 포괄적으로 과세하는 체계를 도입할 때가 되었다는 주장이 있다. 향후에는 과세 사각지대를 축소하기 위한 정책적 노력이 반드시 필요하다 할 것이다.

3.2 공평성

세 가지 관점의 공평성

공평한 조세제도는 과연 어떠한 특징을 갖고 있을까? 이 질문에 답하기 전에 먼저 세 가지 관점의 '공평성'을 정의해 보자. 먼저 '수평적 공평성horizontal equity'은 소득이 같으면 조세부담도 같아야 한다는 개념을 말한다. 이어 '수직적 공평성vertical equity'은 고소득층이 저소득층에 비해 더 많은 세금을 부담해야 한다는 개념을 말하며, 마지막으로 '세대 간 공평성intergenerational equity'은 세대 간 조세부담이 동일하게 유지되어야 한다는 개념을 말한다.

수평적 공평성에 따르면 소득이 같으면 조세부담도 같아야 한다. 하지만 이 관점은 실제 조세 정책에서 중요한 원칙으로 고려되지는 않는 경향이 있다. 수평적 공평성에 따르면 근로, 배당, 부동산 임대 등의 소득에는 모두 동일한 세율로 과세해야 한다. 한국의 경우 이 원칙에 비교적 충실한 '종합소득' 과세제도를 채택하고 있지만, 해외 선진국은 소득별 특성에 따라 상이한 세율을 적용하는 경우가 대부분이다. 소득세 계산 시 적용되는 다양한 공제제도도 수평적 공평성 원칙에 위배될 수 있다. 동일한 소득의 두 개인 중 한 명만 자녀가 있다고 할 때, 이 한 명만 '자녀공제'를 받아 조세부담이 적어진다. 소득이 같음에도 조세부담이 달라지는 것이다. 또한 수평적 공평성을 개인 기준에서 판단할지, 가구 기준에서 판단할지에 따라서도 조세 정책이 달라질 수 있다.

정부재정 관점에서 가장 시급한 문제는 무엇보다 세대 간 공평성을 확보하는 일이다. 정부가 국가채무를 통해 자금을 조달하여 지출을 늘릴 경우, 그 채무 상환의 부담은 미래 세대에게 전가된다. 또한 부과식pay-as-you-go의 연금제도로 인해 연금 지출에 소요되는 비용을 미래 세대의 보험료에 의존하는 것도 문제이다. 더욱이 출산율 감소로 각종 연금 및 복지 지출을 감당할 경제활동인구는 줄어들고 있다.

상황이 이러함에도 불구하고 정치인들은 세대 간 공평성을 개선하기 위한 조치에 관심이 없다. 사실 민주주의 제도의 아킬레스건이 바로 이 세대 간 공평성을 달성하기가 용이하지 않다는 점이다. 아직 태어나지 않은 미래 세대에게는 투표권이 없다. 이렇듯 민주주의 제도는 현세대가 미래 세대의 조세부담을 결정하는 불합리성을 내포하고 있고, 고령화가 진행되면서 이러한 문제는 더욱 심화될 것이다. 세대 간 공평성에 관한 논의는 뒤에서 다시 설명하기로 한다.

조세 정책을 실제 설계하는 과정에서 가장 큰 쟁점이 되는 공평성은 단연 수직적 공평성이다. 수직적 공평성에 따르면 고소득층이 저소득층에 비해 더 많은 세금을 부담해야 하지만 그들이 과연 얼마나 더 많은 세금을 부담해야 공평한 것인지가 쟁점이 된다. 특히 최근 소득 불평등이 큰 사회 문제로 대두되며 수직적 공평성에 대한 논쟁은 더욱 심각해지고 있다. 다음에서는 이상 세 가지 공평성 개념 중 수직적 공평성에 초점을 맞추어 논의를 진행하고자 한다.

소득과 조세부담의 관계

수직적 공평성은 소득 수준의 변화에 따른 조세부담을 어떻게 결정할 것인가에 관한 문제이다. 〈그림 3.5〉를 보면 소득과 조세부담의 관계를 세 가지로 유형화하고 있다. 첫 번째 유형은 소득에 상관없이 동일한 세율로 과세하는 정률세, 두 번째 유형은 소득이 증가하며 세율

그림 3.5 소득과 조세부담의 관계

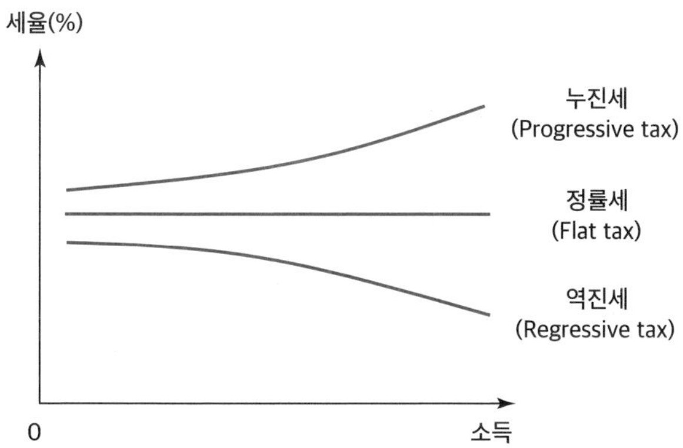

이 감소하는 역진세, 그리고 세 번째 유형은 소득 증가에 따라 세율이 증가하는 누진세이다.

여기서 명확하게 이해해야 할 사실은 정률세하에서도 고소득층이 저소득층에 비해 조세부담이 크다는 점이다. 정률세하에서는 동일한 세율로 과세하기 때문에 소득이 많아질수록 조세부담도 함께 커지게 되는 것이다. 심지어 역진세하에서도 매우 극단적인 경우가 아니라면 고소득층이 저소득층에 비해 조세부담이 크다. 반면 누진세하에서는 조세부담이 고소득자에게 집중된다. 따라서 세율과 조세부담을 명확히 구분하여 이해할 필요가 있다.

그림의 세 가지 유형 중 어느 조세체계가 수직적 공평성에 부합하는지에 대해서는 논쟁이 존재한다. 정치적 이념에 따라 그에 대한 선호도 달라지는 듯하다. 그러나 최근에는 누진세가 수직적 공평성에 부합한다는 의견이 지배적인데, 그렇다면 그 논리가 과연 무엇인지 소득과 조세부담 간의 관계를 결정할 때 고려하는 두 가지 원칙(편익원칙과 응능부담원칙)을 통해 살펴보자.

편익원칙과 국민개세주의

'편익원칙benefit principle'이란 정부가 제공하는 공공 서비스의 편익에 비례하여 조세를 부과하는 것이 공평하다는 원칙을 말한다. 다시 말해, 정부로부터 수혜를 많이 받은 사람은 조세부담도 많이 하고, 수혜를 적게 받은 사람은 조세부담도 적게 해야 한다는 원칙이다. 수익자부담원칙에 근거하여 부과되는 전력 요금, 고속도로 사용료, 지하철 요금, 버스 요금, 국립공원 이용료 등 공공요금이 이 편익원칙에 부합한다.

편익원칙은 합리적이지만 현실에 적용하기란 쉽지 않은데, 그것은 시민들이 공공 서비스로부터 얻는 혜택의 양을 측정하기가 어렵기 때문이다. 따라서 현실에서는 공공 서비스의 공급 원가를 수혜자가 얻는 혜택의 대용치로 사용하는 것이 일반적이다. 예를 들어 전력의 단위당 생산 원가를 측정하여 단위당 요금 수준을 그 원가에 맞추어 결정하는 것이다.

이 편익원칙은 공평할 뿐만 아니라 효율적인 자원 배분을 유도한다. 시민들은 자신이 공공 서비스로부터 받은 혜택만큼 정부에 기여하게 되니 공평하다. 혜택 대신 원가를 사용하더라도, 정부가 그 공공 서비스를 생산하기 위해 지출한 비용만큼 수혜자가 부담하니 이 또한 공평하다. 또한 시민들은 공공 서비스로부터 충분한 혜택을 얻을 수 있을 때에만 그 서비스를 이용하려고 할 것이다. 사회 전체적으로 보았을 때 공공 서비스는 생산 원가보다 높은 편익을 창출하기 때문에 이는 효율성 관점에서 바람직하다.

편익원칙은 조세부담을 결정함에 있어 소득을 명시적으로 고려하지 않는다. 그럼에도 불구하고 그것은 종종 누진세를 지지하는 근거로 사용된다. 그 논리는 고소득자들이 치안, 국방, 행정, 사법 제도 등 공공 서비스의 혜택을 저소득층에 비해 훨씬 더 많이 받고 있기 때문이라는 것이다. 즉 만약 무정부 상태를 가정한다면 고소득자가 저소득층에 비해 잃을 것이 훨씬 많기 때문에 그들이 저소득층에 비해 더 높은 세율을 적용받아야 한다는 논리이다.

다만 편익원칙이 누진세를 지지한다고 하더라도 이는 소득 불평등을 해소하기 위함이 아니라, 공공 서비스에 대한 정확한 가격을 책정하기 위함이다. 예를 들어, 정부의 공공 서비스 혜택을 정확히 측정할 수 있다고 가정해 보자. 이 경우 모든 시민들이 치안, 국방, 행정·사법 제도 등 공공 서비스의 혜택을 받고 있기 때문에, 소득 수준이 아무리 낮은 시민이라도 일정 금액의 세금을 부담하는 것이 타당하다. 즉 편익원칙은 모든 국민은 적은 액수라도 반드시 일정 수준의 세금을 부담해야 한다는 '국민개세주의國民皆稅主義'의 이론적 토대가 된다.

응능부담원칙과 누진세를 통한 소득 재분배

'응능부담원칙ability-to-pay principle'은 납세자의 조세부담 능력을 고려하여 조세를 부과하는 것이 공평하다는 원칙을 말한다.[5] 이 원칙은 누진세를 통한 소득 재분배를 지지하는 이론적 근거로 활용되어 현대 소득세제에 큰 영향을 미쳤다. 조세부담이 왜 능력에 근거하여 결정되어야 하는가에 대해서는 여러 가지 논리가 존재하는데, 그중에서 롤스 John Rawls의 관점이 가장 널리 인용되고 있다.

롤스의 논리를 이해하기 위해서 먼저 다음과 같은 상상을 해보자. 여러분들은 지금 어머니의 자궁 속에 있는 태아이며, 곧 이 세상에 태어날 예정으로 전생의 기억은 모두 지워지고 지금은 아무것도 알 수가 없다. 즉 태어난 후 가지게 될 여러분 자신의 능력, 그리고 부모의 사회적 지위를 알 수 없다.[6] 단, 여러분들은 어떠한 세상에 태어날지를 스스로 결정할 수 있다.

그런데 여기에는 두 가지 세상이 있다. 첫 번째 세상은 높은 누진세를 통해 소득 재분배가 활발하게 일어나는 세상이다. 능력이 없는 사람은 세금을 부담하지 않는다. 대신 능력이 뛰어나 고소득자가 될 경우 매우 높은 세율을 감당해야 한다. 두 번째 세상은 모든 국민이 일정 금액을 세금으로 납부하는 세상이다. 소득이 없더라도 세금을 납부해야 하기 때문에 능력이 없는 사람들의 삶은 매우 고단할 수 있다. 그러나 능력이 뛰어날 경우 낮은 세율만을 부담하기 때문에 큰 부를 온전히 거머쥘 수 있다. 여러분은 어떤 세상에서 태어나고 싶은가?

방금 여러분들은 롤스가 말하는 '무지의 장막veil of ignorance'을 경험하였다. 롤스는 어떤 정책이 정의로운지, 즉 공평한지를 판단하기 위해서는 그 정책에 대해 어떻게 영향을 받을지 모르는 사람들이 선택하는 것을 보면 된다고 주장하였다. 다른 말로 무지의 장막 뒤에서 결정한 결과가 공평하다는 것이다. 이 사례에서 여러분들은 자신의 능력과 사회적 지위를 모르기 때문에, 어떤 세율을 적용받을지 알 수 없는 상황에서 조세제도를 선택하였을 것이고, 바로 그 선택된 조세제도가 정의로운, 즉 공평한 조세제도라는 것이다. 롤스는 사람들이 무지의 장막 뒤에서 의사 결정을 내릴 경우 대체로 매우 강한 소득 재분배 기능을 선호한다고 주장하였다. 이후의 많은 연구에서 대체로 이러한 주장을 지지하는 결과가 나타났다.

롤스의 논리에 근거한 응능부담원칙은 강한 누진세를 지지한다. 즉 조세제도는 누진적으로 설계되어 우리 사회에서 가장 소외받고 어려운 계층들을 지원하는 소득 재분배 기능을 수행해야 한다. 현실에서는 납세 의무자의 부담 능력을 정확히 측정하기 어려우므로 일반적으로 소득 수준을 개인 부담 능력의 대용치로 사용하고 있다.

국민개세주의 관점에서 평가한 한국의 조세제도

편익의 원칙에 따르면 모든 국민은 정부로부터 공공 서비스의 수혜를 받기 때문에 액수가 적더라도 반드시 일정 수준의 조세를 부담해야 한다. 앞에서 밝혔듯이 이를 '국민개세주의'라고 하는데, 그렇다면 과연 한국의 조세제도는 국민개세주의 관점에 얼마나 부합하는지 법인세, 근로소득세, 종합소득세를 중심으로 평가해 보자.

〈그림 3.6〉은 세금을 전혀 납부하지 않는 면세자 · 면세법인의 비율을 주요 세목별로 나타낸 것이다. 먼저 법인세의 경우, 2019년 기준 세금을 전혀 납부하지 않은 면세법인이 전체 법인의 무려 48.7%에 달했다.[7] 2019년도에 당기순이익이 발생한 법인이 전체 법인의 약 63.2%

그림 3.6 면세자 · 면세법인 비율

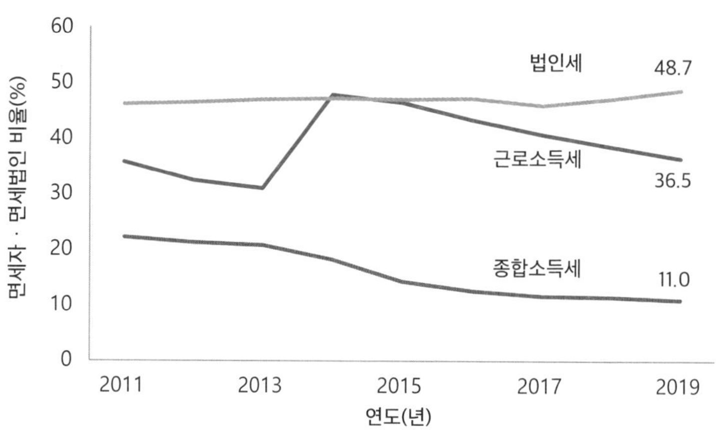

자료: 국세통계연보

이므로, 이익이 발생했어도 세금을 납부하지 않는 법인이 매우 많다는 것을 알 수 있다. 게다가 면세법인의 비율이 소폭 증가하는 추세인 것도 부정적이다.

유형별 면세법인의 비율은 일반 대기업, 중소기업, 상호출자제한기업, 중견기업 순으로 높다.[8] 당기순손실이 발생한 법인 비율을 유형별로 비교해 봤을 때는 네 가지 유형 간 큰 차이가 없다. 즉 법인 유형별로 면세법인 비율의 차이가 나타나는 이유는 특정 유형 법인들의 수익성이 좋기 때문이 아니라 그들이 조세감면 혜택을 많이 받고 있기 때문이다.

〈그림 3.7〉만을 본다면 대기업과 중소기업의 면세법인 비율이 유사하기 때문에 그들이 유사한 수준의 감면 혜택을 받는 것처럼 보인다. 하지만 이는 정확한 분석이 아니다. 실질적으로는 조세감면에 해당되

그림 3.7 법인 유형별 면세법인 및 손실법인 비율

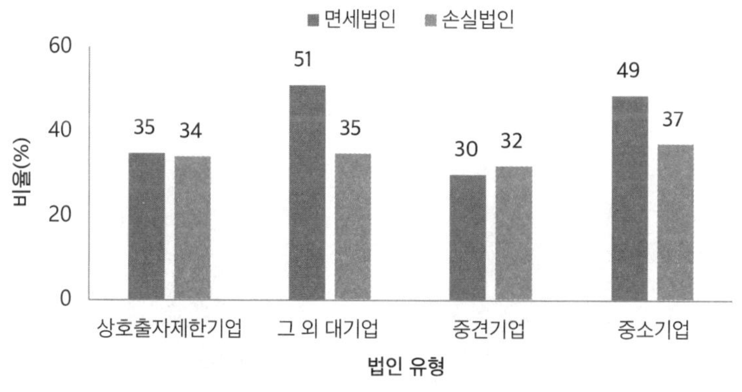

자료: 국세청(2020)[9]

지 않음에도 감면(세액공제)으로 분류된 외국납부세액공제가 포함되어 있기 때문이다.[10] 〈그림 3.8〉과 〈그림 3.9〉는 일반 기업과 중소기업의

그림 3.8 일반 기업과 중소기업의 세액공제감면 비교 (단위: 조 원)

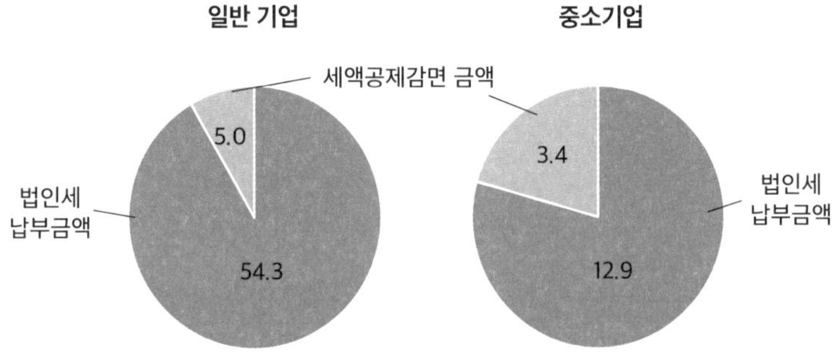

자료: 국세청(2020)[11]

그림 3.9 일반 기업과 중소기업의 세액공제감면 비교 (외국납부세액공제 제외) (단위: 조 원)

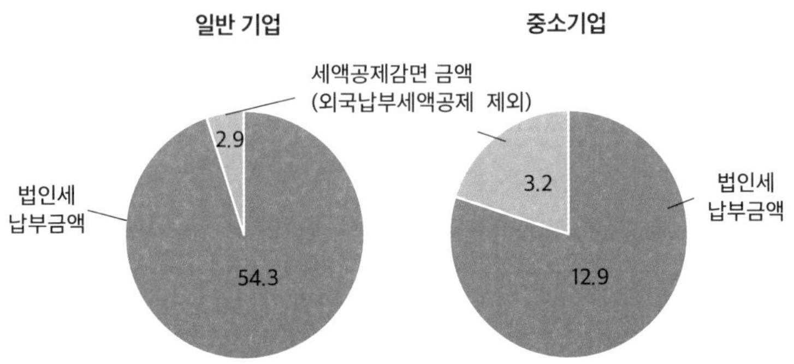

자료: 국세청(2020)[12]

세액공제감면을 비교한 것이다. 여기서 '일반 기업'이란 중소기업을 제외한 모든 기업을 의미하며 대기업과 중견기업을 모두 포함한 개념이다. 두 유형별로 총법인세 부담 대비 세액공제감면 비율을 비교하면 중소기업에 대한 혜택이 크다는 것을 알 수 있다. 게다가 (실제로는 조세감면이 아닌) 외국납부세액공제를 제외하면 그 차이는 훨씬 더 커진다.[13] 외국납부세액공제는 주로 일반 기업에게 적용되기 때문이다.

다음으로 개인소득세를 보도록 하자. 2019년 기준으로 근로소득세와 종합소득세의 면세자 비율은 각각 36.5%와 11.0%로, 이 수치는 주요 선진국과 비교할 때 매우 높은 편이다. 〈그림 3.10〉은 주요국의 근로소득 면세자 비율을 비교한 결과인데 한국의 근로소득 면세자 비율이 매우 높음을 알 수 있다. 다만 근로소득과 종합소득 면세자 비율이

그림 3.10 주요국 근로소득 면세자 비율 (단위: %)

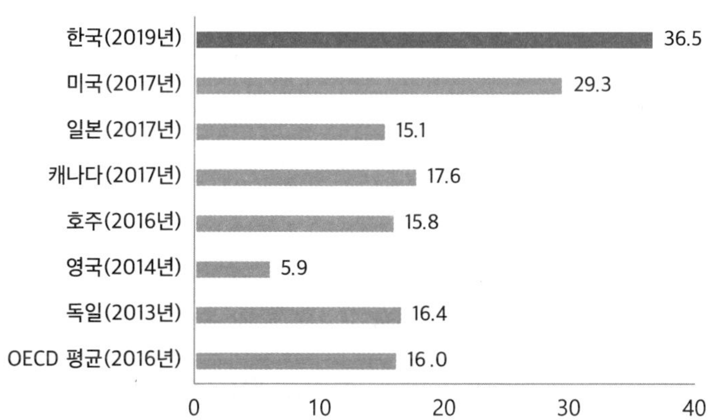

자료: 국회입법조사처(2020); 국회예산정책처(2016); OECD(2016); 국세통계연보(2020)

꾸준히 감소하고 있다는 점은 긍정적이다.

정리하면 한국의 조세제도는 국민개세주의 관점에서 좋은 평가를 받기 어렵다. 법인세와 소득세의 경우 세금을 납부하지 않는 면세법인과 면세자의 비율이 높기 때문인데, 그 밖에 해외 선진국 대비 부가가치세율이 낮다는 점을 고려해 볼 때도 그렇다. 부가가치세는 소비에 부과되므로 모든 대한민국 거주자가 일정 수준 분담하는 세목인데, 바로 이 비중이 낮기 때문에 국민개세주의 관점에서 부정적으로 평가되는 것이다.

누진성 관점에서 평가한 한국의 조세제도

이번에는 응능부담원칙에 따라 한국의 조세제도가 충분히 누진적인지 살펴보자. 〈그림 3.11〉은 상위 1% 또는 10% 소득자가 전체 조세부담의 몇 퍼센트를 부담하고 있는지를 법인세, 근로소득세, 종합소득세별로 살펴본 '상위 집중도' 분석 결과이다. 2019년 기준으로 법인세의 경우 상위 1% 소득법인이 전체 법인세의 88.2%를 부담하고 있으며, 종합소득세와 근로소득세는 상위 10% 소득자가 전체 부담의 각각 84.9%와 73.3%를 부담하고 있다.

한국 조세의 상위 집중도는 해외 주요 선진국과 비교할 때 상당히 높은 수준이다. 먼저 법인세의 경우 대부분의 해외 선진국들이 단일세율로 세금을 부과하고 있는 반면, 한국은 2020년 현재 4단계 누진세율(10%, 20%, 22%, 25%)로 세금을 부과하고 있다.

〈그림 3.12〉는 한국, G7 선진국, 북유럽 4개국(스웨덴, 핀란드, 덴마

그림 3.11 주요 세목의 상위 집중도

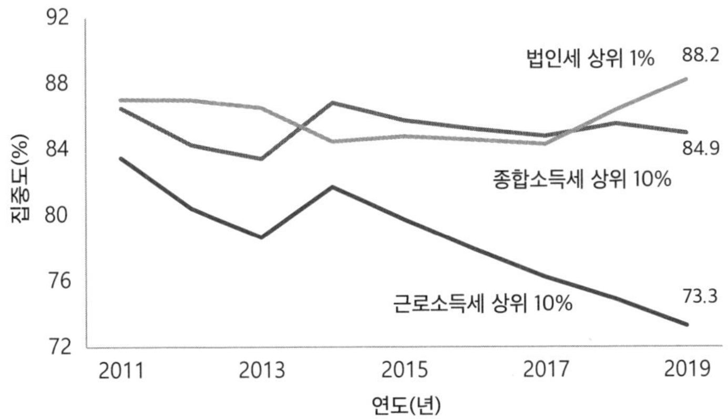

자료: 국세청(2020)[14]

크, 노르웨이)의 개인 소득세 누진성을 비교한 결과이다. 한국의 경우 세율 구조가 수차례 개편되며 누진성 수준도 변화했음을 알 수 있는데, 2005년부터 2011년까지는 G7 주요 선진국 대비 덜 누진적인 수준을 유지해 왔으나 2012년 과세표준 3억 원 초과 구간에 대한 최고세율이 신설되며 선진국과 유사한 수준에 이르렀다. 여기서 과세표준이란 세금 계산 목적으로 일부 항목을 조정한 소득 금액으로 생각하면 되겠다. 2014년에 초과세율 적용 구간을 하향 조정하는 실질적 증세와 함께 누진성은 하향 조정되었고, 2017년에는 과세표준 5억 원 초과 구간에 대한 최고세율이 신설되었다.

한 가지 주목할 점은 북유럽 4개국의 경우 개인소득세 누진성이 매우 약하다는 점이다. 북유럽 국가 중 스웨덴, 덴마크, 핀란드의 경우

그림 3.12 **개인소득세 누진성의 변화**

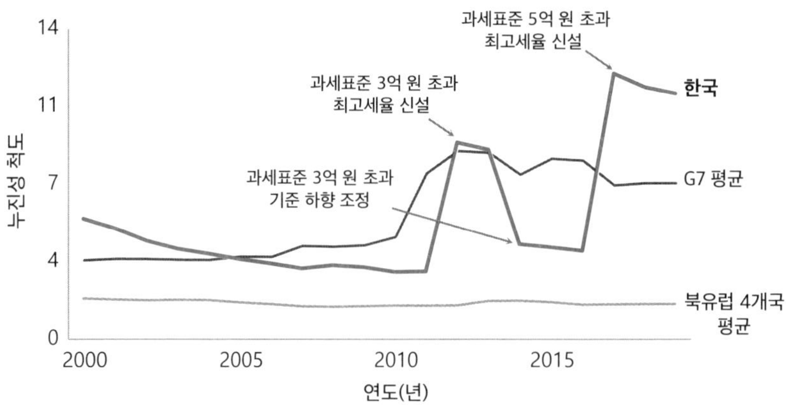

주: 누진성 점수는 최고세율의 적용 구간을 측정한 결과임(누진성 척도가 10이라면 평균소득 대비 10배를 버는 고소득자부터 소득세 최고세율이 적용된다는 의미이며, 이 척도가 1에 가까울수록 누진성이 약한 단일세율에 가까움).

자료: OECD Tax Database

최고세율이 매우 높은데, 그 높은 세율은 최상위 소득자부터 평균 소득자보다 소득이 조금 더 높은 중상위 소득자에게까지 폭넓게 적용된다. 높은 세율이 많은 인구에 적용되기 때문에 조세수입 역시 많을 수밖에 없다. 북유럽 국가의 조세 체계는 다른 선진국과 비교해도 매우 독특한 면이 있다. 보다 자세한 내용은 뒤에서 다시 설명하기로 한다.

이번에는 개인소득세의 상위 집중도를 다른 주요 선진국과 비교해 보자. 여기에는 한국의 경우 2019년 데이터를, 다른 선진국들은 2015년 데이터를 사용하였다. 이 상위 집중도는 앞서 살펴본 최고세율과 누진성 외에도 조세감면, 면세자 비율, 저소득층에 대한 세율 등 다양한 변

그림 3.13 상위 10% 고소득자 조세부담 비중 (단위: %)

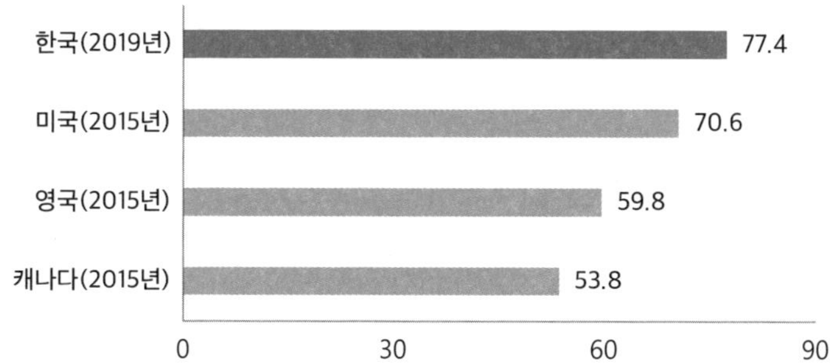

주: 근로소득과 종합소득을 합한 통합소득 기준임.
자료: 국회예산정책처; 윤창현 국민의힘 의원실

수에 의해 영향을 받을 수 있다. 근로소득과 종합소득을 합한 통합소득을 기준으로 계산하면 상위 10% 고소득자가 전체 소득세 납부액의 약 77.4%를 부담하고 있는데, 이는 데이터가 존재하는 미국, 영국, 캐나다와 비교할 때 높은 수준이다.

정리하면 한국의 조세제도는 누진성이 강하다는 특징이 있다. 법인소득에 대한 세금인 법인세와 개인소득에 대한 세금인 소득세 모두 그러하다. 하지만 그럼에도 불구하고 한국의 조세제도는 소득 재분배 기능이 약한 것으로 널리 알려져 있는데 그것은 과연 어떤 이유에서일까? 이 퍼즐을 이해하기 위해서는 OECD가 소득 재분배 효과를 어떻게 측정하는지에 대한 이해가 필요하다. 이를 함께 살펴보도록 하자.

누진성이 강함에도 왜 소득 재분배 기능은 약할까?

한국의 조세제도는 선진국 대비 매우 누진적이다. 그럼에도 불구하고 OECD가 발표한 재정의 소득 재분배 기능 면에서는 선진국 대비 그 기능이 매우 약하다. 참고로 여기서 '누진성'은 조세제도만을 평가한 개념이지만, '소득 재분배 기능'은 조세와 재정지출(복지 등)을 함께 평가한 개념이다. 따라서 이 두 가지 기준에 따른 평가 결과가 동일할 이유는 없음에도 많은 사람들은 이들을 함께 비교하며 혼란스러워한다.

한국의 조세제도가 강한 누진성을 갖고 있음에도 불구하고 약한 소득 재분배 효과를 보이는 데에는 다양한 이유가 존재하는데 그중에서도 우선, 개인이 부담하는 소득세와 사회보험료의 절대적 수준이 낮다는 점을 들 수 있다. 즉 소득세가 누진적이기는 하지만 그 절대적 부담수준은 낮다는 뜻이다. 또한 정부 재정지출에서 소득 재분배와 관련된 지출, 즉 복지지출이 차지하는 비중이 낮다는 점도 중요한 이유이다. 그리고 시장소득과 가처분소득의 지니계수를 비교하는 OECD 분석 방법하에서는 간접세(부가가치세) 비중이 높을수록 좋은 평가를 받기 용이하다. 마지막으로 고용주의 사회보험료 부담이 낮은 반면 일반재정에 편입되는 법인세 부담이 높다는 점도 소득 재분배 기능이 저조한 원인 중 하나이다.

여기에서는 우선 OECD에서 발표한 통계를 바탕으로 주요국의 소득 재분배 기능을 비교해 보자. OECD는 먼저 정부의 공적이전(세금지출과 복지수입)을 가감하기 전의 '시장소득'과 가감한 후의 '가처분소득'

그림 3.14 **지니계수(시장소득과 가처분소득 기준)**

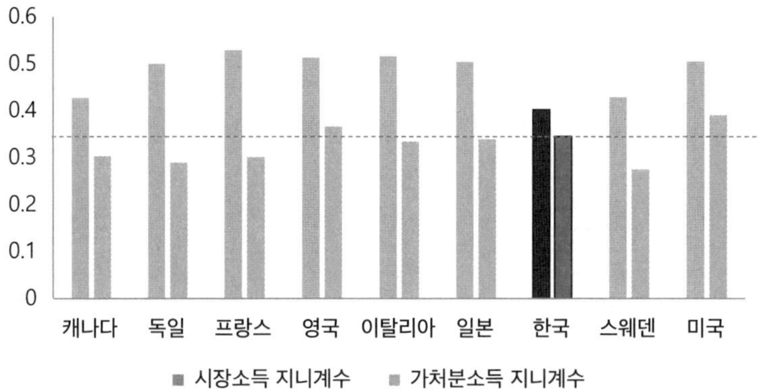

자료: OECD(2020)

을 산출한 다음, 소득 재분배 기능을 평가하기 위하여 두 소득의 지니계수를 비교한다. 지니계수가 높을수록 불평등 수준이 높다는 것을 의미한다. 따라서 가처분소득 기준 지니계수를 살펴보면, 한국의 소득 불평등 수준이 비교 대상 선진국 중 미국과 영국 다음으로 높은 것을 알 수 있다. 또한 시장소득과 가처분소득으로 계산한 지니계수의 차이에서도 한국이 가장 낮은 것 역시 확인할 수 있다.

OECD의 분석 방법을 〈그림 3.15〉를 통해 더 자세히 살펴보자. 시장소득은 기본적으로 개인이 시장에서 벌어들인 소득에 경조사비, 가족 내 용돈 등 가구 간 이전과 종교단체 기부금 등 비영리법인 이전을 가감한 금액이다. 반면 가처분소득은 시장소득에다 개인이 부담하는 소득세 등 세금과 사회보험료를 차감한 후 복지 혜택을 가산하면 도

그림 3.15 **시장소득과 가처분소득의 측정**

	시장소득	근로, 사업, 재산소득에 가구 간 이전(경조사비, 가족 간 용돈 등)과 비영리법인 이전(종교단체 기부금 등)을 가감한 금액
(차감)	소득세 등 직접세	부가가치세 등 간접세와 법인세 포함 안 됨
(차감)	사회보험료	
(가산)	복지 혜택	공적연금, 기초연금, 양육수당, 장애수당 등
	가처분소득	

출된다.

이와 같이 시장소득과 가처분소득의 개념을 이해하였다면 한국 재정의 소득 재분배 기능이 약한 이유를 몇 가지 추정해 볼 수 있다. 먼저 한국은 소득세와 사회보험료의 절대적 부담이 작다. 예를 들어, 스웨덴의 경우 한국보다 소득세 구조가 덜 누진적임에도 불구하고 절대적인 세수입이 크기 때문에 복지지출을 늘릴 수 있게 되어 소득 재분배 기능이 커지는 것이다.

그리고 한국은 부가가치세 부담이 매우 낮다. 가처분소득을 계산할 때 차감되는 세금에는 부가가치세 등 간접세가 포함되지 않지만, 복지 혜택에는 부가가치세를 재원으로 한 금액도 포함된다. 따라서 OECD의 소득 재분배 기능은 부가가치세 비중이 높을수록 좋은 평가를 받기 쉬운 것이다.

소득 재분배 기능은 기업이 부담하는 조세와도 연관이 있는데, 한국의 경우 고용주의 사회보험료 부담이 낮은 반면 법인세 부담은 상대적으로 높다. 고용주의 사회보험료는 온전히 복지지출로 쓰이지만, 법인세는 일반재정에 편입되어 그 일부만 복지지출로 사용되므로 소득 재분배 기능 관점에서는 법인세가 낮고 고용주의 사회보험료 부담 수준이 높은 프랑스, 스웨덴, 핀란드 등의 국가들이 유리하다.

또한 한국 재정지출의 구조적인 특징을 이해할 필요가 있다. 사실 소득 재분배 기능이 떨어지는 주된 이유는 조세 때문이 아니다. 이보다 근본적인 원인은 재정지출이라 할 것인데, 한국의 경우 재정지출의 규모 자체가 OECD 회원국 중 가장 낮은 수준으로 GDP 대비 재정지출이 OECD 평균치를 크게 밑돈다. 앞서 한국의 국민부담률(조세와 사회보장기여금 수입)이 선진국 대비 매우 낮다고 설명한 것에서도 알 수 있듯이 수입이 적으니 지출도 적을 수밖에 없다.

마지막으로 한국의 재정지출 구조를 보면 복지지출의 비중이 매우 낮음을 알 수 있다.[15] 재정지출의 총규모 자체도 작은데, 그중에서도 특히 복지지출 규모가 매우 작은 것이다. 〈표 3.3〉은 한국, G7 평균, 북유럽 4개국의 정부 기능별 지출 비중을 정리한 결과로, 한국의 재정지출은 선진국 대비 국방, 경제, SOC(주택 및 지역개발), 교육 분야에 집중되어 있는 대신 복지(사회 보호) 지출 비중은 매우 낮은 편이다. 이러한 지출 구조의 특성으로 인해 한국 재정의 소득 재분배 기능은 약할 수밖에 없는 것이다.

표 3.3 **주요국의 정부 기능별 지출 구조** (단위: 총지출 대비 %)

분야	정부 기능	한국	G7 평균	북유럽
행정 분야	일반 · 공공행정	13.0	12.6	12.7
	국방	7.8	3.9	2.6
	공공질서 및 안전	3.8	3.9	2.2
경제 분야	경제활동	14.1	8.8	8.6
	주택 및 지역개발	3.2	1.4	1.0
사회 분야	휴양, 문화 및 종교	3.1	1.6	3.0
	환경 보호	2.6	1.6	1.0
	보건	15.1	17.9	15.1
	교육	15.4	10.5	12.0
	사회 보호	22.2	37.8	41.7
총계		100.0	100.0	100.0

주: OECD의 정부 기능(Classification of the functions of government, COFOG) 기준 지출 비중이며, 2018년 기준 일반 정부 지출임.
자료: OECD(2019)

조세의 귀착 이론(Theory of Tax Incidence)

조세의 공평성을 논하려면 먼저 누가 조세를 부담하는지부터 알아야 한다. 이와 관련하여 경제학에는 조세의 귀착tax incidence에 관한 이론이 있는데, 이는 법적으로 정해진 부담과 실질적인 부담이 다를 수 있다는 이론이다. 예를 들어 정부가 법인세를 인상하였다고 하자. 이 경우 명목상으로는 기업의 주주(경영자)가 세금을 부담하는 것처럼 보이지만 경영자는 임금을 삭감하는 방법으로 조세부담의 일부를 근로자에게 전가할 수 있고, 결국 법인세 인상분은 주주와 근로자가 함께 분담하게 되는 것이다.

그렇다면 조세의 실질적 부담은 관련 이해 당사자 간 어떻게 배분되는가? 직관적인 판단 기준은 다음과 같다. 이해 당사자 간 조세부담을 서로 전가하려고 할 때, 그에 맞서는 '다른 대안'을 갖고 있을수록 부담이 적다. 여기서 '다른 대안'이란 협상을 깰 수 있는 상황을 말한다.[16] 예를 들어, 정부가 법인세를 대폭 인상하였다고 하자. 이때 주주는 법인세 부담을 근로자에게 전가하기 위해 임금 협상을 하려고 한다. 그런데 여기에서 특별한 기술을 갖고 있지 않은 대체 가능한 근로자는 임금 삭감을 감내할 수밖에 없는 상황, 즉 조세부담을 많이 떠안는 상황을 맞이하게 된다. 근로자 입장에서는 이직이라는 '다른 대안'이 없고, 기업 입장에서는 협상이 결렬되면 그를 해고하고 다른 인력으로 대체할 수 있는 '다른 대안'이 있기 때문이다. 또한 기업이 사업을 청산하고 해외로 공장을 이전하는 대안까지 가지고 있다면 더더욱 급할 것이 없다. '다른 대안'이 없는 근로자가 임금 삭감을 수용할 수밖에 없는 것이다.

이 조세의 귀착에 관한 이론에 따르면, 명목상 누가 세금을 부담하는지는 중요하지 않다. 실질적 조세부담은 결국 이해 당사자 간 협상에 의해 결정된다. 그러나 최근 이 이론이 강한 비판을 받고 있다. 한국을 포함한 많은 선진국에서는 사회보험료를 근로자와 고용주가 분담하고 있는데, 한국의 경우 국민연금, 건강보험, 실업급여 부담을 근로자와 고용주가 50 대 50씩 분담하고 있는 반면 프랑스, 스웨덴, 핀란드 등 일부 선진국들에서는 고용주 부담이 근로자 부담보다 두 배 이상 크다. 조세의 귀착 이론에 따르면, 사회보험료를 근로자와 고용주에게 명목상 어떤 비율로 분담시키는지는 전혀 중요하지 않다. 근로자와 고용주의 실질적 부담은 명목상 부담 비율과 상관없이 결정되기 때문이다.

물론 이 이론이 틀렸다는 의미는 아니다. 예를 들어 법인세가 인상되면 그 조세부담이 일부 근로자에게 전가되는 것은 분명하다. 특히 최근 세계화로 자본의 나라 간 이동이 용이해지며 이러한 전가는 더더욱 뚜렷해지고 있다. 다만 현실에서는 명목상 조세부담도 실질적 조세부담에 상당한 영향을 미칠 수 있다는 것이 최근 연구의 결론이다. 그리고 이는 대규모 행정 데이터를 활용한 실증 분석 결과이기 때문에 상당히 신뢰할 만하다고 판단된다. 그렇지만 명목상의 조세부담이 어떤 조건하에서, 얼마나, 어떻게 실질적 조세부담에 영향을 주는지에 관한 연구는 아직 부족한 상황이다. 향후 많은 연구가 기대되는 분야이다.

3.3 경제 성장에의 기여도

경제 성장을 위해서는 노동, 자본, 생산성이 중요하다

앞서 조세수입이 늘어나려면 세율이 인상되거나 생산이 증대되어야 함을 설명하였다. 생산이 증대되어야만 국민들의 소득도 증대되어 정부가 세금을 많이 걷을 수 있게 되는 것이다. 그렇다면 생산은 과연 어떻게 늘릴 수 있을까? 20세기 초까지 사람들은 노동과 자본의 투입이 증가하고 생산성 개선이 일어나면 생산이 증대된다고 생각했는데, 이렇듯 재화 및 서비스를 '공급'하는 데 필요한 노동, 자본, 생산성을 강조하였다고 하여 이 관점을 '공급경제학'이라고 부른다.

이 공급경제학 관점은 20세기 초까지 경제 성장에 관한 지배적 이론이었으며, 아직까지도 한 국가의 중장기 성장 여건을 판단하는 데 매우 중요하게 고려되고 있다. 이 관점에 따르면 대한민국의 생산은 ① 출산율 개선(노동 증가), ② 투자 증대(자본 증가), ③ 기술 진보(생산성 향상)의 세 가지 요인을 통해 증대될 수 있다. 물론 최근에는 노동과 자본에 더하여 교육 수준을 의미하는 인력 자본human capital을 함께 고려하는 것이 일반적이지만 여기에서는 간단하게 노동, 자본, 생산성으로만 구분하도록 한다.

위의 세 가지 요인 중 노동 증가 부분은 쉽게 이해할 수 있을 것이고, 따라서 정부가 출산율 증대를 위해 노력하는 이유를 알 수 있다. 그렇다면 자본은 어떻게 증가되는가? 바로 투자 증가를 통해서 달성 가능하다. 투자는 유량flow 개념이고 자본은 저량stock 개념이므로, 투자가 쌓인 결과물이 자본이라 할 수 있다. 그러니 자본이 늘어나려면 투자가 늘어나야 하고, 조세 정책도 투자를 유도할 수 있도록 설계되어야 한다.

마지막으로 생산성은 어떻게 개선될 수 있는가? 생산성이 경제에 미치는 영향을 〈표 3.4〉에 나타난 미국의 20세기 경제 상황을 통해서 알아보자.[17] 표는 미국 경제 관련 주요 변수를 요약한 것으로, 1920년에서 1972년까지 약 50년의 기간은 미국 경제의 황금기에 해당한다. 그 기간 동안 증기기관차, 증기선, 전력기구, 내연기관공학, 전화 등 다양한 기술의 발달로 인하여 생산성이 빠르게 증대되어 실질 GDP 성장률이 3.5%를 상회하였다.

1972년부터 1996년까지 약 25년 동안은 생산성 증가가 비교적 정체된 것으로 나타난다. 이 시기는 컴퓨터가 개발되었지만 아직 기업과 가정에 널리 보급되지는 않았던 시기이다. 그러나 근로인구와 노동시

표 3.4 **미국의 생산, 노동, 생산성 연평균 증가율** (단위: %)

기간	실질 GDP 성장률	노동시간 증가율	생산성 증가율
1920~1950년	3.58	0.61	2.17
1950~1972년	3.89	1.24	1.79
1972~1996년	3.01	1.63	0.52
1996~2004년	3.32	0.81	1.43
2004~2014년	1.58	0.36	0.54

주: 생산성은 총요소 생산성(Total factor productivity)을 의미함.
출처: Gordon(2015)

장 참여율 증가로 노동시간이 증대되어 실질 GDP는 3% 성장을 유지하였다. 이 노동시간이 위에서 언급한 노동을 측정한 지표이다.

이후 1996년부터 약 10년간 컴퓨터의 보급, 인터넷의 발달, 무선통신을 포함한 디지털 기기의 보급 등으로 또다시 생산성과 GDP가 빠르게 상승한 뒤, 마지막으로 2000년대 중반부터 약 10년간은 그 이전에 비해 생산성이 많이 하락하였음을 알 수 있다. 그 기간 인구 증가율이 둔화되고 노동시장 참여율에도 큰 변화가 없어 실질 GDP 성장은 1%대로 하락하였다.

지금까지 노동, 자본, 생산성이 생산 증대에 기여할 수 있음을 살펴보았다. 이와 같이 공급경제학 관점은 한 국가의 중장기 성장 여건을 판단하는 데 매우 유용한 것이 사실이지만 그것만으로는 경제에 관한 올바른 처방을 할 수 없음을 깨닫게 되는 사건이 발생하는데 그것이 바로 1920년대 말 발생한 세계 경제 대공황이다.

케인즈와 미래에 대한 긍정적 기대의 중요성

공급경제학적인 관점에 따르면, 생산이 하락하기 위해서는 노동, 자본, 생산성이 감소해야 한다. 하지만 이러한 관점은 1920년대 말 경제 대공황으로 크게 흔들리게 되는데, 1929년에서 1933년에 이르는 이 기간 동안 노동, 자본, 생산성에 큰 변화가 없었음에도 불구하고 생산이 30% 이상 폭락한 것이다. 당시 정치인들과 학자들은 기존의 경제 이론으로 이러한 현상을 설명하는 데 한계를 느꼈다.

이때 영국의 경제학자 케인즈가 등장하여 당시 경제 상황에 대하여 기존 경제학자들과는 전혀 다른 해석을 내놓았다. 그는 위기의 원인이 노동, 자본, 생산성의 구조적인 문제에 있는 것이 아니라 바로 '시장 참여자의 심리'에 있다며 다음과 같이 설명하였다.

> "우리의 문제는 전혀 다른 종류의 문제이다. 현 위기는 경제 주체들의 심리적인 문제the immaterial devices of the mind에 그 원인이 있다."[18]

케인즈의 설명은 이렇다. 어떤 계기에 의해서 미래 경제 상황에 관한 비관적인 믿음이 시장에 퍼지게 되면, 사람들은 미래에 대비하기 위해 저축을 늘리고 소비는 줄이게 된다. 그렇게 줄어든 소비는 기업의 생산을 감소시키고, 미래에 관한 부정적 믿음은 더욱 커져 기업의 투자와 고용 역시 감소한다. 그리고 그것은 다시 국민의 소득 감소를 가져오게 되므로 소비가 더더욱 감소해, 결국 기업의 생산과 투자도 반복해

그림 3.16 경제에 관한 비관적인 믿음의 효과

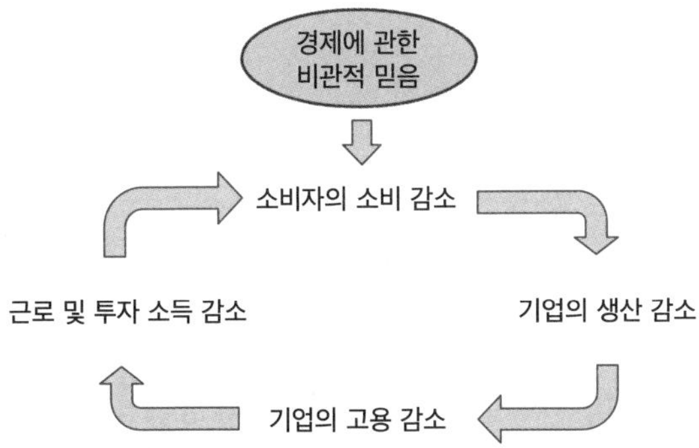

서 감소하는 악순환이 계속된다는 것이다.

따라서 경기 침체 상황에서는 정부가 개입하여 이러한 악순환의 고리를 끊어주어야 한다. 즉 정부가 재정지출을 확대하여 소비 감소분을 상쇄해야 한다는 것이다. 이를 위해서는 먼저 세 가지를 이해할 필요가 있다. 첫째, 케인지언Keynsian의 확장 재정 정책은 경기 침체 상황에서만 효과가 있다. 둘째, 재정지출 확대는 목적이 아니라 수단이다. 목적은 시장 참여자들이 미래에 대한 긍정적 기대를 갖도록 유도하는 것이다. 셋째, 정부가 경제의 '수요'를 진작한다는 관점에서 기존의 '공급' 관점과는 차이가 있다.

이러한 케인즈의 주장에 기존 경제학자들은 다음과 같이 반론을 제기하였다. 시장 참여자의 미래에 관한 기대가 갑자기 변화하더라도 가격을 통한 자원 배분으로 인해 장기간의 경제 침체가 발생할 수는 없다. 예를 들어, 기업이 감원을 하더라도 시장 임금이 하락하여 결국 다

시 고용이 증가할 것이기 때문에 대량 실업은 발생할 수 없다는 것이다. 즉 기존 학자들은 '보이지 않는 손'의 조정을 통해 노동과 자본이 빠르게 재배치되어 계속 생산 활동에 투입될 것이기 때문에, '실제 생산'이 노동, 자본, 생산성을 통해 도출되는 '잠재 생산'에서 크게 벗어나기가 어렵다고 보았다.

이러한 반론에 대해서 케인즈는 가격이 경직적이어서 단기간 내에 경제 회복을 기대할 수 없다고 반박하였다. 구체적으로 경제 위기 상황에서 시장임금이 하락하지 않는 '임금의 하방경직성'을 대량 실업의 발생 원인으로 지목하였다. 그 이후의 학자들은 '메뉴 비용menu costs'이라는 개념을 통해 가격의 경직성을 보다 체계적으로 이론화하였다.

경제 성장을 위해서는 수출이 중요하다

지금껏 거시 경제와 관련하여 공급경제학과 케인지언의 두 가지 관점을 살펴보았다. 또 한 가지 강조할 점은 한국처럼 인구가 비교적 적은 국가의 경우 생산이 일정 수준을 초과하여 증대되려면 결국 수출이 답이라는 점이다. 생산이 증대되려면 생산된 재화와 서비스를 구매해 줄 수요가 있어야 하는데 국내 수요만으로는 한계가 있는 데다, 앞으로는 인구가 점차 감소할 것이기 때문에 수출은 더욱더 중요해질 것이다.

다만 미래 디지털 사회에서 수출의 개념이 바뀔 가능성은 존재한다. 3D 프린팅 기술이 진화하여 데이터만 전송되면 세계 어디서든 물건의 제조가 가능한 사회로 변화해 가고 있는 것을 보아도 말이다. 그러나 이 경우에도 수출의 중요성은 변함이 없다. 재화의 생산에서 데이터의 생산으로, 재화의 수출에서 데이터의 수출로 그 개념만이 변화할 뿐이다. 지속적 성장을 위해서는 대한민국 영토 내에서 더 많은 생산 활동이 일어나고, 그 재화와 서비스를 해외로 수출하기 위한 전략이 필요하다.

경제 성장을 위해 조세 정책은 어떻게 설계되어야 하는가?

경제 성장을 촉진하기 위해서 조세 정책은 어떻게 설계되어야 하는지 앞서 밝힌 세 가지 관점에 따라 살펴보자. 먼저 공급경제학 관점에 따르면 중장기적인 경제 성장을 위해서는 노동, 자본, 생산성이 증대되어야 하므로 노동, 자본, 생산성 증대에 도움이 되는 조세 정책은 생산 증대에도 도움이 될 수 있다. 노동과 관련해서는 근로를 장려하는 근로장려금earned income tax credit, EITC 등이 여기에 해당되며, 출산율 개선을 위한 세제 혜택 등도 포함될 수 있다. 자본 및 생산성 관련해서는 투자와 연구개발R&D 관련 세제감면이 각각 도움이 될 수 있다.

케인지언 관점에서 보면 경기 침체기에는 수요를 진작시킬 수 있는 조세 정책이 필요하다. 과거 연구 결과를 보면 대체로 부가가치세 등 소비세 인하와 투자세액공제 등 투자 촉진을 위한 세금감면 등이 효과적이었다.[19] 다만 이러한 정책들은 경기 침체 상황에서 한시적으로 적용될 필요가 있다. 참고로 투자 촉진을 위한 세제 인센티브는 케인지언과 공급경제학자 모두에게 지지받는 정책이다.

정리하면 조세 정책은 공급경제학적인 관점에 따라 노동, 자본, 생산성에 영향을 미칠 수도 있고, 케인지언 관점에 따라 소비 등 수요에 영향을 미칠 수도 있는데, 과거 연구들에 따르면 공급경제학 관점이 조세 정책의 효과를 보다 잘 설명하는 것으로 나타났다. 즉 조세 정책은 노동, 자본, 생산성에 영향을 미쳐 궁극적으로는 생산을 변화시킨다.

또한 수출을 장려할 수 있는 조세 정책도 필요하다. 다만 수출을 직접적으로 보조하는 조세 정책은 세계무역기구 협정에 반할 수 있어 주의가 필요하다. 정부가 수출과 연계하여 납부해야 할 직접세의 전액 또는 일부를 면제·환급해 주는 경우 협정 위반이 될 수 있는 것이다. 반면에 부가가치세와 같은 간접세에 대해서는 규정이 관대하다. 현재 우리나라를 포함한 대부분 국가들은 수출업자에게 부가가치세를 면제해 준다. 즉 수출 상품의 제조 과정에서 납부한 부가가치세(매입세액)를 전액 공제해 주고 있는데, 이를 '영세율 제도'라고 한다. 따라서 법인세와 부가가치세만을 놓고 본다면, 법인세를 줄이고 부가가치세를 늘리는 정책은 마치 수출 증대를 위한 보조금을 지급하는 것과 유사하다.

마지막으로 한 가지 짚고 넘어갈 점은 조세부담이 증가하면 노동, 자본, 생산성 모두에 부정적 영향이 있을 수 있다는 점이다. 많은 학자들은 높은 조세부담이 경제 성장을 둔화시킬 것으로 믿어왔다. 〈그림 3.17〉에서 보듯이 1960년대 이후 선진국 간 조세부담률 격차가 커졌는데, 기존 이론에 따르면 프랑스와 스웨덴의 성장이 느렸어야 한다. 그러나 흥미롭게도 실제 데이터를 보면 그 효과가 뚜렷하지는 않은 것을 알 수 있다. 특히 스웨덴은 높은 수준의 경제성장률을 기록해 왔다. 이

그림 3.17 **일부 선진국의 국민부담률(GDP 대비 조세와 사회보장기여금 수입)**

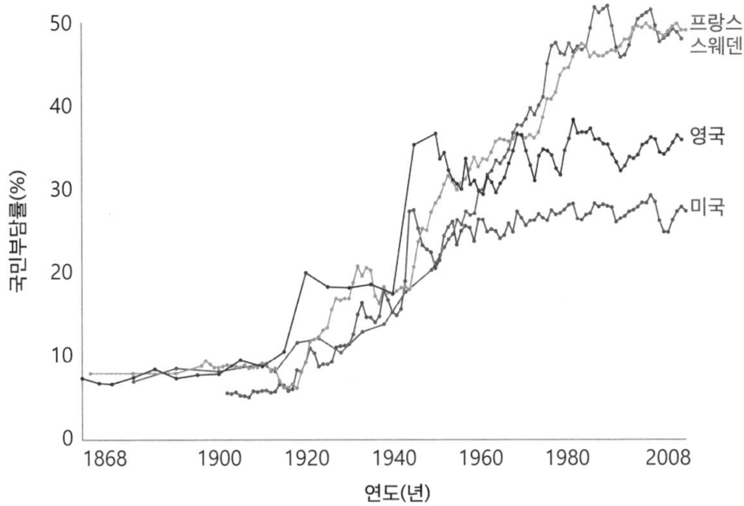

자료: Piketty (2014)[20]; Our World in Data

책에서는 스웨덴 등 일부 국가들이 높은 조세부담에도 불구하고 빠른 경제 성장을 이룩한 이유를 조세와 재정 제도의 특징에서 찾고자 한다. 뒤에서 다시 설명하기로 하자.

부의 불평등이 경기 침체의 원인이라는 관점

최근에는 부의 불평등이 경기 침체의 주범이라는 이론들이 등장하고 있다. 부의 불평등으로 인해 경제 내 총수요가 하락 압박을 받고, 그런 총수요를 유지하기 위하여 저금리가 유지된다는 주장이다.[21] 이러한 이론에 따르면 부의 양극화를 완화하기 위한 조세제도가 경제에 도움이 될 수 있다.

조세와 재정을 통해 부의 불평등을 완화하는 방법에는 크게 두 가지가 있는데, 첫째는 사회 안전망을 확충하여 저소득층과 중산층 간의 격차를 줄이는 방법이며, 둘째는 상속증여세, 부유세 등 부자 증세를 통하여 상위 계층과 중산층 간의 격차를 줄이는 방법이다. 기존의 연구에 따르면 후자보다 전자가 경제 성장에 더 긍정적이다.[22]

3.4 간편성

조세의 세 가지 비용: 경제적 비용, 징세 비용, 납세 협력 비용

조세를 부과할 때는 보통 크게 세 가지 형태의 비용이 발생하게 된다. 그중 첫 번째는 '경제적 비용'이다. 경제적 비용은 조세 부과로 인하여 사람들의 행동이 변화할 때 발생한다. 예를 들어 세금이 없었다면 A를 구매하였을 사람이, 세금으로 인해 B를 구매하게 되었다고 해보자. 이 사람은 조세 부과로 인하여 최선의 선택을 하지 못하게 되었는데, 이러한 '효용의 감소'가 바로 경제적 비용에 해당한다. 앞서 효율성의 개념을 설명할 때 언급한 비용이 바로 이 경제적 비용이다.

두 번째 비용은 '징세 비용'인데, 이는 소위 '행정 비용administrative cost'이라고도 한다. 정부가 세금을 거두기 위해서는 행정 인력을 고용

그림 3.18 **국세 세수 100원당 징세비(1984~2019년)**

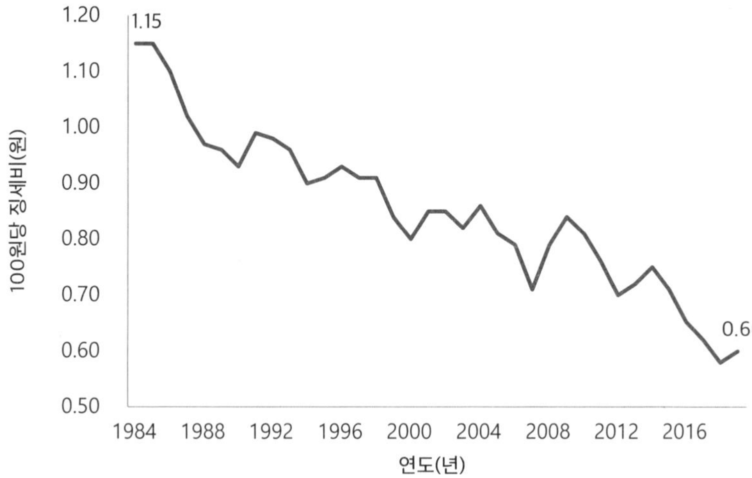

자료: 국세통계연보

하고 시스템을 구축해야 하는데, 그에 해당하는 국세청과 세무서 인력의 인건비 및 사업 예산 등이 바로 이 징세 비용에 해당한다. 〈그림 3.18〉은 국세 세수 100원당 징세비를 보여주고 있는데,[23] 2019년 현재 전체 세수 대비 약 0.6%의 징세 비용이 발생한 것을 확인할 수 있다. 이 수치는 1984년 1.15%에서 30년을 거치며 절반 수준으로 떨어졌다.

세 번째 비용은 '납세 협력 비용compliance cost'이다. 납세 협력 비용은 납세자가 세금을 납부하기 위하여 지출한 제반 비용을 의미하며, 여기에는 납세자가 세무 신고를 위해 투입한 시간, 세무사 비용, 원천 징수 의무자가 국세 행정에 투입한 시간과 비용, 신고의 번거로움으로 인한 정신적 스트레스 등이 모두 포함된다. 일반적으로 징세 비용보다 납세 협력 비용이 훨씬 큰 것으로 알려져 있다. 한 해외 연구에서는 미국 국민이 부담하는 납세 협력 비용이 GDP의 1.2%에 달한다고 추정하였다.[24]

여기에서는 특히 납세 협력 비용에 초점을 맞추어 조세제도가 갖추어야 할 바람직한 원칙에 대해서 설명하고자 한다. 납세 협력 비용을 낮추기 위해서는 조세제도가 간편해야만 하므로 간편성은 조세제도를 평가하는 중요한 기준이 된다. 따라서 먼저 한국의 조세제도를 간편성 관점에서 검토해 보고, 조세제도가 복잡해지는 이유와 간편성을 제고할 수 있는 방안에 대해서 살펴보자.

한국 조세제도의 간편성

조세제도의 간편성은 어떻게 평가할 수 있을까. 그 한 가지 방법은 납세자들이 세금의 신고와 납부를 위해 얼마나 많은 시간을 투입하였는지를 알아보는 것이다. 국제기구인 세계은행World Bank은 매년 전 세계 기업을 대상으로 세금을 납부하는 데 투입한 총시간을 조사하고 그 결과를 기업 환경 평가 보고서Doing Business에 발표하고 있는데,[25] 〈그림 3.19〉는 한국 기업이 세금 신고에 연중 투입하는 시간을 해외 선진국과 비교한 결과이다.

그림을 보면 한국 기업이 세금 신고에 연중 투입한 시간은 2006년 290시간에서 2020년 174시간으로 약 60% 감소한 것을 알 수 있다. 이는 한국의 납세 협력 비용이 크게 감소한 것으로 해석할 수 있겠으나

그림 3.19 세금 신고에 연중 투입하는 시간

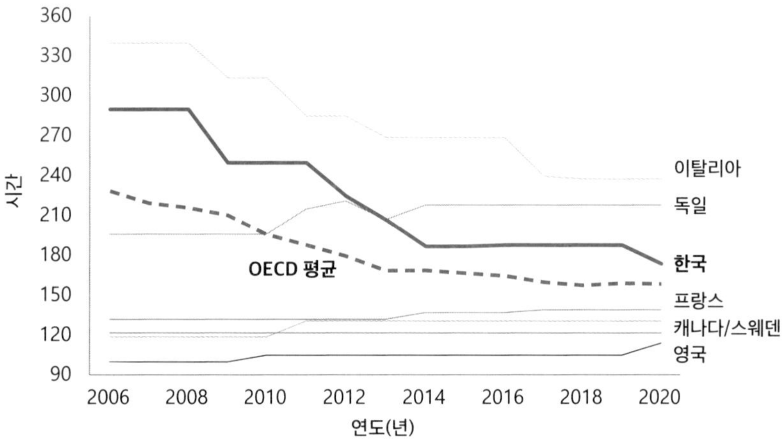

주: 1. OECD 회원국 평균은 'OECD High Income'으로 분류된 34개국의 평균치임.
2. 2006년부터 2020년까지의 전 기간에 대한 데이터가 존재하지 않는 국가(일본과 미국)는 제외함.

자료: 세계은행 Doing Business 보고서의 'Paying Taxes-Time(hours per year)' 항목

투입 시간이 감소한 나라는 비단 우리만이 아니다. OECD 회원국 평균도 꾸준히 감소하는 추세로 2006년 229시간에서 2020년 159시간으로 약 70% 감소하였다.

국제 비교가 가능한 첫해인 2006년에는 한국의 투입 시간이 OECD 회원국 평균에 비해 상당히 높은 것을 알 수 있으며, 이는 다른 주요 선진국과 비교해도 월등히 높은 수준이다. 2020년에 들어 다른 선진국과의 격차가 크게 좁혀지긴 하였으나, 현재까지도 OECD 평균에는 다소 못 미치는 실적을 보여준다. 이를 통해 한국 기업의 납세 협력 비

용이 아직까지 선진국에 비해 높다는 추론이 가능하다.

조세제도가 복잡해지는 세 가지 원인

간편한 조세제도에는 많은 장점이 있다. 그럼에도 불구하고 현실의 조세제도는 매우 복잡하게 설계되어 있는데 그것은 왜 그럴까? 여기에는 크게 세 가지 이유가 있다. 첫째, 조세제도의 공평성을 확보하기 위한 노력 때문이다. 먼저 수직적 공평성vertical equity 관점에서 생각해 보자. 부유층과 저소득층 모두 동일한 세율의 적용을 받는다면 조세제도는 매우 간단해질 수 있다. 그러나 이 두 집단을 구분해야 할 경우 제도와 절차는 복잡해진다.

또한 수평적 공평성horizontal equity을 실현하고자 해도 동일한 문제가 발생한다. 예컨대 동일한 소득이 있는 두 청년이 있다고 하자. 그중 한 명은 수입이 없는 노모를 모시며 매월 상당한 금액의 의료비를 지출하고 있고, 다른 한 명은 유복한 가정에서 별 걱정 없이 생활하고 있다. 이 두 청년에게 동일한 세금을 부담시키는 것이 타당한가? 만약 그것이 타당하지 않다면 조세제도는 복잡해질 수밖에 없다. 수입이 없는 어머니에 대한 감면, 의료비 지출에 대한 감면 등이 추가되어야 하기 때문이다.

조세제도가 복잡해지는 두 번째 이유는 정부가 납세자로 하여금 어떤 특정 행위를 유도하려고 노력하기 때문이다. 기업의 투자 활성화를 위하여 투자세액공제를 제공하는 것을 예로 들 수 있다. 이는 기업이 투자를 많이 할 경우 세금을 감면해 주는 제도이지만 단순히 많이 투자한 기업에게 상을 주기 위함은 아니다. 그보다는 기업이 투자를 더욱 많이 하도록 유도하는, 보다 적극적인 목적을 가지고 있다. 따라서 이 관점에 따라 도입된 세제감면에 대해서는 그 효과성을 보다 면밀하게 검토할 필요가 있다.

조세제도가 복잡해지는 세 번째 이유는 조세 정책에 정치가 개입하기 때문이다. 보통 한번 도입된 세제감면은 좀처럼 잘 없어지지 않는다. 세제감면을 도입할 당시의 목적이 소멸되더라도, 일정 규모 이상의 수혜자들이 계속해서 존재한다면 그것을 폐지하는 것이 정치적 부담이 되기 때문이다. 그리고 이러한 제도들이 쌓이면 조세제도가 누더기처럼 복잡해진다. 앞서 설명하였듯이 이러한 유형의 세제감면은 정당하고 명확한 목적이 있지 않은 한 폐지하는 것이 바람직하다. '넓은 세원, 낮은 세율' 원칙의 걸림돌이 되기 때문이다.

간편성과 공평성 간 상충 관계

조세제도의 간편성과 공평성 간 상충 관계에 대해서 부연 설명을 해보자. 부가가치세는 일반적으로 소득세보다 간편하다. 뒤에서 설명하겠지만 부가가치세의 세부담은 대부분 상품을 구매하는 소비자에게 귀속되지만 소비자는 물건을 구매한 뒤로는 더 이상 아무런 행정 업무를 할 필요가 없다. 물건을 판매한 기업만 세금 신고를 하면 되고, 이러한 특징은 부가가치세의 장점으로 언급된다.

그러나 부가가치세의 이 같은 특징 때문에 소비자가 부유층이든 빈곤층이든 관계없이 동일한 세금이 부과될 수밖에 없다. 소비자가 어떤 사람인지 알지 못하기 때문에 납세자의 조세부담 능력을 포함한 여러 특징들을 충분히 고려할 수 없다. 부가가치세가 저소득층에게 불리한 역진적인 조세가 되는 이유가 바로 여기에 있다. 이러한 단점을 극복하고자 일부 상품에는 부가가치세가 붙지 않는데, 이를 '면세제도'라고 한다. 당초 취지는 저소득층이 주로 구매할 것으로 추정되는 상품을 면세 대상으로 지정하는 것이었지만 소비자의 부담 능력을 직접 확인하는 방식이 아니기 때문에 그 효과가 불완전할 수밖에 없다.

소득세에서도 유사한 문제가 발생한다. 근로자들은 매월 월급에서 자동으로 세금이 공제되는데 이는 근로자가 신고해야 할 세금을 기업이 대신 신고·납부해 주는 '원천징수' 제도 때문이다. 그러나 소득세 제도는 단순히 거기에서 끝나지 않으므로 근로자들은 원천징수에도 불구하고 별도로 추가적인 세금 신고를 해야 한다. 이렇듯 누진적 세율하에서는 원천징수만으로 세금 신고를 마치기 어렵다. 기업은 납세자가 속한 세율 구간을 알 수가 없을뿐더러 개인별 상황에 따라 제공되는 다양한 감면 혜택 역시 개인 정보에 해당하므로 알 수가 없기 때문이다. 게다가 다양한 소득 간 세부담의 형평을 맞추기 위한 '종합소득' 과세 방식도 세금 계산을 복잡하게 만드는 원인이 되고 있다.

복잡한 조세제도는 저소득층에게 불리하다

복잡한 조세제도는 일반적으로 저소득층에게 불리하다. 조세제도가 복잡해지는 주요한 원인이 바로 공평성을 확보하기 위함인데, 역설적으로 저소득층에게 그 혜택이 돌아가지 않는 경우가 많다. 교육받은 고소득층일수록 조세제도에 대한 이해가 깊으며 세무 전문가의 도움도 쉽게 받을 수 있는 반면 교육받지 못한 저소득층은 다양한 세제감면 혜택을 모르고 지나치는 경우가 많을 뿐만 아니라 바쁜 생업에 몰두하느라 절세 방안에 대해 공부할 시간마저 없기 때문이다.

그러나 앞으로는 이러한 문제점이 점차 완화될 가능성이 있다. 온라인 기반의 자동화된 세무 신고 시스템을 통하여 세금제도에 대한 공부 없이도 대상자들이 다양한 감면 혜택을 받을 수 있도록 행정이 진화하고 있다. 예를 들어, 영국의 원천징수제도는 매우 정교하게 설계되어 대부분의 근로자들이 세금 신고 자체를 할 필요가 없다. 우리나라도 세금신고서의 초안은 정부가 완성하고, 납세자들은 필요할 경우에만 그 초안을 수정하여 제출하는 '원클릭 세금 신고' 방식으로 시스템을 발전시킬 필요가 있다.

조세의 간편성 제고 방안

그렇다면 이제 조세제도를 보다 간단하고 편리하게 바꾸기 위한 방안에 대해서 생각해 보자. 앞서 조세제도가 복잡해지는 세 가지 원인을 설명하였는데, 그에 따른 원인별 처방이 필요하다. 우선 간편성과 공평성이라는 두 가치를 적절한 수준에서 절충할 필요가 있다. 다소 역진적이라도 간편한 조세가 장점이 있는 경우가 많다. 예를 들어, 과거 연구에 따르면 부가가치세처럼 역진적인 조세를 복지지출의 재원으로 활용하더라도 사회의 경제적 불평등을 완화하는 효과가 있었다. 조세는 역진적이지만 복지지출이 불평등을 완화하는 것이다. 이에 더하여 조세제도의 공평성을 판단할 때, 징수한 세금을 어떻게 지출할지에 대한 고려도 함께 필요하다.

그리고 앞으로는 빅데이터 기반의 선진 행정을 도입하여 간편성과 공평성을 동시에 개선할 수 있을 것으로 기대한다. 다만 현재보다 더 많은 정보를 과세 당국에서 취합해야 하기 때문에 개인정보 문제가 대두될 수 있다. 원천징수제도를 발전시켜 납세자가 최소한의 노력으로 세금 신고를 완료할 수 있도록 세무 행정을 개선할 필요가 있다.

조세제도가 복잡해지는 두 번째와 세 번째 이유는 조세지출 성과관리제도와 관련이 있다. 여기에서 '조세지출tax expenditure'이란 정부가 특정 정책 목적 달성을 위해 납세자의 세부담을 경감해 주는 제도를 말한다. 따라서 조세지출이 정부가 의도한 목표를 달성하고 있는지 따져볼 필요가 있는데, 이에 우리나라를 포함한 일부 선진국들은 조세지출의 성과를 주기적으로 평가하는 제도를 도입하였다. 그리고 이러한 성과관리제도를 통하여 세제감면이 정치적 논리에 따라 결정되는 부작용도 완화할 수 있다. 다만 조세지출의 성과를 평가하게 되면 행정 부담이 증가하고 의사 결정이 관료화되는 또 다른 문제가 발생하게 되므로 주의가 필요하다.

CHAPTER

4

법인소득에 대한 세금 (법인세)

4.1

법인세 과세 체계

법인세 과세 체계

법인세는 법인의 소득에 부과되는 세금을 말한다. 여기에서는 먼저 법인세 과세 체계를 요약한 〈그림 4.1〉을 통해 법인세가 어떤 방식으로 부과되는지 알아보자. 그림 가장 윗부분에 자리한 매출액은 기업이 생산된 재화와 서비스를 판매하여 창출한 것이다.[1] 매출액에서 근로자 임금, 타인자본(차입금) 이자비용, 재료비 등을 합산한 총비용을 차감하면 순이익이 된다. 그리고 이 순이익에서 법인세법상 규정된 일부 항목(소득공제 등)을 가감하여 조정하면 과세표준이 되고, 여기에 다시 세율을 곱한 후 세액공제 등을 차감하면 납부할 법인세가 산출된다.

법인세를 차감하기 전의 순이익을 세전이익, 차감하고 난 후의 순

그림 4.1 **법인세 과세 체계**

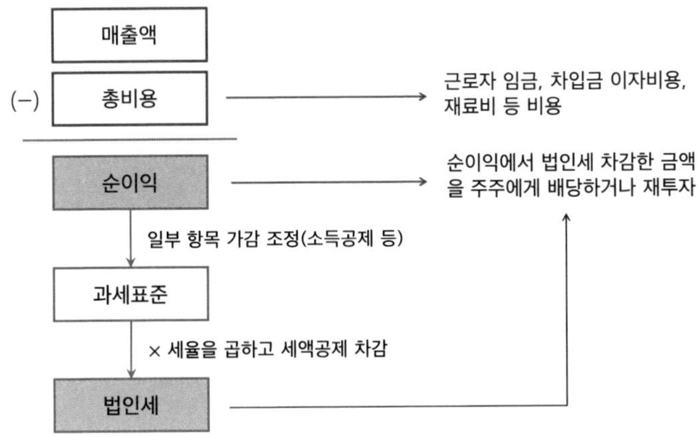

이익을 세후이익이라고 하는데, 그중 세후이익은 주주에게 배당되거나 재투자를 위해 '사내유보금'이라는 이름으로 사내에 비축된다. 배당은 주주에게 바로 귀속되고, 사내유보금은 이후 재투자되어 생산 활동에 사용되거나 다시 주주에게 배당된다.

앞서, 생산 과정에 투입되는 자원에는 노동과 자본이 있다고 설명하였다. 그리고 이러한 생산요소에는 대가가 지급되는데 그것은 임금과 자본비용이다. 그중 자본비용은 다시 금융기관 차입금 등 '타인자본'에 대한 이자비용과 주주에게서 조달된 '자기자본'에 대한 배당으로 나눌 수 있다. 〈그림 4.1〉을 보면 매출액에서 임금, 이자비용 등을 차감한 순이익에 세율이 곱해지기 때문에 임금과 타인자본 이자비용에는 법인세가 부과되지 않으나 주주의 몫인 배당과 사내유보금에는 세금이 부과된다. 따라서 명목상으로 법인세는 주주에게 부과되는 세금이라 할 수 있다.

법인세 실효세율 현황

우리나라의 법인세는 누진세 형태를 띠고 있다. 2021년 3월 현재 세율이 각각 10%, 20%, 22%, 25%로, 과세표준이 증가함에 따라 그에 맞추어 4단계로 상향 조정된다. 〈그림 4.2〉는 소득 분위별 법인세 실효세율을 나타낸 것으로, 세율 변화를 살펴보기 위해 2011년과 2019년의 실효세율을 비교하였다. 그림을 보면 최상위 고소득 법인의 실효세율이 2019년에 상승한 것을 확인할 수 있는데 이는 2019년부터 최상위

그림 4.2 **법인세 실효세율(소득 분위별)**

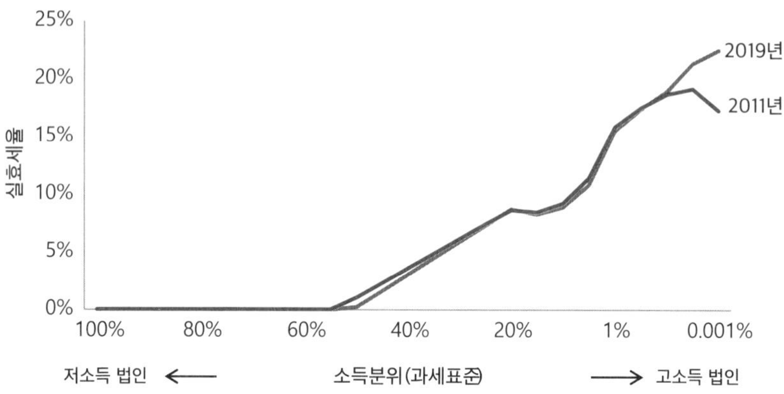

자료: 국세통계연보(2020)[2]를 통한 저자의 추정

고소득 법인에 대한 최고세율 25%가 신설된 효과이다.[3]

그림에서 보듯이 전체 법인의 약 50%는 법인세를 납부하지 않는 면세법인으로, 한국의 경우 그 비율이 매우 높은 편이다. 또한 상위 1% 고소득 법인의 납부액이 전체 법인세수에서 차지하는 비중이 무려 88.2%에 달하고 있는데, 해외 대다수 선진국들은 법인세율이 단일세율이기 때문에 조세부담이 일부 고소득 법인에게 집중되지 않는다. 이에 대하여는 뒤에서 추가로 설명하기로 한다.

다만 우리나라 법인세는 2018년까지 최상위 소득 구간에서는 역진적인 '세율 역전 현상'이 있었다. 소득이 증가하며 실효세율이 완만하게 상승하는 것은 수직적 형평성에 부합하는데, 그림의 2011년 데이터를 보면 상위 1% 고소득 구간에서 조세부담이 역진적이었음을 확인할 수 있다.[4] 이러한 특징은 2005년부터 시작되어 오랜 기간 유지되어 왔으나 2019년에 25%의 최고세율이 신설되며 해소되었다.

4.2 법인세 부담 수준 국제 비교

글로벌 추세는 법인세율 인하가 뚜렷하다

한국의 법인세 부담 수준은 국제 수준 대비 어떠한가? 일부에서는 선진국 대비 세율이 너무 높다고 주장하고, 또 다른 전문가들은 그와 상반된 주장을 하고 있다. 결론부터 이야기하자면 양측 의견 모두 일리가 있다. 다만 국제 시장에서 경쟁하는 한국의 대기업들의 조세부담이 해외 경쟁 기업 대비 높다는 점은 분명하다. 왜 그런지 살펴보자.

해외에서는 법인세율 인하 경쟁이 매우 치열하다. 〈그림 4.3〉은 글로벌 추세가 '세율 인하'임을 보여준다. 한 가지 흥미로운 사실은 OECD 회원국을 유럽과 나머지로 구분했을 때, 유럽 국가 간 세율 인하 경쟁이 훨씬 치열하다는 점이다. 그것은 유럽 국가 간 자본의 이동

그림 4.3 세계 평균 명목 법인세율(1980~2020년)

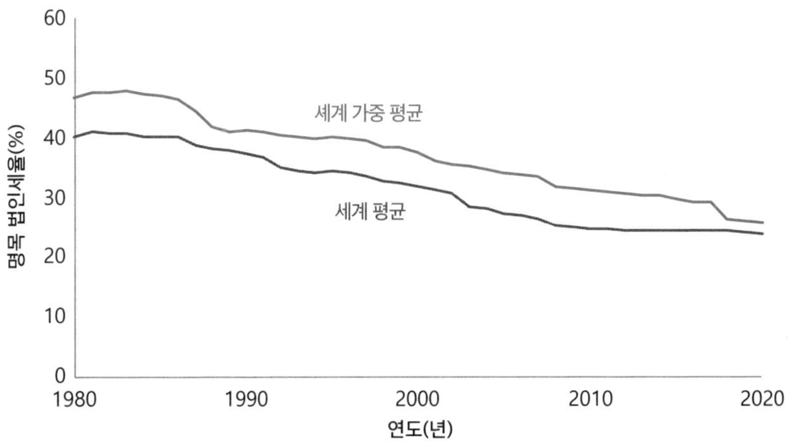

주: 단순 평균 명목 법인세율과 국가별 GDP로 가중 평균한 명목 법인세율 모두 감소하는 추세임.

자료: Asen(2020)[5]

이 용이하기 때문으로 풀이된다.

한국 정부는 이러한 추세에 순응하지 않았다. 한국은 2019년부터 최고세율을 27.5%(지방세 포함)로 인상하였고, 최상위 소득법인 간 역진성을 보완하여 형평성을 개선하였다. 다만 다른 국가들이 그 몇 년간 법인세를 인하하였기 때문에 국내 기업들이 느끼는 해외 경쟁 기업 대비 상대적 조세부담은 큰 폭으로 증가했을 가능성이 있다.

한국의 법인세 부담 수준, 선진국 대비 과도한가?

사실 한국 기업들은 꽤 오랜 기간 동안 해외 선진국과 비교하여 낮은 세율을 적용받아 왔다. 〈그림 4.4〉에서 보듯이 G7 선진국 대비 명목세율이 5~7% 정도 낮은 수준이었으나 2019년에 최고세율이 오르면서 G7 평균과 세율이 동일해졌다. 2020년 현재 명목세율만을 본다면 한국의 법인세율은 G7 평균과 유사한 수준이다.

세계 각국의 조세제도가 다르기 때문에 명목세율을 비교하는 것

그림 4.4 한국과 주요 선진국의 명목 법인세율 추이

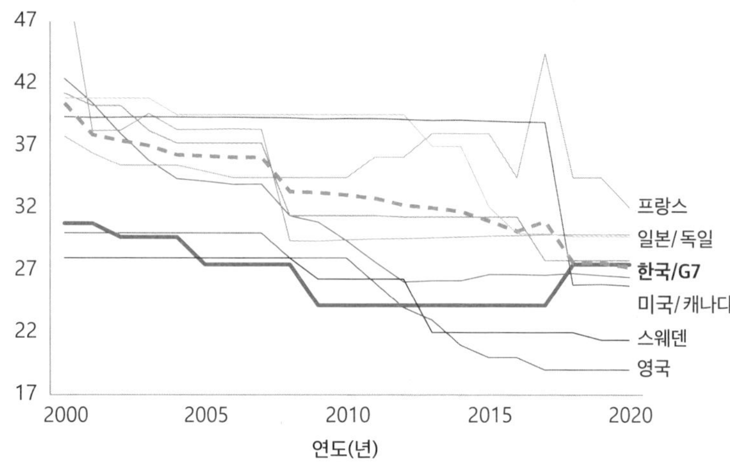

주: 1. 굵은 실선이 한국이며, 점선은 G7 선진국 평균임.
2. 지방세까지 합산한 세율임. 예를 들어 2020년 미국의 연방정부 법인세는 21%이며, 주정부 법인세는 0~11.5%로 그 합계의 평균은 25.8%임.

자료: OECD Corporate Tax Database

그림 4.5 **법인세 추정 실효세율** (단위: %)

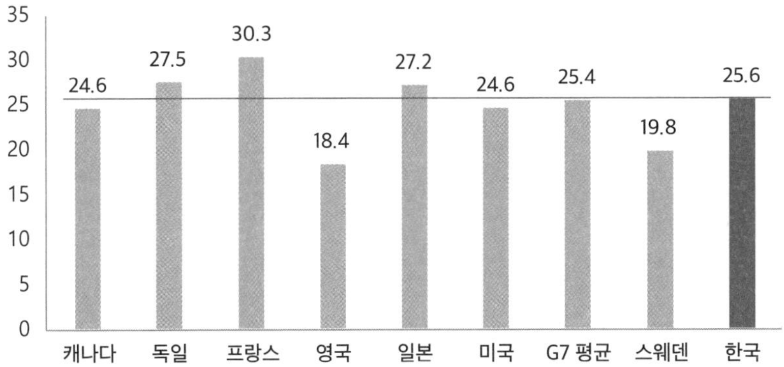

자료: OECD에서 2019년 기준으로 발표한 forward effective average tax rate

은 큰 의미가 없을 수 있다. 조세제도가 각기 다르므로 각종 조세감면 수준 역시 다르기 때문이다. 따라서 보다 의미 있는 분석은 실효세율의 비교를 통해 가능하다. 명목상의 세율이 아니라 소득 대비 실제 법인세 부담 수준(실효세율)을 비교하는 것이다. 〈그림 4.5〉는 OECD에서 추정한 기대 실효세율forward effective marginal tax rate을 국가 간 비교한 결과이다.[6] 어디까지나 추정치이기 때문에 한계는 있으나, 이 분석 결과도 명목세율 비교 결과와 큰 차이가 없음을 보여준다. 한국의 법인세율은 G7 평균과 유사한 수준이다.

그렇다면 왜 일부 전문가들은 한국의 법인세율이 선진국 대비 너무 높다고 주장하는 것일까? 여기에서 많이 인용되는 통계가 GDP 대비 법인세 부담 수준이다. 〈그림 4.6〉은 GDP 대비 법인세 납부액을 국

그림 4.6 **GDP 대비 법인세 부담 수준**

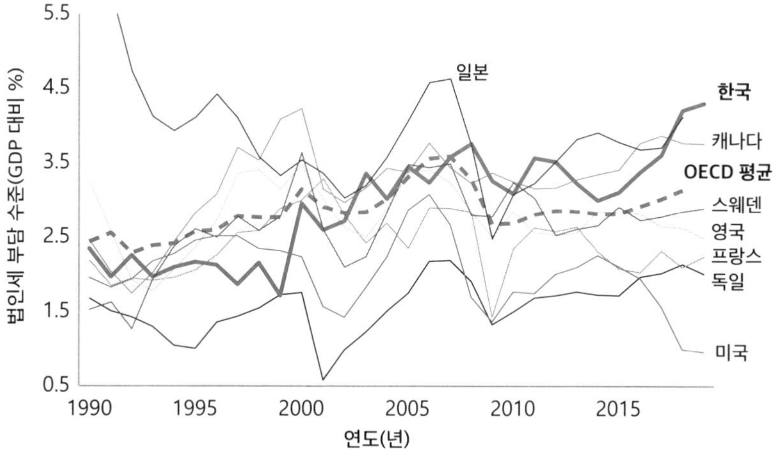

주: 1. 굵은 실선이 한국이며, 점선은 OECD 회원국 평균임.

2. 1990년부터 2019년까지의 데이터임(단, 일본은 데이터가 공개된 2018년까지 포함).

자료: OECD Global Revenue Statistics Database

제 비교한 결과이다. 2019년 기준으로 보면 한국의 GDP 대비 법인세 납부액이 4.3%로 비교 대상 국가 중 가장 높다. 또한 지난 40년간 GDP 대비 법인세 수준이 매우 빠른 속도로 증가한 사실도 확인할 수 있다.

다만 법인세만을 따로 떼어 비교하는 것은 올바른 비교가 아닐 수 있다. 해외 선진국들은 사회보장기여금(사회보험료)의 부담 수준이 높기 때문이다. 기업이 근로자를 채용하면 그 채용 근로자의 국민연금 보험료, 건강보험료, 고용보험료, 산재보험료의 일부 또는 전부를 부담하게 된다. 이 사회보험료도 경제적 관점에서 보면 세금과 다를 바가 없

그림 4.7 **GDP 대비 법인세와 사회보험료 고용주 부담분 비교**

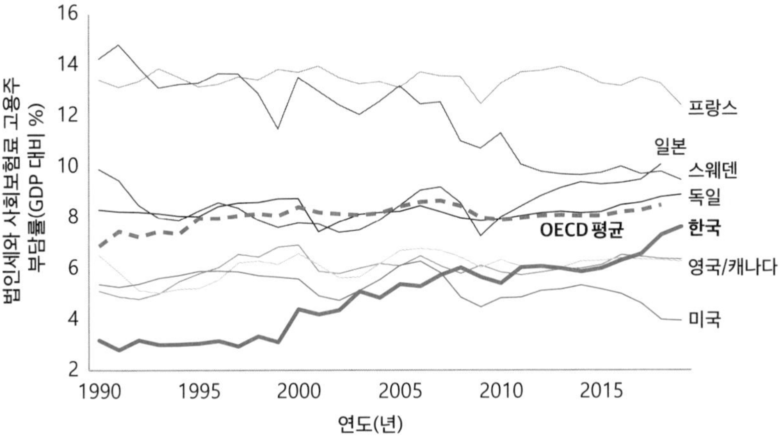

주: 1. 굵은 실선이 한국이며, 점선은 OECD 회원국 평균임.
2. 1990년부터 2019년까지의 데이터임(단, 일본은 데이터가 공개된 2018년까지 포함).
자료: OECD Global Revenue Statistics Database

다. 〈그림 4.7〉은 GDP 대비 법인세와 사회보험료 고용주 부담분의 합산액 비중을 비교한 것이다. 한국은 2019년 기준 GDP 대비 7.6%로 G7 또는 OECD 평균치에 미달한다.

이제 결론을 내보자. 한국의 법인세 부담 수준이 선진국과 비교하여 너무 높다고 볼 수 있는가? 법인세율이 G7 평균보다 약간 높은 수준이기는 하지만 기업이 부담하는 사회보험료를 함께 고려할 경우 아직 G7 또는 OECD 평균에 미치지 못한다. 다른 선진국 대비 기업의 부담이 과도하다고 주장할 근거는 충분하지 않아 보인다.

그럼에도 불구하고 한국의 법인세는 대단히 기형적인 구조인데 그 이유는 다음과 같다. 첫째, 한국의 법인세는 누진적이며 일부 극소수 기업이 대부분의 부담을 지는 구조이다. 지금까지의 분석은 어디까지나 '평균 기업'에 대한 분석이었다. 세계 시장에서 경쟁하는 대기업의 법인세 부담은 선진국 대비 높은 수준이다. 둘째, 우리나라는 배당에 대한 세율이 높다. 법인세와 배당소득세를 합산할 경우 선진국 대비 세율이 높은 편이다. 셋째, 우리나라는 선진국 중 거의 유일하게 기업들이 전 세계에서 벌어들인 소득 전체에 대해서 법인세를 부과하는 국가이다. 다른 선진국들은 자국 영토 내에서 창출한 소득에 대해서만 과세하고 있으므로 위의 국가 단위 비교는 올바른 분석이 아닐 수 있다. 개별 기업 단위에서 분석하면 다른 결과가 나오게 되는데 이를 하나씩 살펴보자.

법인세 인하 경쟁과 글로벌 최저 법인세율 15%

국가 간 세율 인하 경쟁이 바람직하지는 않지만, 추세에 동참하지 않을 경우 손해를 볼 수밖에 없어서 주의가 필요하다. 이는 게임이론에서 이야기하는 전형적인 '죄수의 딜레마prisoner's dilemma' 상황이다. 이러한 부작용을 완화하기 위하여 2021년 7월까지, 주요 7개국G7에 이어 OECD에서도 글로벌 최저 법인세율을 15%로 설정하는 합의안이 마련되었다.

OECD는 2021년 10월까지 글로벌 최저 법인세율의 구체적 이행 방안을 마련하고, 2023년부터 이를 시행한다는 목표를 제시하였다. 다만 국제 사회에서 합의가 이루어진 후에도 각 나라 의회를 통과하는 절차가 남아 있다. 한국의 2019년 법인세 실효세율은 19.1%로서, 현재 논의되고 있는 최저 법인세율 15%보다 높다. 따라서 싱가포르 등 한국보다 세율이 낮은 국가들이 글로벌 최저 법인세율의 영향을 받게 되면, 한국에게는 그것이 오히려 기회로 작용할 가능성이 있다.

4.3 한국 법인세의 특징과 쟁점

한국의 법인세는 매우 누진적이다

한국의 법인세는 매우 누진적이라는 특징이 있다. 〈표 4.1〉을 보면 대부분의 선진국이 법인소득에 대해 단일세율로 과세하고 있음을 알 수 있다. 이러한 단일세율은 이윤 규모가 큰 글로벌 기업들에게 유리하다.

누진적인 법인세율은 단점이 아니라 오히려 장점으로 볼 수 있다. 그리고 2019년부터 최고세율을 상향 조정하여 상위 1% 소득 기업 간의 세율 역전 현상을 개선한 점은 수직적 형평성 관점에서 바람직하다. 다만 문제는 법인세의 누진성이 그 정도가 지나치다는 점이다. 2019년 기준 소득 상위 1% 법인이 전체 법인세의 88.2%를 부담하고 있는 상황이다.

표 4.1 법인세 과세표준 구간 수(2020년)

과세표준 구간 수	해당 국가
1개	호주, 오스트리아, 벨기에, 캐나다, 칠레, 체코, 덴마크, 에스토니아, 핀란드, 독일, 그리스, 헝가리, 아이슬란드, 아일랜드, 이탈리아, 이스라엘, 일본, 라트비아, 멕시코, 뉴질랜드, 노르웨이, 폴란드, 포르투갈, 슬로바키아, 스페인, 스웨덴, 스위스, 터키, 영국, 미국
2개	네덜란드, 프랑스
3개	룩셈부르크
4개	한국

주: 2020년부터 프랑스의 법인세율은 28.4%의 단일세율로 바뀌지만, 매출액과 순이익이 일정 규모 이하일 경우 15%의 경감세율이 적용됨. 참고로 벨기에, 폴란드, 포르투갈, 슬로바키아에서도 일정 규모 이하의 기업에게는 경감세율이 적용됨.

자료: 국회예산정책처(2020)[7]

세계 시장에서 경쟁하는 글로벌 기업만을 비교할 경우, 한국 기업들이 해외 선진국 기업들에 비해 매우 높은 세율의 적용을 받을 수밖에 없다. 해외 기업들은 단일세율을 적용받지만 한국의 글로벌 기업들은 누진적인 세율을 적용받기 때문이다. 뒤에서 설명할 국제조세제도를 이해한다면 이러한 세부담 차이는 훨씬 심각하다.

한국의 법인세는 극소수의 대기업에 대한 의존도가 비정상적으로 높다

우리나라 법인세의 기형적인 구조를 이해하기 위하여 2019년 데

그림 4.8 **전체 법인세 수입의 분포(2019년)**

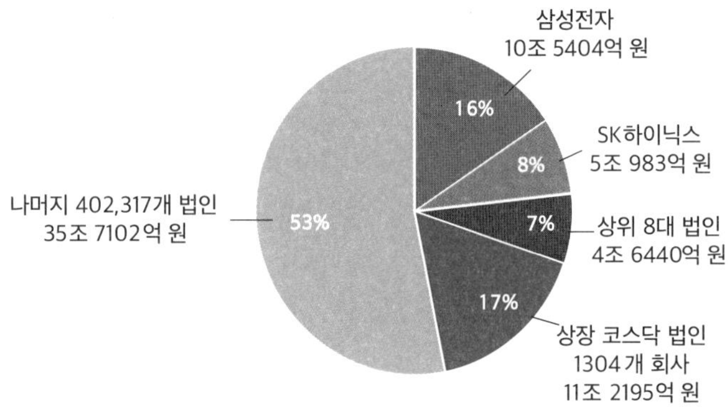

주: 개별 기업 법인세 납부액은 금감원 DART 공시 별도재무제표 현금흐름표상 법인세 납부액으로 집계함.
자료: 국세통계연보

이터를 보도록 하자. 국세청에서 작성한 『국세통계연보』에 따르면 2019년에 법인세를 신고한 법인은 78만 7438개이고, 이 중 40만 3631개 법인만이 법인세를 납부하였다. 전체 신고 법인의 51%에 해당하는 이 법인들이 모두 합쳐 총 67조 2000억 원의 법인세를 납부하였다. 법인세를 한 푼도 납부하지 않은 면세법인 비율이 무려 49%에 달한다.

〈그림 4.8〉은 2019년 기준 법인세 납부액 분포 현황이다. 법인세를 가장 많이 납부한 법인은 삼성전자로 전체 법인세의 16%에 달하는 약 10조 5000억 원을 납부하였고, 그다음으로 SK하이닉스가 약 5조 원을 납부하여, 이 두 개 회사가 우리나라 전체 법인세 수입의 1/4을 책임지고 있는 상황이다. 삼성전자와 SK하이닉스를 제외한 나머지 상장

그림 4.9 법인세 신고 법인 현황(2019년)

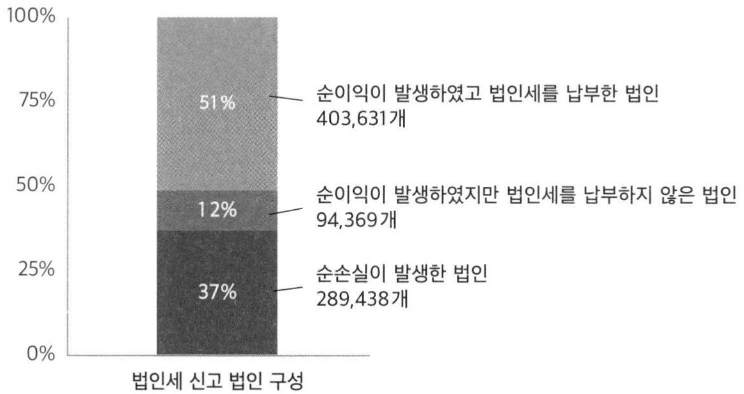

자료: 국세통계연보

기업 역시 전체 법인세 수입의 1/4을 책임지고 있으며,[8] 마지막으로 다시 그 나머지 40만 2317개 법인이 전체 법인세 수입의 1/2에 해당하는 약 35조 7000억 원을 분담하고 있다.

여기에서 우리는 '이익이 많으면 세금도 많이 내야 한다'고 생각할 수 있다. 그러나 문제는 그리 간단하지 않다. 〈그림 4.9〉는 법인세를 신고한 78만 7438개 법인의 구성을 보여주고 있는데, 이 중 40만 3631개 법인만이 법인세를 납부했음은 이미 설명하였다. 그렇다면 법인세를 납부하지 않은 나머지 38만 3807개 법인의 구성을 살펴보자. 법인세를 1원도 납부하지 않은 법인 중 무려 9만 4369개 법인에서 회계상 당기순이익이 발생하고 있는 것으로 확인된다. 그리고 이 숫자는 전체 신고 법인의 12%에 달한다.[9]

정리해 보자. 우리나라 법인세는 극소수의 대기업에 대한 의존도가 높고, 면세법인의 비율이 높은 편이다.[10] 그러나 해외 선진국에서는 법인세를 단일세율로 부과하기 때문에 이러한 기형적인 구조가 발생하기 어렵다.

법인세와 배당소득세를 함께 고려할 경우 선진국 대비 세율이 높다

법인의 소득은 결국 어느 개인의 소득으로 귀속된다. 법인이라는 '밥그릇'으로부터 소득을 얻은 개인은 소득세를 납부하게 된다. 예컨대 임금을 받은 근로자는 근로소득세, 이자수입을 창출한 투자자는 이자소득세, 배당수입을 창출한 주주는 배당소득세를 납부한다.

그런데 이렇게 법인의 소득이 결국 개인에게 귀속되기 때문에 단일 생산 활동을 통해 창출된 소득에 법인세와 소득세가 중복으로 부과될 수 있다. 이를 '이중과세'라고 한다. 임금과 이자는 비용으로 인정되어 법인세가 부과되지 않기 때문에 문제가 없지만 배당의 경우 세후 이익을 분배하는 활동이기 때문에 단일 생산 활동에서 창출된 소득에 법인세와 소득세(배당소득세)가 이중으로 과세된다. 대부분 선진국들은 이 이중과세를 조정해 준다. 즉 배당소득세 계산 시 기존에 납부한 법인세를 일부 차감해 준다.

〈그림 4.10〉은 한국과 주요 선진국의 법인세율, 배당소득세율, 그리고 이중과세 조정제도를 비교한 것이다. 세율은 지방세까지 포함된 금액이며 최고세율을 기준으로 비교하였다. 한국의 경우를 보면 법인

그림 4.10 **법인세와 배당소득세의 합산 세율** (단위: %)

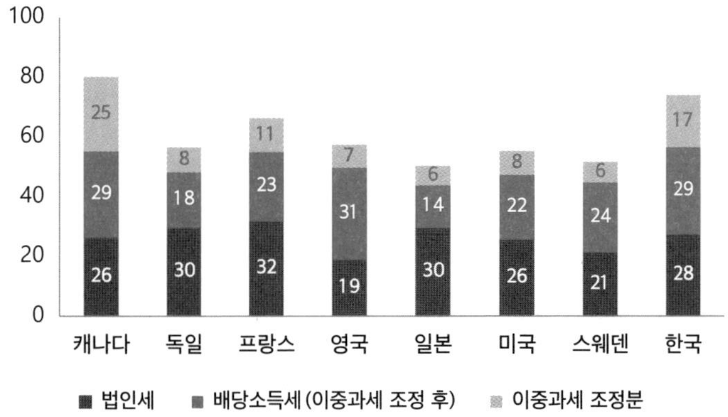

자료: OECD Tax Database(2020)

소득에 대해 27.5%, 배당소득에 대해서 46.2%의 세금이 부과된다. 다만 배당소득세 계산 시 이중과세가 17%만큼 조정되어 최종적으로 약 57%의 세금이 부과된다. 세계 주요 선진국과 비교해도 가장 높은 수준이다.[11]

비교 대상 선진국 중에는 캐나다의 제도를 주목할 필요가 있다. 이중과세 조정 전에는 캐나다의 세율이 가장 높아, 법인세율은 26%이고 배당소득에 대해서 무려 54%의 세율이 적용된다. 그러나 납부한 법인세를 거의 대부분 조정해 주기 때문에 실제 배당세율은 29%에 불과하다. 법인세와 배당소득세를 합산한 세율은 55%로 한국보다 낮다. 결국 법인세와 배당소득세를 함께 고려할 경우 한국의 세율이 다른 선진국보다 높은 것을 알 수 있다.

법인의 소득은 궁극적으로 개인에게 귀속된다

법인(기업) 소득은 궁극적으로 개인에게 귀속된다. 어느 한 기업이 재화와 서비스를 생산하여 매출액을 창출하였다고 해보자. 생산 활동에 노동과 자본이라는 두 가지 생산요소가 투입되었고, 그 노동과 자본에는 각각 임금과 자본비용(이자 또는 배당)이 지급된다. 또한 기업이 구입한 재료비 등은 다른 기업의 매출을 구성하므로 역시 결국에는 누군가의 임금, 이자, 배당으로 지급된다. 기업이 배당하지 않고 사내에 비축한 유보금 역시도 결국 언젠가는 누군가의 임금, 이자, 배당으로 지급되거나 재투자되어 매출로 전환될 것이다. 결국 법인의 소득은 어느 개인의 소득으로 귀속될 수밖에 없다.

따라서 법인세율이 누진적이지 않더라도 소득세가 누진적으로 설계될 경우 부자 감세를 지나치게 걱정할 필요가 없다. 물론 법인세율이 소득세율에 비해 크게 낮을 경우, 기업들이 배당을 하지 않고 자금을 비축할 수 있다. 그러나 자본 시장의 감시 체계가 제대로 작동한다면 자금이 기업에 유보되는 현상이 꼭 부정적인 것만은 아니다. 그것은 투자로 지출될 수도 있고, 경제 위기 상황에서 완충buffer 역할을 할 수도 있다.

국제 조세를 고려할 경우 해외 글로벌 기업과의 조세부담 격차는 더욱 크다

국제 조세는 불과 1990년대 중반까지만 해도 중요한 정책적 이슈

그림 4.11 본점 소재지 외의 국가에서 창출된 이익의 비중

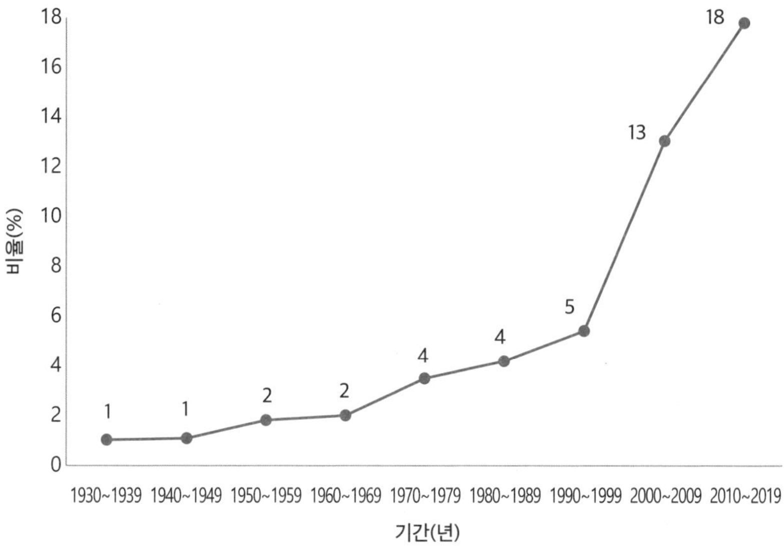

자료: Saez & Zucman(2019)[12]

가 아니었지만 2000년대 들어서는 그 중요성이 나날이 증가하고 있다. 〈그림 4.11〉은 전 세계에서 발생한 법인소득 중에서 본점 소재 지역이 아닌 곳에서 발생한 소득을 추정하여 집계한 결과이다. 불과 1990년대 말까지만 해도 5%였던 비중이 가파르게 증가하고 있음을 확인할 수 있다. 국제 조세 정책이 한국의 산업 경쟁력에도 점점 더 큰 영향을 미칠 것으로 보인다.

국제 조세에 대한 자세한 내용은 별도의 장에서 설명하기로 하고 여기서는 큰 그림만을 보도록 하자. 한국에 본점을 둔 기업들이 해외에 지점이나 자회사를 설립하여 소득을 얻을 수 있다. 이 '해외소득'에 자국정부(본점 소재지 정부)가 법인세를 부과하는지의 여부에 따라 국제조세제도를 영토주의 과세territorial system와 세계소득 과세worldwide system로 구분한다. 영토주의 과세는 해외소득에 대해서 세금을 부과하지 않는다. 반면 세계소득 과세는 해외소득에 대해서도 세금을 부과하되 해외정부에 납부한 세금의 일부를 공제해 준다.

우리나라는 세계소득 과세를 채택한 소수의 국가 중 하나이다. 대부분의 선진국들은 영토주의 과세를 채택하여 해외소득에 대해서는 법인세 납부 의무를 면제하고 있다. 우리나라처럼 세계소득 과세를 선택했던 국가들 중 상당수는 이미 영토주의 과세로 전환하였다.[13] 2021년 2월 현재, 34개 OECD 국가 중 세계소득 과세를 채택하고 있는 국가는 한국을 포함하여 칠레, 콜롬비아, 이스라엘, 멕시코의 5개국뿐이다.

포춘(Fortune) 500대 글로벌 기업의 법인세 실효세율

미국 조세·경제정책연구소Institute on Taxation and Economic Policy에서는 포춘 500 기업 중 2018년에 순이익이 발생한 379개 기업의 평균세율을 계산하였는데, 그 결과 실효세율이 11.3%에 불과한 것으로 조사되었다. 참고로 한국의 2018년 전체 법인에 대한 법인세 실효세율은 17.6%로 이는 이익이 발생한 기업 외에 손실이 발생한 기업까지 포함한 수치이다.[14]

〈그림 4.12〉는 2018년 당기순이익이 10억 달러USD를 초과한 한국과 미국의 기업을 선정하여 평균 법인세율을 비교한 결과이다. 조사 결과 한국 7개 기업의 평균세율은 27.6%로, 미국 136개 기업의 평균

세율 18.8%를 크게 상회한다. 물론 미국의 2018년 법인세율은 역사상 가장 낮은 수준이었다. 그럼에도 불구하고 현재 세계 시장에 진출한 한국 기업들이 선진국 기업 대비 높은 법인세를 부담하고 있다는 사실은 부인하기 어렵다.

그림 4.12 순이익 10억 달러 초과 기업에 대한 법인세 평균 세율

(단위: %)

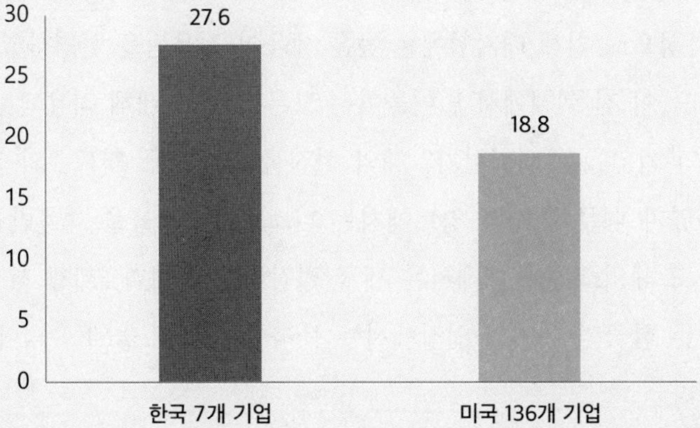

주: 1. 미국 기업은 포춘 500대 기업 중 2018년 순이익이 10억 달러를 초과한 136개 기업이며, 한국 기업은 상장·코스닥 법인 중 2018년 순이익을 평균 환율 1101.08원/달러로 환산했을 때 10억 달러를 초과 달성한 다음의 7개 법인을 선정함(삼성전자, SK하이닉스, SK이노베이션, LG화학, 현대모비스, SK, 롯데케미칼).

2. 한국 기업의 순이익은 별도재무제표상 당기순이익을 사용하고, 미국 기업의 경우 Gardner et al.(2019)에서 발췌함.[15]

3. 평균세율은 현금흐름표상 법인세 납부액을 당기순이익으로 나눠서 계산함.

4. 한국은 지방세 포함, 미국은 연방정부 법인세 14%에 평균 주(州) 법인세율인 4.8%를 가산함(참고로 실리콘밸리가 위치한 캘리포니아주의 법인세는 2018년 기준 8.84%).

국제 조세와 관련하여 두 가지만 이해하도록 하자. 첫째, 해외 선진국들이 대부분 영토주의 과세를 선택했다는 점은 해외 글로벌 기업들의 입지 선정에 지대한 영향을 미칠 수 있다. 해외 글로벌 기업들은 법인세율이 낮은 곳으로 중요한 기능을 이전할 것인데, 바로 이것이 선진국 간 법인세율 인하 경쟁이 치열하게 벌어지고 있는 이유이다.

둘째, 한국은 세계소득 과세를 도입하였기 때문에 국내 법인세율이 국내 기업의 해외소득에 대해서도 적용된다. 한국 법인세율의 누진적인 특성으로 인해 대기업에는 높은 세율이 적용됨을 설명하였다. 이 높은 세율이 전 세계에서 벌어들이는 모든 소득에 대해 적용되는 것이다. 해외 기업들은 어떠한가? 해외 선진국들은 모두 영토주의 과세를 채택하였기 때문에 자국 영토에서는 다소 높은 세율을 적용받는다고 하더라도 해외소득에 대해서는 세금 절감이 가능하다. 세계 시장에서 경쟁하는 한국의 대기업 입장에서는 불리한 경쟁에 놓일 수밖에 없는 상황이다.

중소기업에 대한 과도한 세제 혜택의 문제점

다음과 같은 두 기업이 있다. 기업 A는 많은 근로자를 고용하고 투자도 많이 하였다. 기업 B는 상대적으로 고용도 적고 투자 금액도 적다. 두 기업 모두 당기순이익 500억 원을 달성하였다면 어느 기업이 사회에 더 큰 기여를 하였는가? 그리고 어느 기업이 세금을 더 많이 내야 하는가?

지금까지 설명한 논리에 따르면, 기업 A가 대한민국의 성장에 더 많이 기여했다는 점을 알 수 있다. 더 많은 근로자를 고용하고, 더 많이 투자하여 임금과 자본 비용을 지급함으로써 더 많은 국민소득을 창출하였다. 그럼에도 불구하고 정부가 기업 B에게 세금감면을 해준다면, 시장 참여자들에게 고용과 투자를 줄이라는 왜곡된 신호를 보내는 것과 같을 수 있어서 주의가 필요하다.

그런데 중소기업에 대한 세제 혜택이 바로 이러한 제도이다. 현재 중소기업으로 지정되기 위한 요건은 업종별로 다르지만, 매출액 등이 일정 규모를 초과할 경우 중소기업으로 지정받을 수 없다.[16] 중소기업으로 지정되면 여러 가지 세제 혜택이 따라온다. 이러한 혜택 덕분에 중소기업은 다른 기업 대비 현저히 낮은 세율을 적용받는다. 〈그림 4.13〉은 기업 유형별 실효세율을 보여주고 있는데, 2019년 기준으로 중소기업은 일반 기업에 비해 7.8% 포인트 낮은 세율을 적용받고 있다. 중소기업에 적용되는 실효세율이 일반 기업에 적용되는 세율의 약 63% 수준에 불과한 것이다.

중소기업 지원의 문제는 '동일한 이익이 발생했음에도 불구하고' 규모가 작은 기업에게만 세제감면 혜택을 제공한다는 점이다. 이는 수평적 공평성에 위배된다. 〈그림 4.14〉는 2019년 기준으로 중소기업과 일반 기업(대기업과 중견기업 포함)의 실효세율을 비교한 결과로서, 이번에는 두 집단 간 과세표준이 동일하다고 할 때 실효세율이 얼마나 차이가 나는지를 확인하였다. 조사 결과 '과세표준이 동일한 경우에도' 중소기업에 적용되는 세율이 약 2.7% 포인트 낮은 것으로 확인된다.[17] 그림에서 과세표준(소득)이 500억 원을 초과하는 중소기업도 세제 혜택을 받고 있음을 확인할 수 있다.

그림 4.13 **기업 유형별 실효세율**

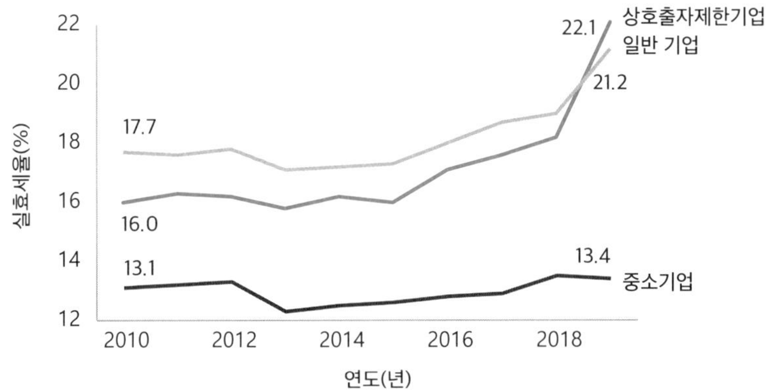

주: 일반기업은 중소기업과 상호출자제한기업을 제외한 나머지 기업으로 정의함.
자료: 국세통계연보

그림 4.14 **과세표준 규모별 일반 기업과 중소기업 실효세율 비교**

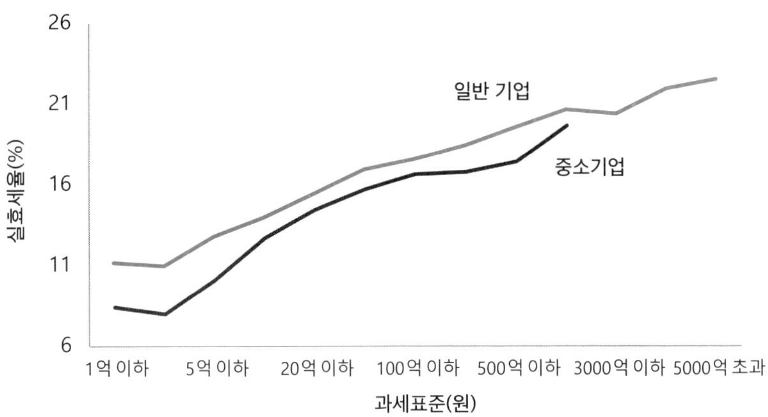

자료: 국세통계연보

중소기업에 대한 과도한 지원은 오히려 중소기업의 성장을 가로막는 역효과를 야기할 수 있다. 중소기업중앙회의 2012년 조사 결과를 보면, 중소기업이 중견기업으로 진입할 때 겪는 가장 큰 어려움이 '조세 혜택의 축소(33.0%)'인 것으로 조사되었다. 〈그림 4.15〉는 2010년부터 2019년까지 중소기업과 일반 기업 수를 비교한 자료이다. 여기서 '중소기업'이라 함은 법인으로 운영되는 기업만을 지칭한다(참고로 개인사업자 형태의 영세한 중소기업에 대한 정책적 이슈는 다소 다를 수 있다). 중소기업 수는 10년간 35만 1000개에서 70만 4000개로 두 배가 되었으나, 일반 기업 수는 오히려 감소하였다. 특히 중소기업에 대한 세제 혜택이

그림 4.15 기업 규모별 법인 수

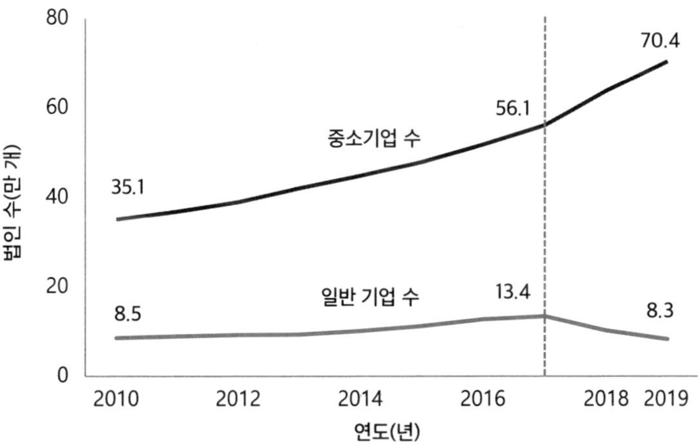

주: 법인 수는 법인세를 신고한 법인 기준으로 집계함.
자료: 국세통계연보

증가하기 시작한 2017년 이후 중소기업은 증가하고 일반 기업은 감소하고 있는 추세를 볼 수 있다.[18]

이제 결론이다. 중소기업에 대한 과도한 혜택은 수평적 공평성에 위배되며, 오히려 기업의 성장을 가로막을 수 있어서 주의가 필요하다. 세제 혜택이 지나칠 경우 중소기업들은 성장의 필요를 잘 느끼지 못하게 될 뿐만 아니라 중소기업에 대한 과도한 보호는 그들을 정부 지원에 의존하게 만들 수 있어 주의가 필요하다. 향후 중소기업에 대한 혜택을 축소하고, 그 대신 미래 먹거리 산업에 대한 전략적 투자를 확대하는 등 미래 지향적인 방향으로 산업정책의 포트폴리오를 재설계할 필요가 있다.

과거 산업 정책의 교훈과 중소기업에 대한 세제 혜택

산업 정책이란 정부가 특정 산업의 성장을 장려하기 위해서 추진하는 정책을 말한다. 그리고 세제감면은 이러한 산업 정책 추진을 위한 중요한 정책 도구이다. 산업 정책의 추진은 정부가 시장에 개입한다는 것을 의미하기 때문에 시장 중심의 사고에서는 일반적으로 비판의 대상이 되어 왔다.

전 세계에서 가장 성공한 산업 정책으로 평가받는 사례는 한국과 일본의 경제발전모델이다. 한국 정부는 1960년대 들어 그동안의 농업 중심 경제 구조에서 탈피하기 위하여 경공업 산업에 집중 투자하여 수출을 촉진하였다. 1970년대에는 철강, 비철금속, 기계, 석유화학, 조선, 전자의 6개 전략 산업을 선정하여 적극 지원하였으며, 그 결과 산업

고도화를 통한 빠른 경제 성장을 이룩하였다.

한국의 산업 정책을 '수출 촉진 산업 정책'이라고 한다. 하지만 이와는 전혀 다른 형태의 산업 정책도 있는데 그 대표적 사례가 남미 국가에서 추진된 '수입 대체 산업 정책'이다. 수입 대체 산업 정책의 핵심은 정치적 논리에 따른 '자국 산업의 보호'이다. 한국이 농업에서 경공업으로, 경공업에서 중화학 공업으로 산업의 고도화를 이루었다면, 남미 국가는 당시의 자국 산업을 보호하는 정책을 선택하였다. 그 결과가 어떠했는지는 아마 모두 잘 알고 있을 것이다. 한국의 정책은 성공하였고, 남미의 정책은 처참한 실패로 끝났다.

정부의 중소기업에 대한 세제 혜택도 일종의 산업 정책이다. 산업 정책은 지금의 산업을 보호하는 것이 아니라 미래 산업으로 넘어가기 위한 교두보와 마중물 역할을 수행할 때 비로소 빛을 발하게 되므로 좋은 산업 정책은 인기에 영합하기 어렵다. 1960년대 경공업 산업의 지원은 농민의 극심한 반대에 부딪혔고, 1970년대 중화학 공업으로의 전환은 경공업 산업의 반대를 극복해야 했다. 좋은 산업 정책은 정치적 인기와는 양립하기 어려울 수 있다.

4.4 법인세의 일반적인 효과

법인세를 인하하면 투자 증가와 생산 증대로 이어지는가?

법인세를 인하해야 한다는 논리 중 하나는 '법인세를 인하하면 투자와 생산이 증가한다'는 것이다. 이는 법인세 인하가 경제 성장을 촉진한다는 주장인데 과거 연구 결과를 토대로 이 같은 주장을 검증해 볼 필요가 있다. 2017년 5월, 미국의 『월스트리트 저널*Wall Street Journal*』은 미국, 영국, 캐나다의 경험을 비교하며 법인세 인하가 투자에는 긍정적인 영향을 미치지만, 생산(경제성장)에는 별다른 영향을 미치지 못한다고 설명하였다.

과거 연구들을 보면 법인세 인하가 투자 증가로 이어지는 경향이 있다는 사실을 일관되게 보고하고 있는데,[19] 위 기사가 기존 연구 결과를 대체로 잘 요약한 것으로 보인다. 다만 이러한 투자 증대가 생산 증가(경제 성장)로까지 이어진다는 증거는 상대적으로 약한 편이다. 트럼프Donald Trump 행정부가 2018년부터 법인세 최고 한계세율을 39%에서 21%로 대폭 인하하였는데, 이 정책이 미국의 경제 성장에 어느 정도 긍정적 영향을 미쳤는지에 대해서는 학자들 간 이견이 존재한다.

법인세를 인상하면 고용과 임금이 하락하는가?

법인세와 관련한 중요한 쟁점 중 하나는 법인세 부담이 근로자들에게 전가되는지의 여부이다. 법인세를 부과하면 기업이 부담할 비용이 상승하고 이는 주주와 근로자들이 분담하게 된다(법인세가 제품 가격에 반영되면 소비자도 분담할 수 있다). 근로자들이 법인세 부담을 분담하는지의 여부는 법인세율 상승이 임금 하락 또는 고용 축소로 이어지는가로 검증 가능하지만, 그 인과관계를 규명하는 것은 쉽지 않다.

1960~1970년대까지만 해도 법인세는 전적으로 주주가 부담한다고 믿어 왔다. 즉 근로자의 임금 수준은 법인세율 변화에 거의 영향을 받지 않는다는 것이다. 하지만 최근에는 그 결론이 점차 변화하는 추세이다. 세계화에 따라 국제 자본 이동이 자유로워지며 자본의 협상력이 노동에 비해 더욱 강해지는 현상이 뚜렷해지고 있다. 자연히 법인세 증가에 따른 부담도 근로자에게로 점차 더 많이 전가되고 있다.

2012년에 발표된 한 연구에서 9개 유럽 국가에 소재한 5만 5000개 기업의 1996~2003년 동안의 약 7년간의 데이터를 분석한 결과, 법인세율이 인상될 때 그 세부담의 약 50%는 근로자들에게 귀속되는 것으로 나타났다.[20] 즉 세율이 인상되면 주주의 이익이 감소하지만 근로자 임금 역시도 하락한다는 뜻이다. 그러나 이것은 이웃 국가 간 자본의 이동이 용이한 유럽의 사례를 분석한 결과이기 때문에 한국 상황에 바로 적용하는 것은 무리가 있다. 다만 세계화가 진행되며 법인세 부담이 점차 근로자에게 전가되는 현상이 나타날 수 있다는 점은 분명해 보인다.

법인세를 인상하면 기업 재무 구조가 악화되는가?

법인세는 기업의 재무 구조에도 일부 영향을 미칠 수 있다. 기업이 차입금을 통해서 자금을 조달하면 그 이자비용만큼 이윤이 줄어들게 되고 따라서 법인세도 절감된다. 반면 기업이 유상증자 등 자기자본을 통해서 자금을 조달하면 이러한 세금 절감 효과가 없다. 따라서 법인세가 존재할 경우 기업들은 차입을 하려는 경향이 있는데 세율이 높을수록 이러한 경향은 더 뚜렷해진다. 즉 법인세율이 너무 높으면 기업이 차입을 늘려 재무 구조가 악화될 위험이 있다.

법인세가 기업의 부채 비율을 높일 수 있음을 〈그림 4.16〉의 사례를 통해 살펴보자. 어떤 투자자에게 200억 원 규모의 투자 기회가 있다고 가정해 보자. 투자자가 200억 원을 은행에서 5% 금리로 차입하여 투자한 경우를 '1안'이라고 하고, 자기자본(유상증자 등)을 통해 투자한 경우를 '2안'이라고 하자. 그리고 자기자본에 대해서도 편의상 이자비용과 동일한 수준의 배당금이 지급된다고 하자. 이 투자 기회에서 매출액 100억 원이 발생하고 다른 비용이 없을 경우, 이자비용 규모가 커질

그림 4.16 이자비용의 법인세 절감 효과

	(1안) 타인자본을 통해 200억 원을 조달하여 투자	(2안) 자기자본을 통해 200억 원을 조달하여 투자
매출액	100억 원	100억 원
이자비용(투자자금의 5%)	-10억 원	
순이익	90억 원	100억 원
법인세(순이익의 20%)	-18억 원	-20억 원
순이익(법인세 납부 후)	72억 원	80억 원
배당금 지급		-10억 원
유보	72억 원	70억 원

이자비용으로 인해
법인세 납부액이 2억 원만큼 차이
(= 이자비용 10억 원 × 법인세율 20%)

수록 법인세 절감 효과도 증가한다는 사실을 확인할 수 있다.

위 사례를 통해 자기자본 대비 타인자본을 활용한 법인세 절감액은 아래의 식으로 일반화할 수 있음을 알 수 있다. 차입을 통한 법인세 절감액은 두 가지 요인을 통해서 결정된다. 이자비용이 높을수록(즉, 시장 금리가 높을수록), 그리고 법인세율이 높을수록 법인세 절감 효과가 커지게 된다.

$$\text{법인세 절감액} = \text{이자비용} \times \text{법인세율}$$

자본비용 공제제도의 이해

기업은 자기자본(자본)과 타인자본(부채)을 통해서 자금을 조달한다. 자기자본은 자금의 대가로 주식을 발행하는 것이고, 타인자본은 은행 차입금을 생각하면 된다. 기업은 자금을 조달하는 대가로 비용을 지불하게 되는데 자기자본으로 자금을 조달하면 '자기자본비용'이 발생하고, 타인자본으로 자금을 조달하면 '타인자본비용'이 발생한다.[21]

주주 관점에서 만들어진 현재의 기업회계 기준은 타인자본비용은 비용으로 인식하되 자기자본비용은 비용으로 인식하지 않는다. 예를 들어, 차입금에 대한 이자(타인자본비용)는 비용으로 인정하고, 주주에 대한 배당금 지급(자기자본비용) 등은 비용으로 인정하지 않는다. 따라서 동일한 자금을 조달하더라도 타인자본을 사용하면 손익계산서상 당기순이익이 감소한다. 그리고 순이익이 감소하니 법인세도 감소한다.

결국 법인세를 절감하고자 하는 기업은 자기자본에 비해 타인자본을 선호한다. 다른 조건이 동일하다면 말이다. 하지만 이와 같은 '부채 선호 현상'은 기업 부실로 이어질 수 있고, 이러한 부작용을 완화하기 위하여 벨기에 등 일부 국가는 자기자본비용 공제제도Allowance for Corporate Equity, 이하 'ACE'를 도입하였다. 이는 법인세를 계산할 때 타인자본비용과 자기자본비용을 모두 비용으로 인정하는 방식이다.

ACE하에서 자기자본비용은 자기자본 금액에 정부가 정한 수익률을 곱하여 산정한다.[22] 즉 실제 배당금을 지급하는지와 무관하게 자기자본비용을 비용으로 인정하는 것이다.[23] 이 방식은 이론적으로 타당하다. 그러나 많은 국가들 중 어느 한 국가만 이 제도를 도입한 경우, 다른 국가에 자회사를 가진 글로벌 기업들이 이 제도를 악용하여 조세를 회피할 수 있다.

예를 들어 프랑스, 벨기에, 영국에 각각 자회사 A, B, C를 갖고 있는 글로벌 기업의 경우를 생각해 보자. 3개국 중 오직 벨기에만 ACE를 도입한 상황에서 영국의 C사에서 자금이 필요한 경우를 가정하여 다음의 두 가지 대안을 비교해 보자. '대안1'은 영국 C사가 금융 시장에서 직접 자금 100만큼을 10% 금리에 차입한 경우이다. 반면 '대안2'는 프랑스 A사가 금융 시장에서 10% 금리에 100을 차입하여 벨기에 B사 주식을 취득한 다음(B사의 자기자본 증가), 벨기에 B사가 이 자금 100을 다시 영국 C사에 10% 금리 조건으로 대출한 경우이다(C사의 타인자본 증가).

이 두 대안하의 A, B, C사의 현금 흐름은 〈그림 4.17〉과 같다. '대안1'에서 영국 C사는 이자를 납부하고 그에 상응하는 법인세 절감 효과를 누린다. '대안2'를 보면 영국 C사는 차별점이 없다. '대안1'에서는 금융 시장에서 차입하였고 '대안2'에서는 내부 거래를 통해 B사로부터 차입하였다는 차이만 있다. '대안2'에서 벨기에 B사는 C사로부터 이자를 수령하게 되는데 이자수익과 자기자본비용이 상쇄되기 때문에 그것이 법인세에 미치는 효과는 없다.[24] 반면 프랑스 A사는 이자를 납부하고 그에 상응하는 법인세 절감 효과를 누린다.

결국 '대안1'에 비해 '대안2'는 프랑스 A사의 법인세가 줄어든다는 장점이 있다. 글로벌 기업은 A사가 누리는 법인세 절감 효과만큼 총 세금을 줄일 수 있다. 벨기에 B사는 현금 지출이 없어도 자기자본비용을 비용으로 인식하지만, 내부 거래의 상대방인 프랑스 A사는 (B사로부터 배당을 받지 않으므로) 동일 금액을 수익으로 인식하지 않는다는 허점을 파고든 것이다.

그림 4.17 각 대안하의 A, B, C사의 현금 흐름

(대안1) 영국 C사가 금융 시장에서 자금을 대출할 경우

	프랑스 A사	벨기에 B사	영국 C사
차입 및 대출 이자			(–) 이자비용 지출
법인세 효과			(+) 이자비용 × 세율

(대안2) 프랑스 A사가 금융 시장에서 자금을 대출받아 B사를 거쳐 C사에게 대출할 경우

	프랑스 A사	벨기에 B사	영국 C사
차입 및 대출 이자	(–) 이자비용 지출	(+) 이자수익 수령	(–) 이자비용 지출
법인세 효과	(+) 이자비용 × 세율	없음*	(+) 이자비용 × 세율

* ACE 제도로 인해 이자수익과 자기자본비용이 상쇄되어 법인세에 미치는 영향 없음

법인세는 다른 세목에 비해 부작용이 크다

법인세는 다른 세목에 비해서 부작용이 크다. 부작용이 발생하는 근본적 이유는 법인세가 기업의 의사 결정 행태를 크게 변화시키기 때문이다. 물론 다른 세목에도 부작용이 있지만 법인세의 부작용에 비해 상대적으로 작다. 예를 들어 의사, 변호사 등 고소득 전문직에 대한 소득세(근로소득세)가 인상될 경우 그들은 세금을 납부하기 싫어 일을 줄이는 대신 여가를 즐길 수 있으며, 부가가치세가 인상될 경우에는 시민

들이 소비를 줄일 수 있다. 그러나 법인세가 인상될 경우 국내 기업들은 생산 시설을 해외로 이전한다. 해외 기업들도 한국보다 조세부담이 작은 다른 국가를 찾아서 진출한다. 법인세 인상의 경우가 경제에 미치는 부정적 효과가 훨씬 크다.

법인세는 기업의 주주에게 부과되는 세금인데 그 외에도 기업의 주주가 부담하는 또 다른 세금으로 배당소득세가 있다. 이것은 개인에게 부과되는 소득세이다. 한 가지 흥미로운 사실은 법인세와 배당소득세가 모두 주주에게 부과됨에도 불구하고, 그것이 임금, 고용, 투자에 미치는 효과에는 차이가 있다는 점이다. 과거 연구에 따르면, 법인세 인상은 임금, 고용, 투자에 부정적인 영향을 미치지만, 배당소득세 인상은 상대적으로 그 부작용이 작다.

기업은 법인세 외에 사회보험료도 부담한다. 이른바 '4대 보험'이라고 불리는 국민연금, 건강보험, 고용보험, 산재보험이 그것이다. 다른 조건이 동일하다면, 수익성이 좋은 기업들은 법인세보다 사회보험료 부담을 선호할 수 있다. 사회보험료는 그 수혜자가 기업이 고용한 근로자로 명확하게 특정되지만, 법인세는 그렇지 않다. 따라서 기업 입장에서는 사회보험료 납부액을 근로자에게 제공하는 혜택으로 주장할 수 있기 때문에 노조와의 협상 등에 유리한 면이 있다. 다만 법인세는 이윤이 발생할 때 납부하지만, 사회보험료는 이윤과 상관없이 고용할 때 납부하기 때문에 수익성이 낮은 기업들은 오히려 법인세를 선호하는 경향이 있다.

법인세 인하와 사내유보금 문제

법인세는 기업들이 재투자를 위해 비축하는 사내유보금 규모에도 영향을 미칠 수 있다.[25] 보다 정확히 말하면 법인세와 소득세 세율의 차이가 클 경우 사내유보금이 증가할 수 있다. 예를 들어, 법인세율이 낮고 배당소득세율이 높은 상황을 생각해 보자. 이 경우 기업들은 배당보다는 차라리 자금을 비축해 두었다가 적절한 투자 기회가 생겼을 때 재투자하는 것을 선호할 수 있다. 하지만 정부에서는 기업이 보유한 이 사내유보금이 과도하다고 비판하며 종종 유보금에 대해 세금을 부과하고자 한다.[26]

사내유보금 과세의 선례가 없는 것은 아니다. 미국의 누적이득과세accumulated earning tax는 사내유보금이 정상적인 사업 활동에 필요한 수준을 초과할 경우, 그 초과 금액이 배당되었다고 가정하여 과세하는 제도이다. 이는 납세자가 신고하는 세금이 아니라 미국 국세청Internal Revenue Service의 세무 조사 결과에 따라 부과되기 때문에 미국 기업들 사이에서 악명 높은 세금으로 유명하다. 일본의 동족 회사에 대한 초과유보금 과세, 대만의 유보 이익금에 대한 과세도 모두 유사한 취지로 도입된 제도이다.

그러나 기업 유보 자금에 대한 과세는 극히 단기적인 시야에서 비롯된 정책이다. 이것은 기업이 보유한 자금을 당장 외부로 유출시켜 소비 진작 등 경기 부양에 활용하겠다는 생각에서 비롯된 것인데, 사실 기업이 비축한 자금은 대부분 유·무형 자산과 금융 자산 등에 재투자되고, 남은 자금은 예상치 못한 위험에 대비하는 완충 역할을 할 수 있어 꼭 부정적으로 볼 필요가 없다. 게다가 좋은 투자 기회가 포착될 경우 바로 생산 활동에 투입될 수 있어서 중장기 성장에도 긍정적이다.

사내유보금에 대한 직접적인 과세는 성공하기 어려운 정책이다. 정부는 오히려 기업들이 차입 등 타인자본을 과다하게 부담하여 재무 구조가 악화되는 것을 경계해야 한다. 예상치 못한 경제 위기 상황에 취약해질 수 있기 때문이다. 사내유보금이 많아지면 재무 구조는 개선된다. 이는 오히려 경제 전체적인 관점에서 정부가 장려할 만한 현상이다. 다만 대주주가 사내에 비축된 자금을 기업의 생산 활동과 무관한 개인 용도로 사용하는 것에 대한 과세 당국의 감시가 강화될 필요는 있다.

설령 기업들이 자금을 과다하게 비축한다고 하더라도, 그 해결책이 유보금에 대한 과세가 되는 것은 납득하기 어렵다. 세금을 부과하기 위하여 어느 정도의 유보금이 '적정'한 것인지를 판단해야 하는데 이를 모든 기업에게 적용할 수 있는 일률적 기준을 만드는 것이 어렵다. 사내유보금에 대한 해법은 투자에 대한 인센티브를 제공하는 방향으로 이루어지는 것이 합리적이다.

법인세율이 인하되면 노동소득분배율이 감소하나?

최근 연구 중 법인세율이 노동소득분배율과 관련 있다는 주장이 있어서 여기에 소개한다. 〈그림 4.18〉은 OECD 주요 국가의 명목 법인세율과 제조업 분야 노동소득분배율을 보여준다. 이를 보면 법인세율 인하가 노동소득분배율 감소와 관계가 있음을 알 수 있는데, 다만 이러한 뚜렷한 관계는 제조업에서만 발견되고 있다.

그림 4.18 **OECD 주요 국가의 명목 법인세율과 노동소득분배율 (1981~2007년)**

(단위: %)

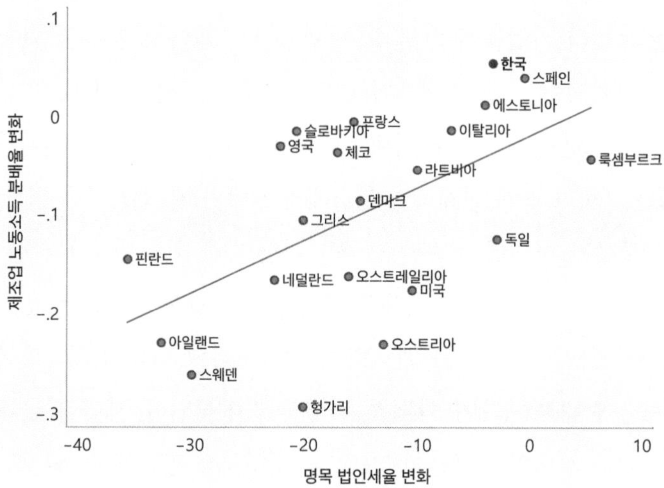

자료: Kaymak & Schott(2018)[27]

이 연구의 저자는 법인세율이 인하되면 노동 집약적 산업에 비해 자본 집약적 산업이 상대적으로 발달하며 그에 따라 노동소득분배율이 감소한다고 주장한다. 즉 법인세는 결국 자본에 대한 세금이므로, 법인세율 인하는 자본 집약적 산업의 발전을 촉진한다는 설명이다. 단, 이는 아직 많은 학자들에게 받아들여지고 있는 설명이 아니며, 지금까지도 계속 연구가 진행되고 있는 분야여서 주의가 필요하다. 다만 명목 법인세율과 제조업 노동소득분배율 간의 강한 상관관계에 대해서는 정책적 관점에서 관심을 가질 필요가 있겠다.

4.5 법인세와 국제 조세

국제조세제도에 대한 이해

'적정 법인세율'을 결정하기 위해서는 국제 조세와 국제 환경의 변화에 대한 이해가 필요하다. 국제 거래에서 발생한 소득에 대해서는 여러 국가의 과세권이 경합하여 이중과세 문제가 발생한다.[28] 예를 들어 서울에 본점을 두고 있는 S사가 미국 뉴욕에 지점 또는 자회사를 설립한 경우, 미국에서 발생한 소득에 대해서 미국과 한국이 모두 과세권을 주장할 수 있는 것이다.

이러한 과세권의 경합을 조정하기 위해서 각국은 이중과세 방지를 위한 규정을 두고 있으며, 여기에는 크게 '영토주의 과세territorial system'와 '세계소득 과세worldwide system'라는 두 가지 방식이 있다.[29] 영토주의 과세는 자국 기업이 국내에서 창출한 소득(국내원천소득)에 대해서만 과세하는 방식으로 해외에서 창출한 소득(국외창출소득)에는 과세하지 않는다. 반면 세계소득 과세는 자국 기업이 전 세계에서 창출한 소득에 대해 과세한다. 다만, 국외원천소득에 대해 해외에서 납부한 세금(외국납부세액)을 증빙할 경우 일부 또는 전부를 공제해 준다.

우리나라는 세계소득 과세를 채택하고 있으며, 세계소득 과세는 그 방식에 따라 세액공제 방식과 비용인정(손금산입) 방식으로 나뉜다. 세액공제 방식은 외국에서 납부한 세액만큼 세금을 깎아주는 것이고, 비용인정(손금산입) 방식은 외국에서 납부한 세액만큼 소득을 차감해 주는 것이다. 예를 들어, S사가 미국 지점을 통해 소득을 창출하여 미국 정부에 100만 달러의 세금을 납부했다고 가정한다. 이때 세액공제 방식은 S사가 한국과 미국에서 창출한 소득에 대해서 세금을 계산하고 여기서 100만 달러를 차감해 주는 반면 비용인정 방식은 한국과 미국에서 창출한 '소득'에서 100만 달러를 빼준다. 후자의 경우 만약 세율이 20%라면 세금이 20만 달러만 줄어드는 것이다. 현재 「법인세법」에 따르면 기업들이 두 방식 중 하나를 선택할 수 있는데 극히 예외적인 경우를 제외하면 세액공제 방식이 유리하다.

세계소득 과세가 과연 국익에 부합하는가?

국가 간 과세권의 경합을 조정하는 방식에는 영토주의 과세 방식과 세계소득 과세 방식이 있으며 우리나라는 이 중 세계소득 과세 방식을 채택하고 있다고 설명하였다. 그렇다면 그것이 과연 국익에 부합하는지 알아보자. 30~40년 전까지 세계 학계에서는 세계소득 과세 방

식, 그중에서도 비용인정(손금산입) 방식이 국익에 부합한다고 믿어 왔다.[30]

세계소득 과세 방식을 지지하는 대표적 이론인 하버드 대학의 펠드스타인Martin Feldstein 교수의 연구를 살펴보자.[31] 그 이해를 위해 먼저 한국 회사인 K사가 있다고 가정하자. 현재 이 K사는 공장을 국내에 건설할지 해외에 건설할지 고민 중이다. 국내에 건설할 경우 이익이 증가하며 그 추가 이익에 대해서는 국내 세금을 납부한다. 반면 해외에 건설할 경우 세계소득 과세 방식하에서는 해외 세금을 먼저 납부한 뒤 국내 세금도 역시 납부하되 해외 세금 납부를 증빙하면 일부를 깎아준다(물론 영토주의 과세라면 해외소득에 대해 국내 세금은 과세되지 않는다).

그렇다면 여기에서 K사의 최종 이익(해외 세금과 국내 세금 차감 후의 이익)과 정부 세수입을 합친 금액으로 국익을 정의해 보자.[32] 이 상황에서 국내 세금은 얼마가 부과되든 국익과 무관하다는 사실이 보이는가? 국내 세금을 부과하면 K사의 최종 이익이 줄고 정부 세수입은 늘어나므로 총합(국익)은 변화가 없다. 그러나 해외 세금은 다르다. 해외 세금은 정부나 K사에게 귀속되지 않으므로 국익에 포함되지 않는다. 결국 국익이 극대화되려면 K사의 세전이익(해외 세금은 차감하고 국내 세금은 차감하기 전의 이익)이 커지면 된다.

〈그림 4.19〉는 K사가 국내, 그리고 해외에 투자(공장 건설)할 경우의 이익을 보여주고 있다. 국내에 투자할 경우 세전이익 A가 발생하게 되고 이 A가 바로 국익이다(일부는 국내 세금으로 정부에 귀속되고 나머지는 K사에 귀속되는데 둘 다 국익에 해당된다). 반면 해외에 투자하면 해외 세금을 납부한 후 B가 남게 되는데 이 B 역시 국익이다(이 경우에도 일

그림 4.19 펠드스타인 교수의 논리

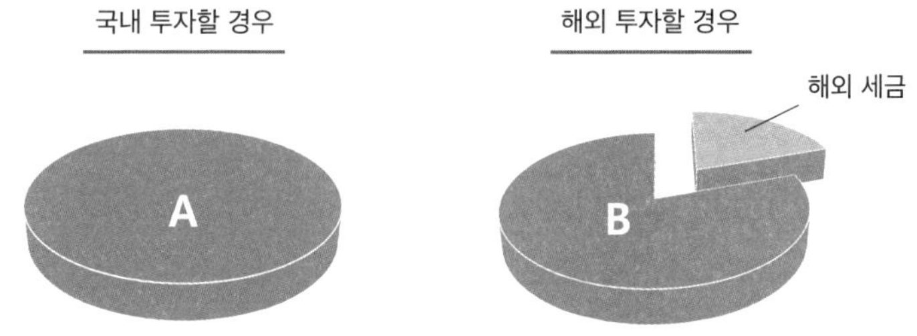

부는 국내 세금으로 정부에 귀속되고, 나머지는 K사에 귀속되는데 둘 다 국익에 해당된다).

즉 그림에서 K사가 국내에 투자할 경우의 국익이 A이고, 해외에 투자할 경우의 국익이 B이다. 따라서 정부는 K사로 하여금 A와 B를 비교하여 A가 더 크면 국내에 투자하고, B가 더 크면 해외에 투자하도록 조세제도를 설계하면 된다.[33] 이러한 제도는 정부가 A와 B에 동일한 세율로 과세할 경우 달성된다. 그리고 이는 해외에서 창출한 소득에 대해서도 과세한다는 뜻이 되므로 결국 세계소득 과세를 의미한다. 또한 K사가 해외에 투자할 경우 B에 대해서만 과세한다는 것은 전체 이익에서 해외 세금을 비용으로 공제해 준다는 의미가 된다. 결국 세계소득 과세 방식과 외국납부세액을 비용 인정(손금산입) 해주는 방식을 채택할 경우, K사는 A와 B를 비교하여 A가 크면 국내에 투자, B가 크면 해외에 투자하게 된다.

세계소득 과세를 지지하는 논리에 대한 비판

이번에는 위 논리에 대한 비판을 살펴보자. 앞 사례에서 우리는 K사가 공장을 해외 또는 국내 중 어느 한곳에만 건설한다고 가정하였다.[34] 즉 펠드스타인 교수는 국내 기업의 해외 진출이 늘어나면 국내 투자는 줄어든다고 가정하였다. 반대로 국내 기업이 해외에 진출하지 않으면 국내 투자는 자연히 늘어난다. 30~40년 전에는 이 가정이 타당하였을 수 있다. 그러나 최근에는 국제 금융 시장이 발달하여 자금 조달이 용이해졌다. 투자 기회가 없어서 문제이지 돈 빌려줄 사람이 없어서 문제가 아니다.

펠드스타인 교수의 관점은 국내 기업들의 해외 진출에 페널티를 부과하는 방식이다. 해외소득에 대해서 국내 세율로 과세하며 해외에서 납부한 세액의 일부만을 공제해 주기 때문이다(손금산입 방식). 즉 기업들이 해외 세금을 감당하면서도 국내보다 높은 수익률을 얻을 자신이 있다면 해외로 가라는 것이다. 그 이유는 해외 진출이 늘어나면 국내 투자가 줄어든다고 보기 때문이다. 그러나 현실에서는 국내 기업의 해외 진출을 막는다고 국내 투자가 늘어나지는 않는다. 특히 국내 세율(법인세율)이 높을수록 그렇다. 국내 투자 환경이 좋지 않다면 여유 자금은 소비성 지출, 비생산적인 투자(부동산 투기 등)에 몰릴 것이다.

둘째, 펠드스타인 교수의 관점은 기업이 아예 본점 소재지를 해외로 옮기는 대안, 즉 '인버전inversion'을 간과하였다. 앞으로의 세상에서는 한국의 능력 있는 인재들이 굳이 한국에서만 창업해야 할 필요가 없어졌다. 해외에서도 얼마든지 창업이 가능하기 때문이다. 국내 기업의 해외 진출에 페널티를 부과하면 국내 투자가 늘어날 것이라는 관점은 시대에 부합하지 않는다. 특히 국내 세율(법인세율)이 높을수록 국내가 아닌 해외에서 창업하거나 본점 소재지를 이전하는 일이 많아질 것이다.

셋째, 세계소득 과세는 현실 적용도 어렵다. 국내 과세 당국이 기업들의 해외 거래 내역을 완벽하게 알 수 없기 때문에 탈세가 용이하다. 국내 기업들은 국제 시장에서 경쟁하는 해외 기업 대비 세금을 더 많이 부담하면서도 탈세 기업이라는 오명을 쓸 수 있어 억울할 수 있다. 또한 기업들이 전 세계에 퍼져 있는 자회사들 간의 거래에서 세무상 문제를 검토해야 하므로 상당한 납세협력비용compliance costs이 발생한다. 특히 국내 세율(법인세율)이 높을수록 이러한 비용은 증가한다.

넷째, 세계소득 과세 방식에서는 국내 기업이 해외 자회사에 유보된 이익을 국내로 배당하는 순간 세금이 발생한다. 따라서 국내 기업은 해외에서 발생한 이익을 해외에서 계속 재투자하면서 국내로는 배당하지 않을 유인이 존재한다.[35] 특히 국내 세율(법인세율)이 높을수록 이러한 유인은 강해진다. 반면에 영토주의 과세에서는 이러한 문제가 발생하지 않는다. 선진국들이 세계소득 과세에서 영토주의 과세로 변경한 사례(2009년 영국, 2018년 미국)를 보면 제도를 변경한 후 해외 자회사의 배당금 지급이 크게 증가하였다.

참고로 우리나라의 경우 그동안 세계소득 과세를 채택하였음에도 기업들이 해외 자회사 소득을 현지에 유보하는 부작용은 크지 않았다. 해외소득의 배당 송금액은 법인세율보다 오히려 환율에 민감하게 반응하였다.[36] 그러나 이러한 현상이 앞으로도 지속될지는 의문이다. 그동안은 한국의 법인세율이 해외 선진국 대비 낮은 수준이었지만, 이제 더 이상 이러한 평가가 유효하지 않기 때문이다. 해외 법인세율은 꾸준히 하락하고 있고, 한국의 법인세율은 2018년 이후 오히려 상승하였다.

미국은 왜 세계소득 과세에서 영토주의 과세로 전환하였는가?

세계 대부분 선진국들은 세계소득 과세에서 영토주의 과세로 전환하였다. 다음에서 2018년에 영토주의 과세로 전환한 미국의 사례를 보자. 과연 전환의 논리는 무엇이었을까? 그것을 이해하기 위해 먼저 세계소득 과세의 장단점을 정리해 보자. 먼저 장점은 정부가 국내 기업의 해외소득에 대해서도 과세할 수 있기 때문에 더 많은 조세수입을 확보할 수 있다는 점이다. 반대로 대표적 단점은 국내 기업에게 많은 부담을 주어 글로벌 시장에서의 경쟁력을 약화시킬 수 있다는 점, 그리고 상당한 행정비용이 소요된다는 점이다.

그러나 금융 기법의 발달로 세계소득 과세 방식을 고집하기 점차 어려워지고 있다. 〈그림 4.20〉을 보면 미국이 세계소득 과세를 채택하고 있던 2016년에도 미국의 글로벌 기업들은 조세 회피처에 자회사를 설립하여 세금을 회피하고 있었다. 해외 자회사들이 미국 본사로 이익을 배당하면 미국에 세금을 납부해야 하므로 배당을 미루고 계속 해외 자회사에서 재투자하는 방식으로 세금을 회피하였다. 이러한 상황은 미국 정부와 국민에게 득이 될 것이 없다. 차라리 영토주의 과세를 통해 해외소득을 자국으로 끌어오는 것이 유리하다. 그것이 바로 미국이 2018년 영토주의 과세로 전환한 이유이다(다만, 미국의 제도는 일부 유형의 소득에 대해서 세계소득 과세 방식을 유지하고 있기 때문에 엄밀하게는 두 제도의 절충형으로 볼 수 있다).

그림 4.20 미국 글로벌 기업의 해외 자회사 소재지(2016년)

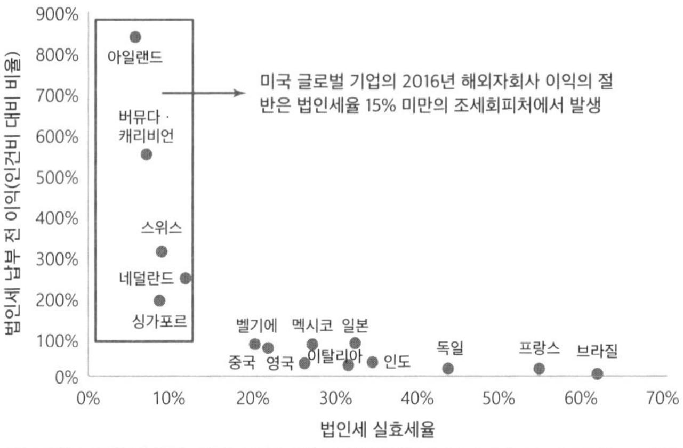

자료: Zucman(2018)[37]

영토주의 과세도 단점을 가지고 있다

영토주의 과세에 긍정적인 면만 있는 것은 결코 아니다. 특히 자국 법인세율이 높은 경우 영토주의 과세는 심각한 부작용을 유발할 수 있다. 기업들이 모두 해외 기능을 확대하고 국내 기능을 축소할 수 있다. 특히 미래 경제 환경하에서는 특허, 저작권 등 무형 자산의 중요성이 커지고 있고, 무형 자산의 권리권자를 해외에 등록하는 방식으로 손쉽게 소득의 해외 이전이 가능하다. 만약 국내 법인세율이 높은 상황에서 영토주의 과세를 허용하게 되면 국내 기업들이 이러한 무형 자산을 해외로 이전할 가능성이 존재한다.[38]

다만 한 가지 오해하면 안 되는 사실은 영토주의 과세하에서 발생한 국외원천소득에 대해서 우리 정부가 과세하지 않을 뿐이지 이것은 배당 등을 통해서 국내로 유입이 된다는 것이다. 즉 국외원천소득의 증가도 국익에 부합한다. 기존 연구 결과에 따르면 세계소득 과세보다 영토주의 과세하에서 국외원천소득의 국내 유입이 더 활발하게 일어난다.

그러나 영토주의 과세는 근본적으로 기업의 주주, 즉 자본가에게 유리한 제도이다. 물론 국내 기업이 해외 진출로 이윤을 창출하면, 근로자와 일반 국민들에게도 그 혜택이 돌아갈 수 있다. 그러나 노동과 자본이라는 두 가지 생산요소의 상대적 관점에서 본다면 영토주의 과세가 노동보다는 자본에 유리한 제도라는 점은 분명해 보인다.

어느 제도를 채택하더라도 법인세율이 높으면 부작용이 발생한다

세계소득 과세와 영토주의 과세 모두 법인세율이 높을 때 그 부작용이 크다. 세계소득 과세 방식하에서 법인세율이 높을 경우 국내 기업의 세계 시장 경쟁력이 약화될 수 있고, 해외 자회사의 소득을 국내로 가져오지 않고 현지에서 재투자하게 될 수 있다. 반면 영토주의 과세 방식하에서 법인세율이 높을 경우 국내 투자가 감소할 우려가 있다. 두 제도하에서 모두 해외 기업들이 조세부담 때문에 한국 진출을 꺼릴 수 있다.

결국 국제조세제도의 선택은 법인세율 수준과 밀접한 연관이 있다. 향후 적정 법인세율 수준에 대한 검토는 반드시 국제조세제도에 대한 논의와 함께 이루어질 필요가 있다. 이와 관련하여 최근 OECD에서 논의되고 있는 글로벌 최저한세global minimum tax에 대해서도 관심을 기울일 필요가 있다. 법인세는 주요 선진국의 정책 동향에 특히 민감하게 대응하여 수립할 필요가 있는 세목이다.

인터넷 플랫폼 기업과 법인세의 미래

20세기 초 미국에서는 철도, 전기, 에너지 등 자연 독점 산업의 반독점 규제가 사회적 이슈가 되었다. 예를 들어 1911년 미국에서는 '석유왕' 록펠러John Rockefeller가 소유한 정유회사 스탠더드 오일Standard Oil이 30여 개 회사로 강제 분할되었다. 그리고 100년이 지난 지금, 미국에서는 다시 구글Google, 아마존Amazon 등 인터넷 플랫폼 기업들의 독점 문제가 이슈화되고 있다.

기술 기업의 독점 문제가 이슈화된 것은 이번이 처음은 아니다. 1998년 미국 정부는 마이크로소프트Microsoft를 반독점법 위반으로 기소했다. 그러나 이 소송은 반독점 규제가 인터넷 산업에 적용되기 어려움을 잘 보여주었다. 일단 시장을 획정하기가 어렵다. 페이스북Facebook이 속한 시장이 메신저 시장인지, SNS 시장인지, 온라인 광고 시장인지 모호하다. 독점으로 인해 소비자에게 피해가 발생하였다는 것을 입증하는 것도 어렵다.

미국 바이든Joe Biden 정부는 '아마존 저격수'로 불리는 리나 칸Lina Khan 교수를 연방거래위원회Federal Trade Commission, FTC 위원장에 임명하였다. 이는 한국의 공정거래위원장에 해당하는 자리이다. 칸 교수는 플랫폼 기업들을 에너지, 철도, 통신 등 전통적인 자연독점산업과 유사하게 생각한다. 스탠더드 오일이 송유관 등 유형의 인프라를 보유하였다면, 플랫폼 기업들은 방문자 데이터 등 무형의 인프라를 보유하였다고 본다. 따라서 칸 교수는 이러한 유사성을 근거로 플랫폼 기업들을 스탠더드 오일처럼 강제 분할해야 한다고 주장해 왔다.

미국 정부가 그들에게 과연 어느 정도 수준의 반독점 규제를 적용할지는 두고 볼 일이다. 다만 필자의 견해로는 플랫폼 기업에게는 규제보다 조세가 효과적이다. 칸 교수가 지적하였듯이 플랫폼 기업들은 무형의 인프라를 보유하고 있지만, 현재 회계 기준에서는 이를 자산으로 인식하지 않고 있다. 가령 수많은 가입자를 확보한 SNS 기업의 주식은 시장에서 높은 가치를 인정받지만, 해당 기업의 재무제표에는 자산과 이익이 나타나지 않는다. 따라서 법인세도 납부하지 않는다. 천문학적인 시가총액을 가진 아마존과 페이스북이 법인세를 얼마 납부하지 않는 이유이다.

회계 기준이 과학 기술의 발전과 신산업의 등장을 따라가지 못하고 있다. 이러한 한계로 인하여 플랫폼 기업들의 순이익 대비 주식가치price earning ratio, PER는 타 산업 대비 월등히 높으며, 주주들은 세금을 얼마 납부하지 않고도 큰 부를 축적할 수 있다. 인터넷 플랫폼 기업들이 보유한 무형의 인프라를 자산으로 인식하고, 관련 이윤 증가분에 대한 법인세 부과를 검토할 필요가 있다.

CHAPTER

5

개인소득에 대한 세금 (소득세)

5.1 소득세 과세 체계

소득세 과세 체계

여기에서는 개인의 소득에 대한 세금인 소득세에 대해서 알아보자. 한국의 소득세는 열거주의 방식을 채택하여 법에 열거된 이자소득, 배당소득, 사업소득, 근로소득, 연금소득, 기타소득, 퇴직소득, 양도소득의 여덟 가지 소득에 대해서만 과세한다. 따라서 법에서 열거하지 않은 소득에 대해서는 소득세가 부과되지 않는다. 열거주의와 대비되는 방식으로는 법에 열거되지 않았더라도 유사한 형태의 경제적인 이익에 대해서 과세하는 포괄주의 방식이 있으며, 이는 대부분의 선진국들이 채택하고 있다.

소득세법에 열거된 여덟 가지 소득 중에서 퇴직소득과 양도소득은 별도의 세율로 과세한다고 하여 이를 '분류소득'이라고 한다. 퇴직소득은 퇴직한 그해 1년간 발생한 소득이 아니라 재직 기간 전체에 걸쳐서 발생한 소득으로 볼 수 있으며, 양도소득 역시 양도 시점에 실현되기는 하지만 과거 오랜 기간에 걸쳐서 발생한 소득을 말한다. 따라서 이 두 종류의 소득은 따로 구분하여 별도의 세율로 과세한다는 논리이다.

나머지 여섯 가지 소득은 모두 합산하여 누진적인 세율로 과세하기 때문에 이를 '종합소득'이라고 하고, 이 종합소득을 매년 5월에 신고하는 것을 가리켜 '종합소득세 신고'라고 한다. 이러한 종합소득세는 소득이 증가할수록 높은 세율이 적용되는 누진세이다.[1] 종합소득세의 예외로, 일부 소득은 원천징수로 납세의무가 종료되는데, 종합소득에 합산하지 않고 '분리해서' 과세한다고 하여 '분리과세 소득'이라고 한다. 분리과세는 납세자의 편의를 도모하기 위한 제도로 연 2000만 원 이하 금융소득(이자와 배당소득), 일용근로자의 근로소득, 일정 금액 이하 기타소득 등이 여기에 해당된다.

분류과세, 분리과세 외에 근로소득 연말정산제도도 있다. 즉 근로소득만 있는 직장인은 회사에서 연말정산을 하므로 종합소득세를 별도로 신고할 필요가 없다. 따라서 소득세 수입은 편의상 분류과세, 분리과세, 연말정산 근로소득, 종합소득의 네 가지로 구분하여 생각할 수 있다. 여기에서는 그중 가장 규모가 큰 연말정산 근로소득과 종합소득에 초점을 맞춰 분석하고자 한다.

소득세 실효세율 현황

우리나라의 소득세는 누진세이다. 2019년 기준으로, 소득이 증가

그림 5.1 소득세 과세 체계

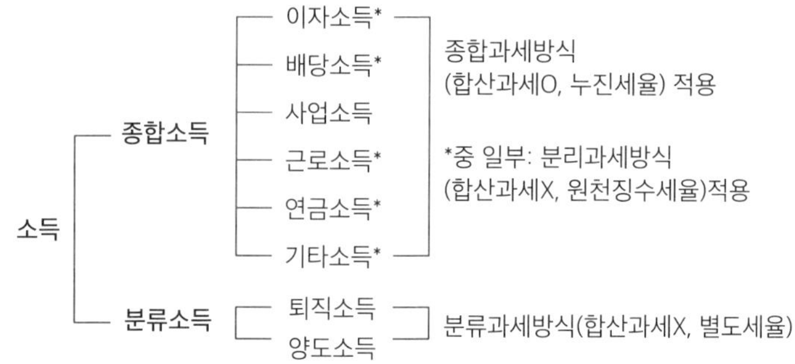

함에 따라 6/15/24/35/38/40/42%로 점차 더 높은 세율이 적용된다.[2] 연말정산 근로소득과 종합소득에 동일한 세율이 적용되는데, 먼저 연말정산 근로소득에 대한 소득 분위별 실효세율을 살펴보면 〈그림 5.2〉와 같다. 세율 변화를 보기 위해 2011년과 2019년 실효세율을 비교하였는데, 지난 10년간 소득세가 보다 누진적으로 변화했음을 알 수 있다.

다음으로 종합소득의 소득 분위별 실효세율을 살펴보면 〈그림 5.3〉과 같다. 연말정산 근로소득과 종합소득에 동일한 세율이 적용되므로 소득 분위별 실효세율도 동일한 형태가 아닐까 생각할 수 있지만 그렇지 않다. 종합소득에는 여섯 가지 다른 형태의 소득이 합산되고, 각 소득 종류별로 적용되는 감면(소득공제, 세액공제 등)이 다르기 때문에 소득분위별 실효세율도 다르게 나타난다.[3]

두 그림을 통해 우리는 소득세의 실효세율은 누진적이며 모든 소득구간에서 '세율역전현상'이 나타나지 않음을 알 수 있다. 2011년보다

그림 5.2 연말정산 근로소득에 대한 실효세율(소득 분위별)

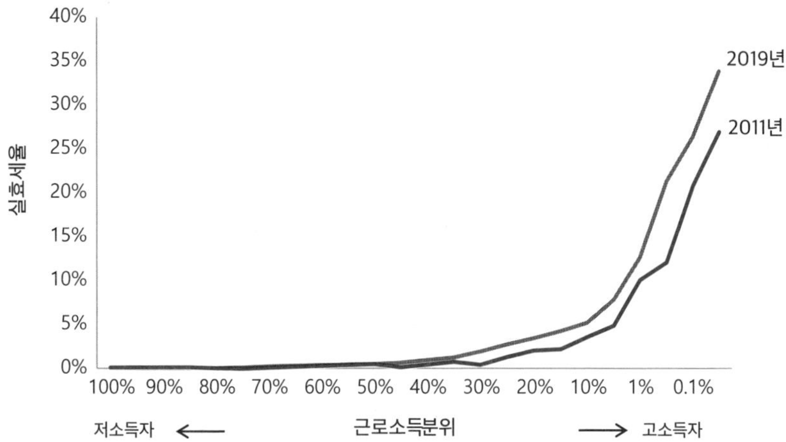

그림 5.3 종합소득에 대한 실효세율(소득 분위별)

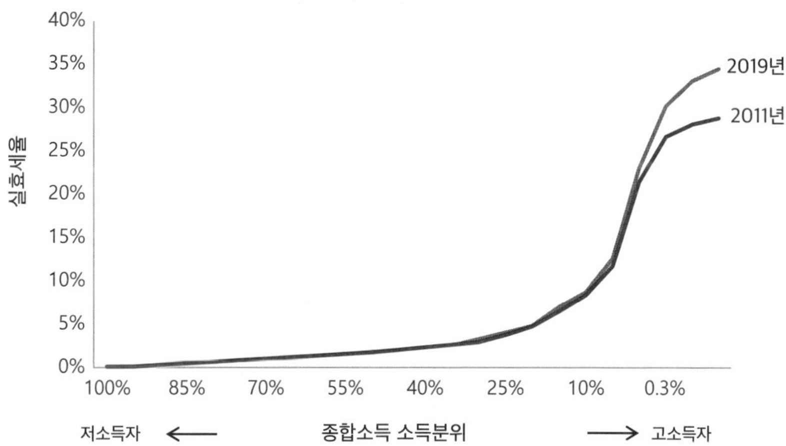

2019년에, 소득이 상승함에 따라 실효세율의 증가가 더 뚜렷하기 때문에 시간이 갈수록 누진성이 강화되고 있음도 확인된다.

종합소득의 구성

이자, 배당, 사업, 근로, 연금, 기타 소득은 합산되어 종합소득으로 과세된다. 그렇다면 종합소득을 구성하는 각 소득의 비중은 어떠한가? 종합소득의 구성 요소 중에서 특히 금융소득(이자, 배당)과 사업소득의 상대적 비중에 초점을 맞추어 분석해 보자. 〈그림 5.4〉는 종합소득에 포함된 금융소득, 근로소득, 사업소득의 소득 분위별 비중을 나타낸 결과이다. 그림을 보면 중위소득자의 소득에서는 대체로 사업소득이 큰 비중을 차지하고 있으며, 고소득자의 소득에서는 사업소득과 금

그림 5.4 종합소득의 구성 요소(소득 분위별)

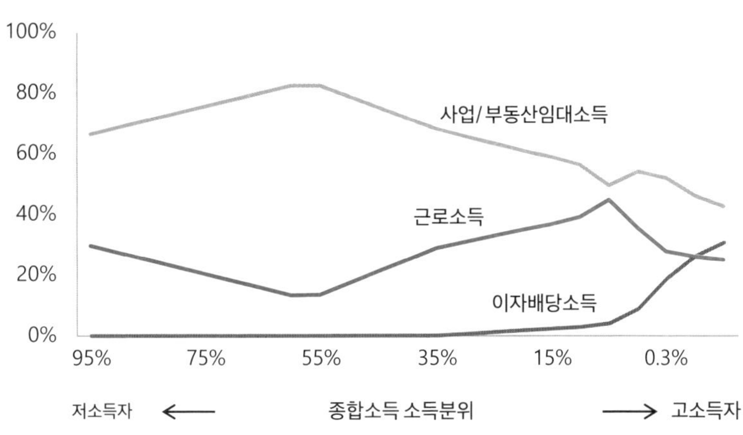

융소득의 비중이 비슷함을 알 수 있다. 다만 종합소득을 기준으로 소득을 분석하는 방법은 뚜렷한 한계도 갖고 있다. 먼저 그림상의 근로소득은 종합소득에 합산된 근로소득만을 보여주고 있다. 근로소득 외에 다른 소득이 없는 사람은 연말정산으로 소득 신고가 종료되기 때문에 일반적으로 종합소득 신고를 하지 않는다. 또한 금융소득도 연 2000만 원 이하의 경우에는 분리과세로 신고가 종료되기 때문에 종합소득에 포함되지 않았다. 이러한 한계에도 불구하고 금융소득이 최상위 소득자에게 집중되어 있다는 점은 확인이 가능하다.

5.2 소득세 부담 수준 국제 비교

소득세 최고세율의 변화

한국의 소득세 부담 수준은 선진국 대비 어떠한가? 앞서 설명한 법인세의 경우 해외 선진국 간 세율 인하 경쟁이 뚜렷함을 확인하였는데, 소득세의 경우에도 1980년대 이후 세율이 일부 하락한 측면이 있다. 기존 연구에 따르면 주요 선진국에서 소득세 최고세율이 하락하며 소득세의 누진성도 약화된 것으로 보고되고 있다.[4] 다만 〈그림 5.5〉에서 보듯이 2000년대 들어서는 소득세 최고세율의 하락세가 크게 관찰되지 않고 있다.

결론적으로 소득세의 경우 법인세에서 관찰되는 국가 간 세율 인하 경쟁은 일어나지 않고 있다. 그 이유는 노동에 비해서 자본의 국가 간 이동이 훨씬 용이하고, 따라서 세율에 더 민감하게 반응하기 때문이

그림 5.5 **소득세 명목 최고세율 추세**

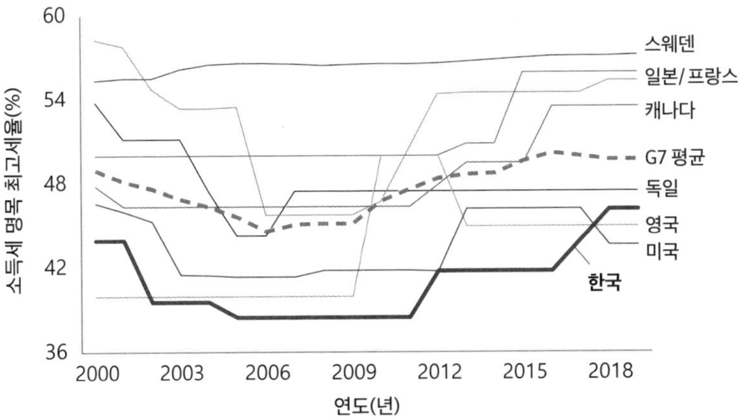

자료: OECD Tax Database

다. 예를 들어 A국의 법인세율이 인상될 경우 자본은 A국에서 이웃 국가인 B국으로 이동하기 쉽다. 그러나 A국의 소득세율이 인상된다고 하여 한 개인이 자신의 삶의 터전을 B국으로 옮긴다는 것은 여간해서 쉬운 결정이 아니다. 따라서 정부 입장에서는 소득세보다 법인세를 인하하는 대안을 선택하기 쉽다.

한국의 소득세 부담, 선진국 대비 매우 낮은 수준이다

그렇다면 한국의 소득세 부담은 해외 선진국과 대비하여 어느 정도 수준인지 알아보자. 〈그림 5.6〉은 한국의 GDP 대비 소득세 부담을

그림 5.6 GDP 대비 소득세 부담 수준

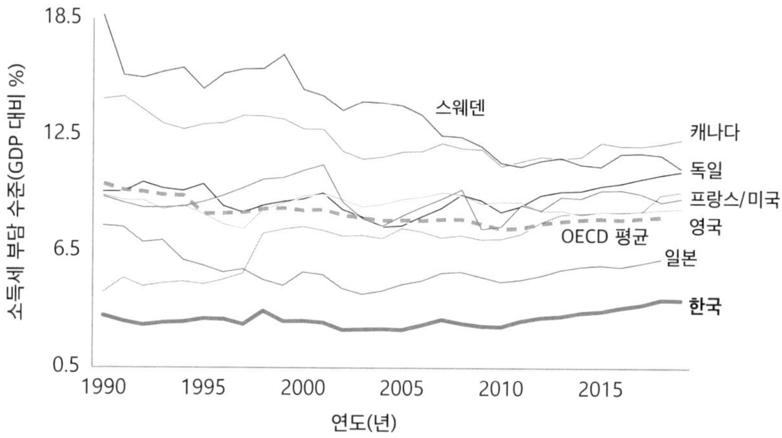

주: 1. 굵은 실선이 한국이며, 점선은 OECD 회원국 평균임.
2. 1990년부터 2019년까지의 데이터임(단, 일본은 데이터가 공개된 2018년까지 포함함).
자료: OECD Global Revenue Statistics Database

주요 선진국과 비교한 결과인데 이것을 보면 한국의 소득세 부담이 해외 선진국 대비 크게 낮다는 사실을 확인할 수 있다.

개인의 조세부담을 정확하게 측정하기 위해서는 소득세와 함께 사회보험료까지 고려해야 하는데, 〈그림 5.7〉은 GDP 대비 소득세와 근로자의 사회보험료 부담 수준을 보여준다. 소득세에 사회보험료까지 고려할 경우 한국과 해외 선진국 간 조세부담 격차가 더욱 뚜렷하게 벌어진다. 앞에서도 설명하였듯이 개인의 소득에 대한 세부담이 작은 점은 한국 조세제도의 특징 중 하나이다.

그림 5.7 **GDP 대비 소득세와 사회보험료 근로자 부담 수준**

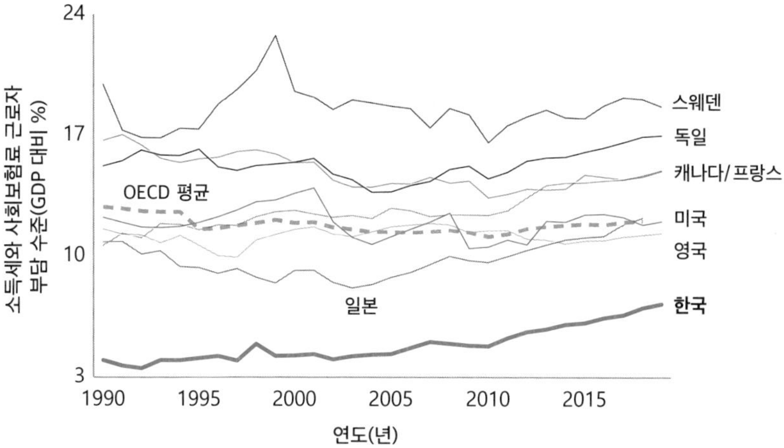

주: 1. 굵은 실선이 한국이며, 점선은 OECD 회원국 평균임.
2. 1990년부터 2019년까지의 데이터임(단, 일본은 데이터가 공개된 2018년까지 포함함).
자료: OECD Global Revenue Statistics Database

5.3 한국 소득세의 특징과 쟁점

한국의 소득세는 매우 누진적이다

한국 소득세의 또 다른 특징은 상당히 누진적이라는 점이다. 〈그림 5.8〉은 한국과 G7, 그리고 북유럽 4개국의 개인 소득세 부담 수준과 누진성을 2019년 기준으로 비교한 결과로, 여기에서 개인 소득세 부담 수준은 최고세율로 측정하였다. 한국 소득세 최고세율은 46.2%(지방세 포함)이며, 다른 선진국과 비교해 보면 낮은 편에 속한다. 다만 앞서 살펴본 GDP 대비 소득세 부담보다는 선진국과의 차이가 크지 않은 것으로 나타나는데 그 이유는 뒤에서 설명할 조세지출(조세감면)의 규모가 선진국보다 크기 때문이다.

반면 한국 소득세의 누진성은 상당히 강하다. 여기서 누진성이 강하다는 것은 최고세율이 일부 상위 소득자에게만 적용된다는 뜻이다.

그림 5.8 **개인소득세 최고세율과 누진성 척도**

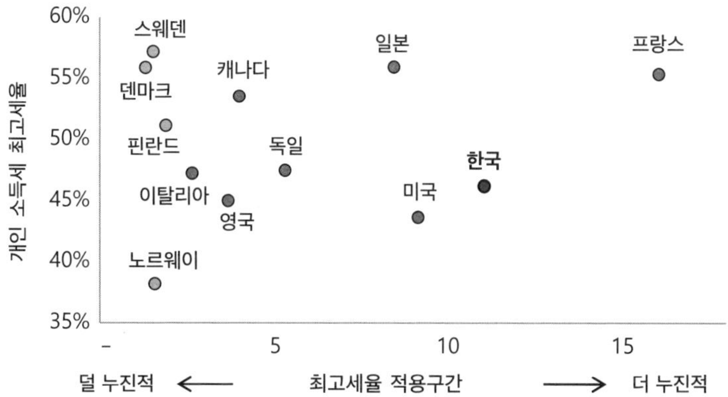

주: 1. 최고세율은 국세와 지방세를 합산한 수치임(2019년 기준).
2. 가로축의 누진성 점수는 최고세율의 적용 구간을 측정한 결과임(누진성 척도가 10이라면 소득세 최고세율이 평균소득 대비 10배를 버는 고소득자부터 적용된다는 의미이며, 이 척도가 1에 가까울수록 누진성이 약한 단일세율에 가까움).

자료: OECD Tax Database

프랑스를 제외하면 한국의 누진성이 비교 대상 국가 중 가장 높다. 게다가 한국의 경우 2021년부터 과세표준 10억 원 초과 구간에 대한 최고세율이 신설되었기 때문에 동 분석 결과보다 실제 누진성은 더욱 강화될 전망이다.

〈그림 5.8〉에서 북유럽 국가들을 찾아보자. 스웨덴, 덴마크, 핀란드, 노르웨이의 4개국은 모두 그림의 왼쪽에 위치해 있어, 소득세의 누진성이 약한 것을 알 수 있다. 스웨덴의 경우 최고세율이 무려 57.2%인데 누진성 척도는 2이다. 평균소득의 2배 정도를 버는 중상위 소득자부

터 최상위 소득자까지 모두 소득의 57.2%를 조세로 납부한다. 북유럽은 높은 조세부담에도 불구하고 조세저항이 강하지 않은 것으로 유명한데, 그 중요한 비결은 중산층의 세부담이 크다는 것이다. 복지재원을 일부 고소득자에게 의존하는 체계는 지속되기 어려우며, 보편적 복지는 모든 국민들이 그 부담을 나누어 질 때에만 실현 가능하다. 참고로 한국은 누진성 척도가 무려 11로, 평균소득자의 11배를 버는 상위 소득자부터 최고세율 46.2%가 적용된다.

누진세하에서는 물가가 인상되면 실질적으로 증세가 이루어지는 효과가 있다

누진세하에서는 물가가 인상되면 실질적으로 증세가 이루어지는 효과가 있다. 소득세는 실질소득이 아닌 명목소득에 대해 부과되기 때문이다. 누진세율의 경계가 되는 명목소득이 고정되어 있기 때문에, 물가가 인상되면서 낮은 세율의 적용을 받던 사람들이 점차 높은 세율 구간으로 이동한다. 예를 들어, 소득(과세표준)이 1200만 원 이하일 경우 6%의 세율이 적용되고, 1200만원에서 4600만 원 사이일 경우 15%의 세율이 적용된다고 해보자. 시간이 지나며 물가 인상으로 인해 임금이 상승하여 6% 세율을 적용받던 사람들이 자연스럽게 15% 세율을 적용받게 된다. 누진성이 강할수록 이러한 효과가 크게 나타나기 때문에 불합리한 제도로 볼 수 있지만, 이는 증세가 어려운 정치적 환경하에서 정부가 세율을 인상하지 않고도 더 많은 수입을 확보할 수 있는 장점으로 작용한다.

한국은 노동소득에 대한 세율이 낮고 자본소득에 대한 세율이 높다

다음의 두 가지 상황을 상상해 보자. 여러분이 직장인으로 근무하며 1억 원의 근로소득을 얻었고, 이 경우 근로소득세와 사회보험료를 납부한다. 반면 여러분이 법인을 설립하여 1억 원의 순이익을 창출하였고, 법인세를 납부한 뒤 추후 배당 시점에 배당소득세도 납부한다. 이 두 가지 상황에서 납부하는 세금을 각각 '노동소득세'와 '자본소득세'로 정의해 보자.

여기서 정의한 '자본소득세'는 자본에서 발생하는 모든 세금을 포괄하는 개념은 아니다. 이자소득세, 주식 등 금융 자산의 양도차익(자본이득)에 대한 세금, 부동산 보유세(종합부동산세, 재산세), 부동산 양도소득세, 자본의 거래에서 발생하는 세금(취득세, 등록세, 증권거래세 등), 상속증여세 등은 모두 제외되었다.[5] '자본소득'의 범위가 지나치게 넓고 모호한 면이 있지만, 여기서는 편의상 근로자와 주주가 납부하는 세금으로 제한하여 노동소득과 자본소득에 대한 세부담을 비교해 보고자 한다.

노동소득과 자본소득을 위와 같이 정의할 경우, 한국 조세제도는 노동소득에 비해 자본소득에 대한 세율이 높다는 특징이 있다. 〈그림 5.9〉는 노동소득과 자본소득에 대한 세금 부담을 주요 선진국 간 비교한 결과인데, 그림에서 한국은 그래프 우측 하단에 위치해 있다. 이를 보면 한국은 자본소득에 대한 세율은 높고, 노동소득에 대한 세율은 상대적으로 낮다.

해외 선진국(G7과 북유럽 4개국)은 크게 세 가지의 유형으로 구분할

그림 5.9 **노동소득과 자본소득에 대한 세율**

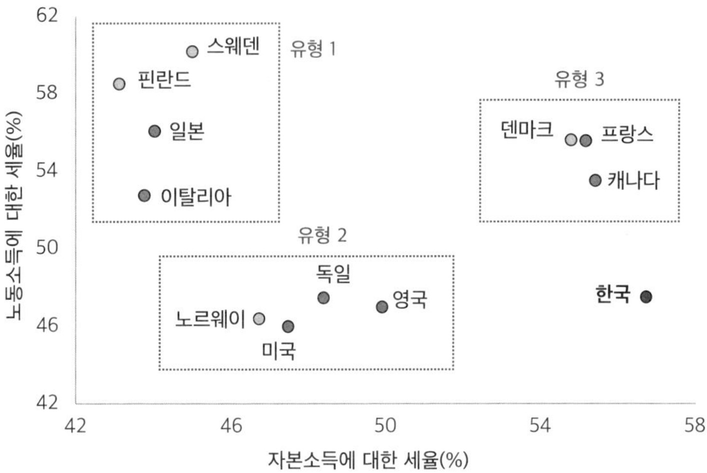

주: 자본소득에 대한 세율은 법인세와 배당소득세(이중과세 조정 반영)를 모두 고려한 최고세율이며, 노동소득에 대한 세율은 근로소득세와 사회보험료 근로자 부담분을 모두 고려한 최고세율임(각종 조세감면 효과까지 고려함).
자료: OECD Tax Database(2020), OECD가 발표한 Top statutory personal income tax rates

수 있다. 첫 번째 유형은 한국과 반대로 노동소득에 대한 세율은 높고 자본소득에 대한 세율은 낮은 국가들로 스웨덴, 핀란드 등이 여기에 속한다. 특히 스웨덴은 노동소득에는 고율의 누진세를, 자본소득에는 낮은 단일세율을 부과하는 이원소득세제dual income tax를 도입하였는데, 이는 국제 자본을 유치하기 위한 노력으로 해석된다.

반면 두 번째와 세 번째 유형은 노동소득과 자본소득에 대한 세율이 유사하다. 두 번째 유형에 속하는 미국, 영국, 독일 등은 비교적 조세부담이 낮은 수준이며, 세 번째 유형에 속하는 프랑스, 덴마크, 캐나다는 조세부담이 높은 편이다. 세 번째 유형에 속하는 프랑스와 덴마크는 국민부담률(GDP 대비 조세와 사회보험료 부담)이 세계에서 가장 높은 국가에 속한다.

분석 결과를 보면 북유럽 4개국 간에도 자본소득에 대한 세부담에 상당한 차이가 있음을 알 수 있다. 스웨덴과 핀란드의 세율이 이원소득세제의 취지에 가장 가까우며, 노동소득에 비해 자본소득에 크게 낮은 세율이 적용된다. 반면 노르웨이와 덴마크는 두 소득에 적용되는 세율이 거의 동일하다.

한국은 배당소득에 대한 세율이 높고, 자본이득(매매차익)에 대한 세율이 낮다

한국의 소득세는 노동소득에 비해 자본소득에 대한 세율이 높다는 점을 설명하였다. 단, 여기서 '자본소득'에는 법인소득과 배당소득만을 포함하고, 주식을 매각하면서 얻는 양도차익인 '자본이득capital gains'은 포함하지 않았다. 한국의 자본소득에 대한 과세 구조는 상당히 기형적이다. 배당소득에는 높은 누진세를 부과하며, 주식의 양도차익에 대해서는 과세하지 않거나 낮은 세율이 적용된다.[6] 자본이득에 대해서 낮은 세율이 적용되기 때문에 전체 자본소득에 대한 세율이 낮은 것처럼 착시 현상을 일으킨다.

먼저 해외 사례를 보자. 〈그림 5.10〉은 유럽 국가들의 개인 배당소득세와 자본이득세 최고세율을 비교한 결과이다. 그림에서 알 수 있듯이 G7 선진국과 북유럽 국가들은 두 소득에 대해서 거의 동일한 세율

그림 5.10 **개인 배당소득과 자본이득에 대한 최고세율**

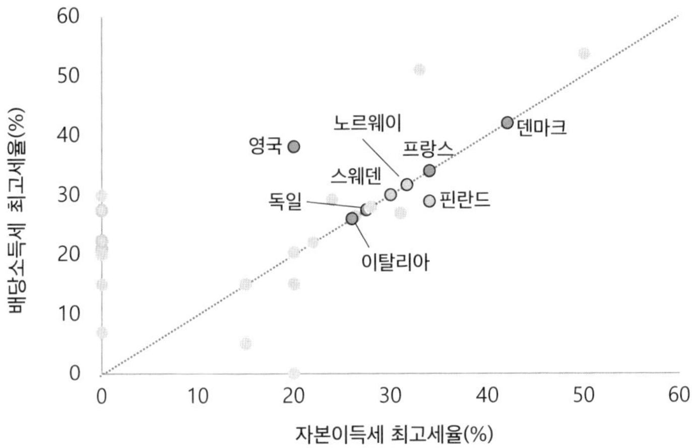

주: 1. 지방세를 합산한 세율임.
2. 대각선은 두 세율이 동일한 경우임.
자료: Tax Foundation(2021)

을 부과하고 있다.[7] 그림에는 유럽 국가만을 포함하였으나, G7 국가 중 미국, 일본, 캐나다도 상황은 비슷하다.[8] 영국만 예외에 해당한다.

자본이득에 비해 배당소득에 대한 세율이 너무 높은 것은 바람직하지 않다. 일단 과세 형평에 어긋날 뿐만 아니라 배당소득세가 높기 때문에 투자자가 기업에 배당을 요구하지도 않으며, 주식시장 거래가 단기 매매 위주로 형성된다. 단기 시세 차익을 노린 해외 자금의 유입도 증가할 수 있다. 단기 해외 투자 자금의 유입은 한국 경제의 안정적인 발전에 바람직하지 않을 수 있다.[9] 금융 위기를 촉발시키는 매개체 역할을 할 수 있기 때문이다.

주식의 자본이득(매매차익), 특별하게 대우할 필요가 있는가?

자본이득에 대해서 낮은 세율을 부과하거나 아예 과세를 하면 안 된다는 주장이 존재하는데, 여기에서는 편의상 주식의 자본이득으로 논의를 한정해 보자. 첫째, 자본이득에 대한 과세는 이중과세이기 때문에 적절하지 않다는 주장이다. 주주들은 이미 법인세를 납부하였고, 세후 이익이 주식 가치에 반영되었기 때문이다. 둘째, 주식 시장이 활성화되어야 기업들이 자금을 쉽게 조달할 수 있다는 주장이다. 자본이득을 저율 과세해야 주식 시장이 활성화되고 경제 성장도 가능하다는 것이다. 세 번째는 자본이득이 단지 물가 인상으로 인해 발생했을 수 있다는 점이다. 네 번째는 자본이득은 필연적으로 위험을 수반한다는 것이다. 주식 가격이 떨어져 손실이 발생했을 경우 정부가 그 손실을 보전해 주지 않으면서, 주식 가격이 올라서 자본이득이 발생할 때만 세금을 부과하는 것은 타당하지 않다는 주장이다.

이 네 가지 주장 모두 일리가 있다. 다만 앞의 두 주장은 배당소득에 대해서도 마찬가지로 적용된다. 배당소득과 형평을 고려할 필요가 있는 것이다. 또한 두 번째 주장은 금리가 높아 기업들이 자금을 조달하기 어려웠던 시절의 이야기로, 현재 경제 여건에 적용하기에는 무리가 있다. 세 번째 주장도 물가인상률이 매우 낮은 현재 경제 상황을 고려하면 중요한 이슈는 아니다. 또한 법인세, 소득세, 부가가치세 등도 물가가 인상되면 세금 납부액이 증가한다. 자본이득만 특별히 다르게 볼 필요가 없는 것이다. 또한 정부가 2020년 12월에 장기 주식 보유에 대한 세금감면을 검토하겠다고 발표했는데, 만약 이 제도가 시행될 경우 물가 인상분에 대한 세액감면이라는 의미도 가질 전망이다.

마지막 네 번째 주장을 검토하기 위해 위험이 높은 창업 기업에 대한 투자를 상상해 보자. 한 창업 기업에 투자하게 될 경우 손실이 발생할 확률이 95%이고, 큰 이익이 발생할 확률이 5%이다. 손실에 대해서는 정부가 보상해 주지 않는데, 이익에 대해서만 높은 세율로 과세하면 아무도 투자하려고 하지 않을 것이고, 결국 리스크가 높은 사업에 대한 투자가 위축될 수밖에 없다. 이러한 문제를 완화하기 위하여 정부는 벤처 투자에 대한 소득공제 혜택을 제공하고 있다. 또한 2023년부터는 자본이득에 대한 과세가 확대되며 동시에 금융투자상품 간 손익통산 및 손실의 이월공제도 도입될 전망이다.[10]

노동소득은 선(善), 자본소득은 악(惡)이라는 인식의 위험성

한국은 노동소득에 비해 자본소득에 대한 세율이 높은 국가에 속한다는 점을 설명하였다. 이러한 조세제도는 자본소득이 불로소득 성격을 갖는다는 점에서 긍정적으로 평가된다. 다만 노동소득은 '선善'이고, 자본소득은 '악惡'이라는 이분법적 사고는 자칫 자본주의 발전을 침해할 수 있어서 주의가 필요하다.

다음의 상황을 한번 생각해 보자. 상장기업 A사의 지분 50%를 보유하고 있는 최대 주주 홍길동이라는 사람이 있고, 나머지 지분 50%는 소수 주주에게 분산되어 있다. 이 기업이 여유 자금 100억 원을 보유하

그림 5.11 **최대 주주가 유보금 100억 원을 수령하는 두 가지 방법**

	근로소득으로 수령	배당소득으로 수령
(+) 수령액	100억 원	100억 원 × 지분율
(+) 법인세 절감 효과	100억 원 × 법인세율	없음
(-) 소득세 납부	종합소득과세로 실효세율에 큰 차이가 없음 (2019년 기준)	

주: 1. 50% 지분을 가진 최대 주주가 사내유보금 100억 원을 근로소득과 배당소득으로 수령할 경우의 득실을 계산한 결과임.
2. 배당으로 수령할 경우 100억 원에 지분율 50%를 곱한 50억 원만을 수령하며 나머지 50억 원은 외부 주주에게 배당됨.
3. 배당소득에 대해서는 배당세액공제가 적용되어 근로소득에 비해 실효세율이 낮지만 2019년 기준으로는 세율에 큰 차이가 없는 것으로 분석됨(다만 2020년부터 근로소득공제에 2000만 원 한도가 설정되어 세율 차이가 커질 수 있음).

고 있다고 가정했을 때 만약 홍길동이 이 100억 원을 본인 소유로 만들고 싶다면 그는 어떻게 해야 할까? 첫 번째 대안은 정정당당하게 배당을 하는 것이다. 이 경우 본인은 100억 원의 지분율 50%에 해당하는 50억 원만을 갖고, 나머지 50억 원은 외부 소수 주주에게 지급된다.

두 번째 대안은 홍길동이 기업 A와 연봉 100억 원의 근로계약을 체결하는 것이다. 이 경우 100억 원을 온전히 소유할 수 있다. 또한 배당과 달리 급여는 기업의 비용으로 인정되어 법인세까지 절감할 수 있다(〈그림 5.11〉 참고).[11] 이러한 상황에서 이 100억 원이 근로소득이라는 이유로 거기에 배당에 비해 낮은 세율을 적용한다면 도대체 누가 배당을 하려고 하겠는가?

예시를 통해 최대 주주가 '셀프 연봉 계약'을 이용해 회사와 소수 주주의 이익을 침해할 수 있음을 보았다.[12] 해외에서는 조세제도를 활용하여 이러한 부작용을 완화하기 위해 노력해 왔는데 다음과 같은 몇 가지 유형의 대응을 생각해 볼 수 있다. 첫 번째는 초超고소득자에 대한 추가 과세이다. 이는 프랑스 올랑드François Holland 대통령이 도입한 제도로, 임금이 100만 유로(약 13억 원)를 초과할 경우 그 초과분에 대해서 75%를 과세하는 것이다. 이 제도는 여론의 거센 반발에 부딪혀 도입 후 2년 만에 폐지되었지만 2021년 현재 50만 유로(약 6억 원)를 초과하는 임금에 대해 4%를 추가로 과세하는 제도는 유지되고 있다.

두 번째는 북유럽의 이원소득세제로, 노동소득에 대해서는 고율의 누진세로, 자본소득에 대해서는 낮은 단일세율로 과세하는 것이다. 자본소득에 대해 낮은 세율을 부과하여 해외 자본을 끌어들일 수 있고, 근로 계약을 악용한 조세 회피 유인이 적어 세수 확보에도 유리하다는 장점이 있다.

배당소득세를 줄이고 법인세를 인상하는 대안도 유사한 논리에 근거한 제도이다. 근로 계약을 악용하여 배당소득세를 회피하기는 쉬워도 법인세를 회피하는 것은 어렵다는 점에 초점을 맞춘 정책이다. 다만 〈그림 5.11〉에서 보듯이 법인세가 높아지면 노동비용의 법인세 절감 효과도 커질 수 있어 오히려 근로 계약 이용의 인센티브가 강화되어 의도한 효과를 거두지 못할 가능성이 있다.[13] 마지막으로 일정 금액을 초과하는 경영자의 급여를 법인세법상 비용으로 인정하지 않는 방안이다. 이는 많은 선진국에서 도입한 제도이다.

법인세와 배당소득세의 이중과세 조정 문제

여러분이 어떤 법인의 주주라고 가정해 보자. 100억 원의 이익을 창출하여 법인세를 납부하고 남은 잉여금을 배당하려고 했더니, 정부에서 세금을 또 내라고 한다. 배당소득에 대한 소득세를 납부하라는 것이다. 이렇듯 기업의 이익 100억 원에 대해서 법인세와 배당소득세가 이중으로 부과되는 문제가 발생한다.

한국은 법인세와 배당소득세의 이중과세를 완화하기 위하여 배당세액공제제도를 채택하고 있다.[14] 배당세액공제제도를 정확하게 이해하기 위하여 〈그림 5.12〉를 보자. 먼저 어느 기업이 이익 100을 창출하여 이익의 27.5%를 법인세로 납부하였다.[15] 세후 이익 72.5를 전액 배당한다면, 소득세율 46.2%가 적용되어 33.495의 소득세를 납부할 것 같지만 실제로는 그렇지 않다. 세후이익 72.5를, 법인세를 납부하지 않았다고 가정한 금액으로 조정gross-up하여 소득세를 부과한 후 법인세

그림 5.12 배당세액공제제도 계산 방식

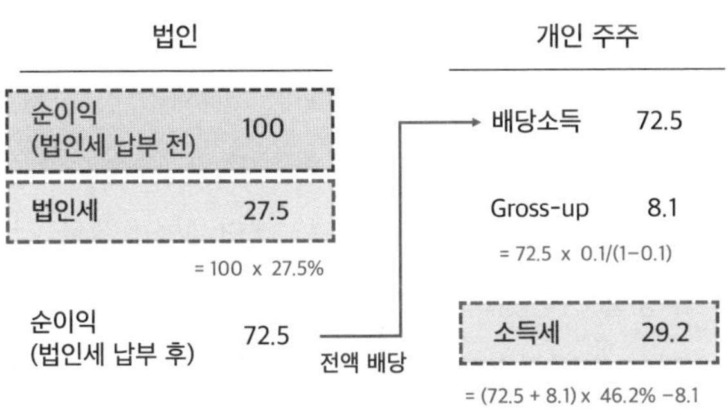

납부액만큼 소득세를 차감해 준다.

배당세액공제의 문제는 이중과세 금액을 실제 기업이 부담한 법인세율이 아닌 10%라는 가상의 법인세율을 적용하여 계산한다는 점이다. 법인세가 이익 규모에 따라 10/20/22/25%로 세율이 높아지는데 가장 낮은 세율인 10%를 가정하여 이중과세를 조정하고 있는 것이다. 이는 불완전한 이중과세 조정이다.

그렇다면 우리나라는 법인세와 배당소득세의 이중과세를 적절한 수준에서 조정하고 있는 것일까? 이중과세 조정 수준을 해외 선진국과 비교해 보면 꽤 높은 수준의 조정이 이루어지고 있음을 알 수 있다. 한국의 이중과세 조정 수준을 계량화해 보면 최고세율이 약 17% 정도 인하되는 효과가 있는데, 이는 G7 선진국 중 캐나다 다음으로 높은 수치이다.[16]

또한 법인세와 배당소득세의 이중과세를 완벽하게 해소하는 것은 논리적으로도 타당하지 않다. 법인세 부담의 일부는 임금소득자에게 전가되기 때문이다. 과거 연구에 따르면 법인세 부담의 약 20~25%가 근로자에게 전가되는 것으로 분석된다.[17] 따라서 이론적으로도 법인세의 약 75~80%만을 조정해 주는 것이 타당하다.

〈표 5.1〉은 중소기업, 중견기업, 대기업의 세 가지 기업 유형별 이중과세 조정 수준을 비교한 결과이다. 분석 결과, 중소기업은 법인세의 85%, 중견기업은 71%, 대기업은 65%를 배당세액공제로 감면받고 있다. 물론 각 유형별 평균치로서, 이론적으로 법인세의 약 75~80% 수준을 감면하는 것이 타당하다고 할 때, 중소기업은 과도하게 감면받고 있고 대기업과 중견기업은 너무 적게 감면받고 있다.

표 5.1 **법인 유형별 이중과세 조정 비율 계산**

구분	산식	중소기업	중견기업	대기업
순이익 (법인세 납부 전)	A=100 가정	100	100	100
법인세 납부액 (유형별 실효세율)	B=A×유형별 법인세율	13	18	22
세후 순이익 (전액 배당)	C=A−B	87	82	78
그로스업(Gross-up) (배당소득의 11.1%)	D=C×11.1%	9.7	9.1	8.7
소득세 납부액 (최고세율 42%)	E=(C+D)×42%−D	30.9	29.2	27.7
법인세와 소득세 합산 세율 (%)	F=(B+E)/A	44%	47%	50%
이중과세 조정	G=(유형별 법인세율+42%)−F	11%	13%	14%
법인세 대비 이중과세 조정 비중	H=G/유형별 법인세율	85%	71%	65%

주: 1. 국세만을 고려함.
2. 유형별 법인세 실효세율은 2019년 실제 데이터를 사용하고, 소득세 납부액은 2019년 최고세율 42%를 적용함(배당소득이 있는 고소득자들은 일반적으로 다른 소득도 많은 경향이 있어서 한계세율 개념의 최고세율을 적용하였으며, 만약 실효세율을 적용할 경우 이중과세 조정 비율이 2~3% 정도 하락함).

자료: 저자 추정치

이제 지금까지의 논의를 정리해 보자. 한국은 배당세액공제를 통해 법인세와 배당소득세의 이중과세를 조정하고 있는데, 이와 관련해서는 최소한 두 가지 문제를 짚고 넘어갈 필요가 있다. 먼저 법인세와 배당소득세를 함께 고려한 합산세율은 해외 선진국 대비 매우 높다. 이 결과가 선진국 대비 이중과세 조정 비율이 너무 작기 때문에 발생한 것은 아니다. 한국의 소득세가 배당소득에 대해 높은 누진세율을 적용하고 있다는 것이 보다 근본적인 원인이다. 물론 이 세율 수준이 '과도한 수준'인가에 대한 논쟁은 이 책의 범위를 벗어난다. 어떤 가치를 중시하는가에 따라 판단이 달라질 수 있기 때문이다.

두 번째는 법인세와 배당세액공제 제도 간 정합성에 대한 문제이다. 해외 선진국은 대부분 법인세를 단일세율로 부과하고 있지만, 한국은 강한 누진세를 적용하고 있다. 그럼에도 불구하고 배당세액공제를 통한 이중과세 조정은 법인세의 누진성을 고려하고 있지 않으며, 모든 기업에게 동일한 공제율이 적용된다. 따라서 낮은 세율 구간에 있는 기업들은 과도한 혜택을 입고, 높은 세율 구간에 있는 기업들은 정당한 대가를 받지 못하는 결과가 발생한다. 만약 법인세의 강한 누진성을 유지하고자 한다면 배당세액공제도 법인세 실효세율을 고려하여 차등 적용할 필요가 있다.[18]

소득세 열거주의와 금융투자소득

앞에서 언급한 바와 같이 소득세는 법에 나열된 소득에 대해서만 과세하는 열거주의를 채택하고 있다. 현재 「소득세법」은 이자, 배당,

사업, 근로, 연금, 기타, 퇴직, 양도 소득이라는 여덟 가지 소득을 나열하고 있다. 이 열거주의 과세 방식으로 인해 경제적 이익이 발생하였음에도 불구하고 납세 의무가 발생하지 않는 경우가 발생한다. 특히 금융 상품의 경우에 이러한 문제가 심각하다. 동일 또는 유사한 경제적 실질을 갖고 있는 금융 상품 간 과세 형평성이 저해되는 문제가 발생하는 것이다.

최근 금융 상품의 설계 기술이 발전하여 주식에서 발생하는 배당소득을 양도소득으로 전환하거나 반대로 양도소득을 배당소득으로 전환하는 것이 가능해졌다. 문제는 배당소득과 양도소득에 적용되는 세율 등이 다르다는 점이다. 이자소득의 경우에도 유사한 문제가 발생한다. 현행 「소득세법」에 따르면 금융 상품을 가입할 때의 환율과 만기 시의 환율의 차이로 인해 발생하는 '환차익'은 원칙적으로 과세 대상 소득이 아니다. 따라서 증권사는 이자소득을 환차익으로 전환하여 절세가 가능한 금융 상품을 개발하게 된다.

이러한 문제 때문에 많은 전문가들은 이자, 배당, 양도 소득 등 다양한 금융소득을 통합하여 '포괄 과세' 하는 방향으로 나아가야 한다고 주장한다. 이는 금융 상품에서 발생한 모든 경제적 이익을 통합하여 동일한 세율을 적용하자는 주장이다.

이에 따라 정부는 결국 각계 비판을 수용하여 금융투자소득세를 신설하기로 결정하였다. 2020년 12월 국회를 통과한 「소득세법 개정안」에 따르면 2023년 1월 1일부터 금융투자소득세가 신설된다. 주식, 채권, 파생상품 등 원금 손실 가능성이 있는 금융 투자 상품 일체를 과세 대상에 포함시키고, 각 상품 간 손익 통산 및 결손금 이월공제를 허용하며, 세율이 통일되고, 퇴직소득·양도소득처럼 '분류과세'될 예정이다. 금융투자소득세의 신설로 인해 여러 가지 금융소득 간 과세 형평성이 개선될 것으로 전망된다.

한국의 소득세는 조세감면 규모가 과도하게 크다

앞서 '넓은 세원, 낮은 세율'이 효율적인 조세제도의 황금률이라고 설명하였다. '넓은 세원, 낮은 세율'을 달성하기 위해서는 각종 소득공제, 세액공제 등 조세감면을 줄이는 대신 세율은 인하하여야 한다. 조세감면(소득공제, 세액공제 등)이 늘어나면 한계세율과 평균세율 간 격차가 벌어진다. 한계세율이 높을수록 조세가 경제 주체의 선택을 왜곡하게 되고, 평균세율이 낮을수록 조세수입이 감소하게 되므로 이 둘의 격차가 큰 것은 바람직하지 않다.

세제감면은 다른 말로 '조세지출'이라고도 한다. 정부가 특정 정책 목표를 달성하기 위해 요건을 갖춘 납세자의 세금을 감면해 주는 제도의 효과가 실질적으로 재정지출의 효과와 같다고 하여 붙여진 이름이다. 한국의 조세지출은 2019년 50조 1000억 원에 달하며 그중 30조 6000억 원은 소득세에서 발생한다. 또한 소득세 조세지출 규모는 매년 큰 폭으로 증가하고 있다.

그렇다면 한국의 조세지출 규모는 적정한가? 기존 연구들에서는 이 질문에 대한 답을 찾기 위해 한국과 해외 여러 선진국의 조세지출 규모를 비교하였다. 한국을 포함한 여러 선진국들은 매년 조세지출 규모를 발표하고 있는데 이것을 직접 비교해 보면 한국은 선진국 대비 조세감면이 적은 것으로 분석된다. 그러나 국가마다 '조세지출'의 정의가 다르기 때문에 이러한 분석 방법에는 명확한 한계가 있다. 예를 들어 한국의 경우 특정한 정책 목표를 달성하기 위한 감면이 아닌 '본인공제', '근로소득공제' 등의 항목들은 모두 조세지출에서 제외되어 있다.

세계 각국이 발표한 조세지출 규모를 직접 비교해 보는 것은 조세지출의 통일된 정의가 부재한 상황에서 큰 의미가 없을 수 있으며, 그보다는 한계세율과 평균세율의 차이를 비교하는 것이 합리적이다. 이론적으로 조세지출이 부정적인 이유는 한계세율과 평균세율 간 격차를 확대하여 조세를 비효율적으로 만들기 때문이다. 따라서 조세지출의 규모를 직접 비교하는 것보다 한계세율과 평균세율의 차이를 비교하는 것이 논리적으로도 더 타당하다.

〈그림 5.13〉은 OECD 회원국들의 한계세율과 평균세율 간 격차를 분석한 결과이다. 가로축은 한계세율 대비 평균세율, 세로축은 평균세율 수준을 보여준다. 비교 대상 국가 중에서는 덴마크가 한계세율 대비 평균세율이 가장 높다. 덴마크는 다른 선진국과 달리 사회보험을 소득세로 충당하고 있는데 그러다 보니 전체 조세수입에서 소득세가 차지하는 비중이 다른 나라에 비해 월등히 크다. 이것은 소득세 제도가 효율적이기 때문에 가능하다.

한국은 한계세율과 평균세율 간 괴리가 가장 큰 국가 중 하나이며, 이는 효율성 관점에서 부정적으로 평가된다. 한국의 소득세는 한계세율이 높기 때문에 납세자들이 매우 높은 세율을 부담하고 있다고 착각하게 만든다. 당연히 세율인상에 대한 조세저항도 크고 근로의욕도 저하된다. 반면 평균세율은 낮아 조세수입은 작은 규모에 머무를 수밖에

그림 5.13 **평균세율과 한계세율 대비 평균세율**

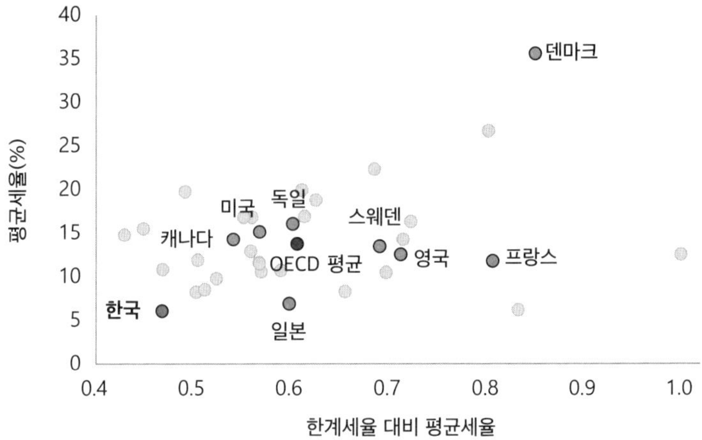

주: 자녀가 없는 단독세대 평균소득자 기준임(독신, 무자녀).
자료: OECD Tax Wedge(2020)

없다. 향후 한계세율과 평균세율 간 격차를 줄이기 위한 정부의 노력이 필요하다.

5.4

소득세의 일반적인 효과

한국의 소득 불평등 수준

대부분의 국가는 소득세, 법인세, 부가가치세, 사회보장기여금의 네 가지 세목에 재정수입을 의존한다. 이 중에서 소득세가 가장 누진적이기 때문에 소득세는 소득 불평등 및 양극화와 깊은 관련이 있다. 여기에서는 소득세가 소득 불평등에 어떠한 영향을 미치는지를 중심으로 소득세의 일반적인 효과를 설명하기로 한다.

〈그림 5.14〉는 한국을 포함한 주요 선진국의 소득 불평등 수준을 보여준다. 그림에서는 두 가지 지표를 통해 소득 불평등을 측정하였는데, 첫 번째 지표는 소득 상위 1% 계층의 소득이 전체 소득에서 차지하는 비중이다. 한국은 2019년 기준 상위 1% 소득자가 전체 소득의 약 13.2%를 보유한 것으로 조사되었다. 비교 대상 주요 선진국 중 미국과

그림 5.14 주요 선진국의 소득 불평등 지수

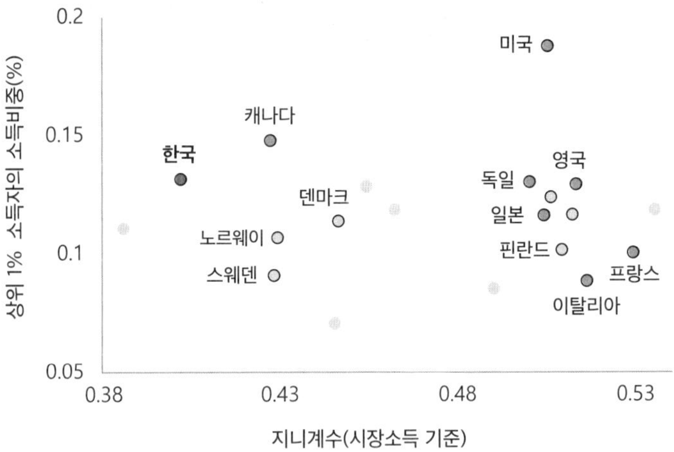

주: 상위 1% 소득자의 소득 비중은 World Top Incomes Database의 2019년 자료를 사용하였으며, 지니계수는 OECD에서 가장 최근 연도(2014~2018년) 자료를 활용함. 두 지표 모두 시장소득 기준의 불평등 지수임.

자료: World Top Incomes Database(2019); OECD(2014; 2015; 2016; 2017; 2018)

캐나다 다음으로 높은 수치이다.

소득 불평등을 측정하는 두 번째 지표는 지니계수이다. 지니계수는 0에서 1사이의 값을 가지며, 소득분배가 완전 평등할 경우 0, 완전 불평등한 경우 1의 값을 갖는다. 즉 지니계수가 클수록 불평등한 사회이다. 그림에서 한국의 지니계수는 0.402로 비교 대상 선진국 중 거의 가장 낮다. 이 수치만으로 본다면 한국의 소득 분배는 양호한 수준이다.

한국의 경우, 소득 불평등을 측정하는 두 지표가 상당히 다른 현실을 보여준다. 첫 번째 가능한 설명은 사회 전반적인 소득 불평등은 선진국 대비 크지 않지만, 상위 1% '슈퍼리치' 계층에의 소득 집중도는 매우 크다는 것이다. 두 번째 설명은 두 통계치 중 어느 하나가 부정확하다는 것이다. 고소득층의 소득은 표본 수가 적어서 오차가 발생하기 쉽다.

위 두 가지 설명 중 어느 쪽이 타당한지에 대해서는 추가적인 연구가 필요하다. 다만 여기에서는 상위 1% 계층에의 소득 집중도에 초점을 맞추어 이후 논의를 진행하고자 한다. 먼저 소득세가 상위 1% 소득 집중도에 미치는 영향에 관한 해외 연구를 소개한 후 한국의 소득세율을 해외 선진국과 비교해 보고, 그 분석 결과에 대한 함의를 도출해 보자.

소득세 최고세율이 증가하면 최상위 계층에의 소득 집중도는 감소한다

소득세 최고세율과 소득 불평등 간에는 매우 강한 음(−)의 상관관계가 존재한다. 그것은 소득 불평등 지표 중에서 특히 최상위 계층에의 소득 집중도와 밀접한 관련이 있다. 먼저 국내에도 널리 알려진 토마 피케티 교수와 동료 학자들의 연구를 통해 소득세와 소득 불평등 간의 관계를 살펴보자.

피케티 교수는 이 연구에서 소득세 최고세율과 상위 1% 계층에의 소득 집중도 간 뚜렷한 음(−)의 상관관계가 있음을 보여주었다.[19] 〈그림 5.15〉는 18개 선진국의 소득세 최고세율과 상위 1% 소득 집중도이

그림 5.15 **소득세 최고세율과 상위 1% 소득 집중도**

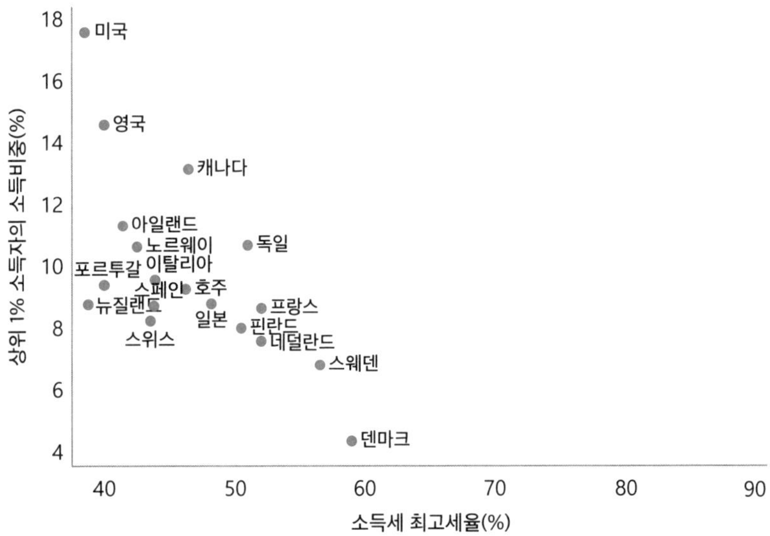

주: 두 변수의 2005~2009년 값 간의 관계임.
자료: Piketty et al.(2014)[20]

다.[21] 데이터가 집계된 2000년대 중후반 당시 소득세율이 낮았던 미국에서는 상위 1% 계층의 소득이 전체 소득의 약 18%에 달하였던 반면 소득세율이 높은 덴마크, 스웨덴의 경우, 소득 집중도가 현저히 낮았음을 볼 수 있다.

피케티 교수는 이러한 현상이 나타나는 이유 중 하나로 소득세 최고세율의 인상이 초고소득 근로소득자의 연봉 증가를 억제하기 때문이라고 설명한다. 〈그림 5.16〉은 13개 선진국 소재 상장 기업의 최고경영

그림 5.16 **소득세 최고세율과 CEO 연봉**

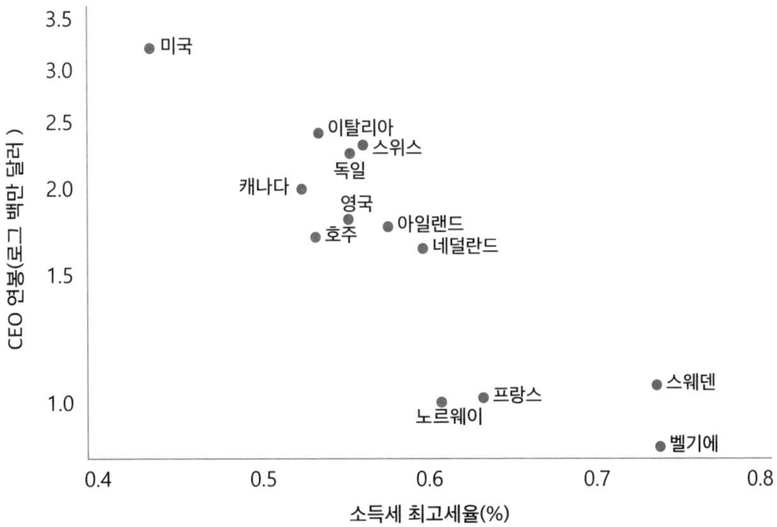

주: 데이터가 존재하는 13개 선진국에 대해서만 분석함.
자료: Piketty et al.(2014)[22]

자CEO 연봉과 소득세 최고세율 간의 관계인데, 상당히 뚜렷한 음(−)의 상관관계가 관찰된다.

앞서 초고소득 노동소득에 대해서 낮은 세율을 적용하는 조세제도는 큰 부작용이 있을 수 있다고 설명하였다. 경영자가 기업 성과를 주주들에게 배당하지 않고 '셀프 연봉 계약'을 통해 막대한 근로소득을 챙기는 행위는 자본주의 정신을 훼손하는 행위이다. 피케티 교수의 연구는 소득세 최고세율의 인상을 통해서 이러한 부작용을 완화할 수 있음을 보여준다.

소득세 최고세율이 인상되면, 경영자가 막대한 '셀프 연봉 계약'을 통해서 얻을 수 있는 이익이 현저히 감소한다. 앞에서 프랑스 올랑드 대통령이 지난 2014년 임금이 100만 유로(약 13억 원)를 초과할 경우, 그 초과분에 대해서 75%를 과세하는 제도를 도입하였다고 하였는데, 그 제도의 직접적인 목적은 100만 유로를 초과하는 임금을 지급하지 말라는 것이었다.

이렇듯 소득세 최고세율의 인상은 경영자의 왜곡된 인센티브를 완화하고 소득 불평등을 줄이는 효과가 있다. 피케티 교수의 연구를 한국의 소득세제에 적용한다면, 초고소득 근로소득자에 대한 추가 세금surtax의 도입을 고려할 수 있다. 바로 프랑스식 해법이다. 또 다른 해결책은 역설적이게도 배당소득세를 인하하는 것이다. 이 경우 경영자들이 여론의 비판을 무릅쓰며 천문학적인 급여 계약을 체결할 필요가 줄어든다. 그냥 배당을 하면 되기 때문이다. 이것이 스웨덴식 해법이다.

5.5 근로장려금과 부의 소득세

근로장려금이란?

한국 소득세의 조세지출(조세감면) 규모가 지나치게 크다는 것은 앞에서 이미 설명하였다. 2019년 기준 조세감면은 총 50조 원이고, 그중 약 30조 원은 소득세에서 발생하였다. 특히 이 30조 원 중 약 3조 8000억 원(2019년 예산 기준)이 근로장려금인데 최근 몇 년간 그 금액이 빠르게 증가하고 있다.

근로장려금은 근로장려세제Earned Income Tax Credit, EITC라고도 불리며, 저소득 근로자 또는 사업자(전문직 제외) 가구를 지원하는 제도이다. 1970년대에 미국에서 도입되었으며 한국은 2009년부터 시행하고 있다. 세대의 가구원 구성과 급여액 등을 기준으로 지원 금액을 산정하며, 2019년 기준 연간 최대 지급액은 300만 원이다.

근로장려금은 조세감면이라기보다 복지제도에 가깝다. 저소득 근로자의 경우 근로장려금 수령액을 고려하면 근로소득 실효세율이 음수가 된다. 세금을 납부하는 것이 아니라 오히려 정부로부터 보조금을 수령하는 것이다. 이러한 실상에도 불구하고 근로장려금은 현재 복지제도가 아닌 조세감면, 즉 조세지출로 관리되고 있다.

다만 근로장려금은 저소득 근로자와 자영업자 가구에게 '근로를 조건으로' 지급된다는 점에서 일반적인 복지제도와 다르다. 다른 복지제도의 경우 근로를 할 경우 대상자에서 오히려 제외되는 경우가 많아서 수급자의 근로의욕을 저하시킨다는 비판을 받아 왔다. 예를 들어 실업급여는 '실업을 조건으로' 복지를 제공한다는 관점에서 근로장려금과 대비된다. 과도한 복지 혜택은 도덕적 해이moral hazard를 야기한다는 비판을 받기 쉽지만, 근로장려금은 이러한 비판에서 자유롭다. '근로'라는 사회적으로 긍정적인 행위를 조건으로 지급되기 때문이다.

근로장려금과 부의 소득세 비교

근로장려금과 비교되는 제도로 '부負의 소득세 또는 음(−)의 소득세Negative Income Tax, NIT'가 있다. 이 두 제도의 특징을 보다 정확하게 이해하기 위하여 정치권에서 많은 관심을 받고 있는 '기본소득제'와 비교해 보자. 기본소득제란 정부가 모든 사회 구성원에게 '아무 조건 없이' 정기적으로 소득을 지급하는 제도를 말한다. 이 경우 재산과 소득의 유무, 근로 여부와 관계없이 보조금을 지급한다.

그런데 부의 소득세는 소득이 일정 수준 이하여야만 보조금을 받을 수 있다는 점에서 기본소득과 다르다.[23] 소득이 기준선에 미달하는 계층에게 정부가 보조금을 지원할 때 이 보조금을 '음(-)의 소득세' 또는 '부負의 소득세'라고 부른다. 부의 소득세가 근로장려금과 다른 점은 근로를 조건으로 지급되는 것이 아니라는 점이다. 소득이 일정 수준에 미달하기만 하면 수령할 수 있다. 물론 소득이 전혀 없어도 지원받을 수 있다.

근로장려금은 앞서 설명하였듯이 소득이 일정 수준에 미달하고 근로(자영업 포함)에 참여해야 지원받을 수 있다. 근로에 참여하기 어려운 노인이나 장애인은 지원 대상이 될 수 없다는 점에서 근로장려금은 기존 복지제도를 대체하기보다 일부 보완하는 성격을 갖고 있다. 반면 부의 소득세는 기존 복지제도의 많은 부분을 대체할 수 있는 잠재력을 갖고 있다.[24]

〈그림 5.17〉은 두 제도의 효과를 그림으로 표현한 것이다. 가로축은 사회 구성원들이 시장에서 창출한 소득(시장소득)이고, 세로축은 부의 소득세 또는 근로장려금을 지급받은 후의 소득(가처분소득)이다. 부의 소득세는 일정 수준 이상의 가처분소득을 보장하는데, 예를 들어 1년에 1000만 원을 보장한다면, 무소득자는 정부로부터 1000만 원을 지원받는다. 그리고 시장소득이 늘어나면 이 1000만 원의 정부 보조금이 점차 감소한다. 다만 시장소득과 정부 보조금의 합은 완만하게 증가하도록 설계된다. 시장소득이 일정 수준을 초과할 경우 정부 보조금은 더 이상 지급되지 않는다.

근로장려금은 무소득자에게는 지급되지 않는다. 근로를 하지 않기 때문이다. 또한 근로소득이 발생하더라도 소득이 매우 적은 경우, 지원

그림 5.17 **부의 소득세와 근로장려금**

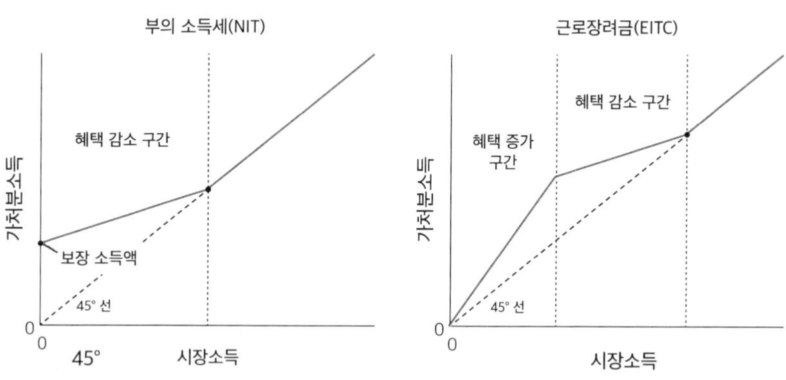

금액은 많지 않다. 정부 보조금을 수령할 목적으로 1년에 1~2개월만 일하는 사람들을 걸러내기 위함이다. 근로소득이 일정 수준을 초과하면 근로장려금 혜택을 온전히 누릴 수 있다. 그 후 소득이 다시 일정 수준을 넘어서면 부의 소득세와 마찬가지로 정부 보조금이 감소한다. 그러나 근로소득과 정부 보조금의 합은 보조금 감소에도 불구하고 증가하도록 설계되어 있다.

근로장려금과 부의 소득세: 어떤 제도가 더 나은 제도인가?

근로장려금과 부의 소득세는 서로 유사한 특징이 있어서 1990년대 후반부터 자주 비교의 대상이 되어 왔다. 그렇다면 두 제도에 대한 학계의 평가는 어떠한가? 이 둘을 비교함에 있어서 핵심은 과연 사회 구성원들의 경제 활동 참여 의사가 복지제도에 얼마나 민감하게 반응하는지 여부이다. 근로장려금은 사회 구성원의 근로 참여를 유도하는 반면 부의 소득세는 근로의욕을 저하시킨다.[25] 둘은 정반대 효과가 있다. 근로장려금은 전통적인 복지제도에서 발생할 수 있는 도덕적 해이 문제를 발생시키지 않고 오히려 경제활동 참여를 장려하기 때문에 부의 소득세보다 유리한 것으로 평가받는다.[26]

다만 근로장려금이 갖고 있는 단점도 있다. 첫째, 저소득층 입장에서 보면 근로장려금보다 부의 소득세가 유리하다. 근로장려금은 사회 구성원의 경제 활동 참여를 유도하기 때문에 더 많은 사람들이 구직 활동에 참여하여 시장 임금이 하락할 수 있다. 물론 임금이 하락하더라도 근로장려금 수령액을 합산하면 기존 임금보다는 더 많은 소득을 누릴 수 있지만 부의 소득세에 비해서는 상대적으로 저소득층에게 돌아가는 혜택이 적을 수 있다는 뜻이다.

그런데 근로장려금 제도하에서 시장 임금(근로장려금 수령 전 금액)이 하락할 수 있다는 사실을 꼭 부정적으로 볼 필요는 없다. 바로 고용이 증대되기 때문이다. 임금이 하락한다는 뜻은 근로장려금 혜택의 일부가 고용주(기업)에게 귀속된다는 것이다. 이 경우 고용주(기업)는 저소득층을 많이 고용할수록 더 많은 혜택을 받게 된다. 그것은 마치 정부가 기업들로 하여금 저소득층을 적극적으로 고용하도록 인센티브를 제공하는 꼴이다. 근로장려금을 통해 결국 저소득 근로자, 소상공인, 중소기업 모두에게 수혜가 돌아간다.[27]

둘째, 근로장려금이 부의 소득세보다 유리하다는 결론은 '사회 구성원들이 노력하면 일자리를 찾을 수 있다'라는 사실이 전제되어 있다.

일자리를 찾기 어려운 경제 위기 상황에는 근로장려금이 상당히 무력할 수 있다. 또한 일할 능력이 없는 사람(예를 들어 신체적 혹은 정신적 능력이 부족한 사람)은 그 혜택을 받을 수 없다. 따라서 근로장려금은 기존 복지 혜택을 대체할 수는 없는 제도이다.

셋째, 근로장려금은 복지제도 중에서 재정에 큰 부담을 주지 않는 제도이다. 사회 구성원의 노동 참가를 유도하여 근로소득이 발생하며 기업에도 도움이 되기 때문이다. 또한 정부의 소득세 수입이 증가하고 각종 복지지출이 감소한다. 가령 근로장려금은 근로자의 은퇴 시기를 늦추어 연금 지출을 절감할 수 있다. 해외 연구 결과에 따르면 근로장려금을 지출하면 그 지출액의 약 83%가 세수 증가 또는 복지지출 감소로 회수되었다.[28]

결론적으로 근로장려금과 부의 소득세 중 어느 제도가 유리한가? 기존 복지제도의 틀을 유지하고자 한다면 근로장려금을 확대하는 것이 단연 유리하다. 저소득층을 지원하고, 고용을 확대하며, 기업에게 유리할 뿐만 아니라 재정부담도 크지 않다. 반면 기존의 분절화된 복지제도에서 비롯되는 복지 사각지대를 축소하는 것이 목적이라면 부의 소득세가 낫다. 기존 복지제도를 부의 소득세로 전환하는 것이다. 이 경우 복지 사각지대는 축소되지만 기존 복지제도가 갖는 부작용은 계속 발생한다. 특히 기존의 복지제도를 그대로 유지한 채 부의 소득세를 도입할 경우, 제도의 분절화가 더욱 심화되어 '누더기 복지'가 될 수 있다.

두 가지 형태의 근로장려금: 미국식과 북유럽식

1970년대 미국이 근로장려금EITC을 도입한 이후, 세계 많은 나라에서 유사한 제도를 도입하였다. 그중에서 미국의 제도와 직접적으로 비교 가능한 제도를 도입한 국가만을 선별하여, 두 가지 기준에 따라 분류한 결과가 〈그림 5.18〉이다. 비교 대상 국가는 미국, 영국, 프랑스,

그림 5.18 근로장려금 유사제도의 보장 수준 국제 비교

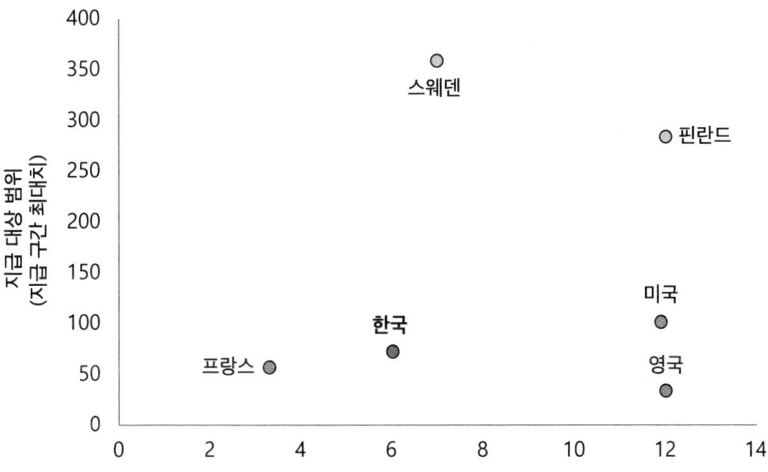

주: 1. 최대 지급액과 지급 구간 넓이(지급 구간 최대치) 모두 평균 임금 대비 비율(%)임.
2. 최대 지급액과 지급 구간 넓이 모두 다양한 가구원 구성 중 최대치를 지급하는 구성을 기준으로 함.
3. 한국, 미국, 스웨덴, 핀란드는 2021년 EITC, 영국은 2018년 Working Tax Credit, 프랑스는 2014년 Prime pour l'Emploi(PPE) 데이터임.
4. 미국은 연방정부 금액이며, 핀란드는 중앙정부와 지방정부 금액의 합계임.

스웨덴, 핀란드의 5개국이며, 분류 기준은 근로장려금 최대 지급액과 수혜대상 근로자의 최대 임금 수준이다. 모두 해당 국가의 평균 임금 대비 비율로 측정하였다.[29]

그림을 보면 근로장려금을 가장 적극적으로 도입한 국가는 미국, 영국, 스웨덴, 핀란드이다.[30] 시장주의를 지향하는 미국과 영국, 그리고 사회 민주주의의 영향을 받은 스웨덴과 핀란드가 동일한 제도에 관심을 갖는다는 사실이 흥미롭다. 다만 제도의 운영 방식은 사뭇 다르다. 미국과 영국은 선별복지에 가까워, 최대 지급액이 많은 대신 저소득층에게 지원이 집중된다.[31] 반면 스웨덴은 지급 금액은 그렇게 많지 않지만 매우 많은 수의 국민들이 그 혜택을 받고 있다. 보편 복지에 가깝다.

제도 운영 방식의 차이에도 불구하고 이들 국가가 공유하는 가치도 있다. 바로 근로의 가치를 중시한다는 점이다. 복지의 천국으로 알려진 스웨덴이야말로 '근로를 조건으로' 한 복지 혜택이 많다. 스웨덴은 유럽에서 근로장려금을 가장 적극적으로 도입한 국가이다. 근로장려금 등 '근로를 조건으로 제공하는 감면제도in-work tax credit'의 예산 규모가 OECD 회원국 중 가장 높다.[32] 2009년 기준 스웨덴의 근로장려금 예산은 GDP의 약 2.12% 수준이다. 반면 한국의 경우 근로장려금 예산이 최근 크게 증가하였음에도 2019년 기준 GDP의 0.2%에 불과하다.

스웨덴을 포함한 북유럽 국가 복지의 또 다른 특징은 보육 정책 등 가족복지제도가 잘 갖추어져 있다는 점이다(〈그림 5.19〉 참고). 그런데 북유럽의 가족 복지 혜택은 근로를 조건으로 제공된다. 서유럽 국가 중에서 북유럽 국가들만큼 영유아 보육에 많은 투자를 하는 국가로는 프랑스 정도를 거론할 수 있다. 그러나 북유럽 국가들과 프랑스의 보육

그림 5.19 **영유아 보육 및 출산 휴직 복지지출 국제 비교(2017년)**

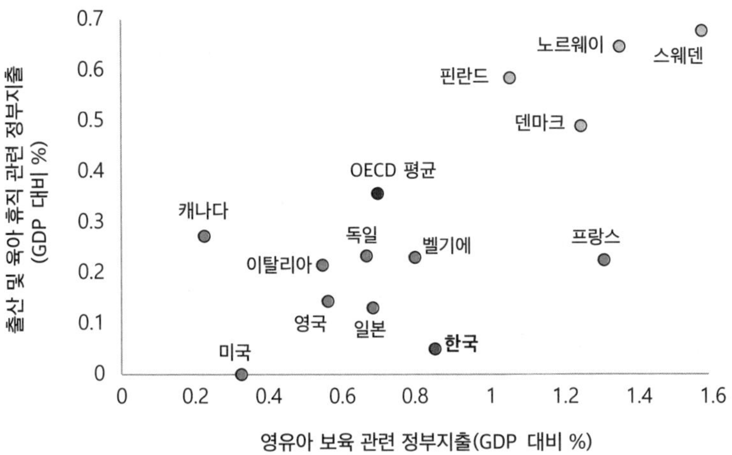

자료: OECD Social Expenditure Database

제도 간에는 큰 차이가 있다. 스웨덴은 원칙적으로 부모 모두가 근로를 해야만 혜택을 제공하는 반면, 프랑스는 부모 중 한 명만 근로를 해도 혜택을 제공한다.[33]

출산 및 육아 휴직에 대한 지원도 좋은 예이다. 스웨덴, 핀란드, 덴마크, 노르웨이 등 북유럽 국가들은 서유럽 국가들에 비해서 매우 관대한 육아휴직제도를 운영하고 있다. 그런데 그 혜택을 받기 위한 조건이 있다. 고용이 되어 있어야 하고, 고용 기간이 상당 기간 지속되었어야 한다.[34] '근로를 조건으로' 제공되는 복지 혜택은 북유럽 국가 복지의 중요한 특징 중 하나이다.

스웨덴 정부가 근로장려금이나 가족 관련 지출 등에 적극적으로

근로장려금 수혜자의 높은 만족도

근로장려금은 선별 복지이면서도 낙인 효과가 매우 적은 것으로 알려져 있다.[35] 근로장려금은 특히 자녀가 있는 가장들의 자긍심을 향상시키는 심리적 효과가 있다고 알려져 있다. 본인이 근로를 통하여 가족을 책임질 수 있다는 자부심을 갖게 되어 가장으로서 떳떳할 수 있는 것이다. 공공 부조와 같은 기존 복지 혜택은 부정적인 상황을 조건으로 지급되다 보니 수혜자들이 심리적으로 위축되는 경향이 있는 반면 근로장려금은 그와는 반대로 본인이 열심히 노력하면 가난에서 탈출할 수 있다는 희망을 줄 수 있는 대표적인 복지제도이다.

투자하는 이유 중 하나는 그것을 장래 세수 증대를 가져올 인적 투자로 인식하기 때문이다. 또한 그들의 복지 정책은 생산 증대와 경제 성장을 위한 포석의 의미도 갖고 있다. 프랑스 등 서유럽 국가와 차별화되는 북유럽형 복지제도의 중요한 특징이다.

북유럽 복지제도와 탈근로 유인 설계

북유럽 국가들이 영유아 보육 및 육아 휴직 등 가족 복지에 많은 재정 투자를 하고 있음을 설명하였다. 그리고 많은 가족복지지출이 근로를 조건으로 제공된다는 점에서 그들의 복지제도가 서유럽형에 비하여 '근로 조건형' 또는 '근로 유인형' 제도의 특징을 갖고 있다고 설명하였다.

'근로를 조건으로' 제공되는 복지의 반대 개념은 '실업을 조건으로' 제공되는 복지이다. 실업급여 등이 바로 여기에 해당된다. 북유럽 국가들의 경우 근로를 조건으로 제공되는 가족복지지출이 크지만, 동시에 실업급여 등의 혜택도 상당히 관대한 편이다. 이 두 가지 상반된 효과를 이해하기 위하여 '탈근로 유인disincentive to return to work'을 국가간 비교해 보자. 탈근로 유인은 실업자가 재취업할 경우 증가하는 세금과 감소하는 복지 혜택을 합산한 결과이다.[36]

그림 5.20 실업급여 혜택과 탈근로 유인

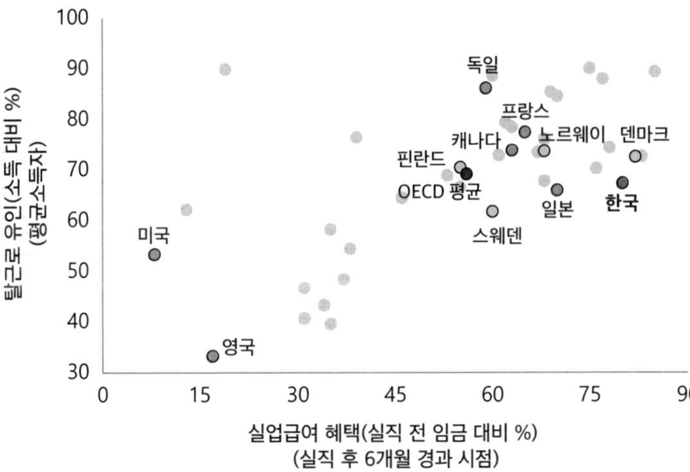

주: 실업급여 혜택은 실직 후 6개월 경과 시점을 기준으로 산정하였으며, 탈근로 유인은 평균 소득자 기준으로 산출함.
자료: OECD(2021); Financial disincentive to return to work

〈그림 5.20〉은 탈근로 유인과 실업급여 혜택 수준을 비교한 결과이다. 가장 먼저 눈에 띄는 점은 미국과 영국이 두 가지 기준에서 타 국가와는 확실한 차이가 있다는 점이다. 앞서 미국, 영국, 스웨덴, 핀란드가 모두 근로장려금을 적극적으로 도입하였다고 설명하였다. 그러나 이들 국가들의 실업급여 혜택은 상당히 다르다. 스웨덴, 핀란드는 실업급여 혜택도 관대한 반면, 미국과 영국은 그렇지 않다.

북유럽 국가는 관대한 실업급여에도 불구하고 탈근로 유인이 크지 않다. 참고로 그림에서 한국의 실업급여 혜택이 매우 높은 수준으로 나타났는데, 그 혜택의 지속 기간이 짧기 때문에 한국의 실업급여 혜택이 높은 수준이라고 보기는 어렵다. 반면 핀란드를 제외한 덴마크, 노르웨이, 스웨덴의 실업급여는 장기간 지속되는 특성이 있어서 그 혜택이 높은 수준임에도 탈근로 유인은 OECD 평균 수준을 유지하고 있다. 복지의 천국으로 알려진 스웨덴의 탈근로 유인은 한국보다도 현저히 낮다.

덴마크의 실업급여와 유연안전성

〈그림 5.21〉은 주요 선진국의 실업급여 혜택을 보여주는데, 실직 후 경과 기간에 따라 전반적으로 실업급여 혜택이 감소하는 것을 볼 수 있다. 특히 한국은 실직 후 6개월까지는 매우 관대한 혜택을 제공하지만, 1년 경과 시점부터는 혜택 수준이 OECD 평균에도 미달한다.

그림을 보면서 세계에서 가장 관대한 실업급여제도를 갖춘 덴마크를 주목해 보자. 한 가지 기억할 점은 덴마크는 고용이 매우 유연하다는 점이다. 정규직과 비정규직 모두 유연하여 고용주(기업)가 근로자를 쉽

그림 5.21 **실직 후 경과 기간에 따른 실업급여 혜택(2019년)**

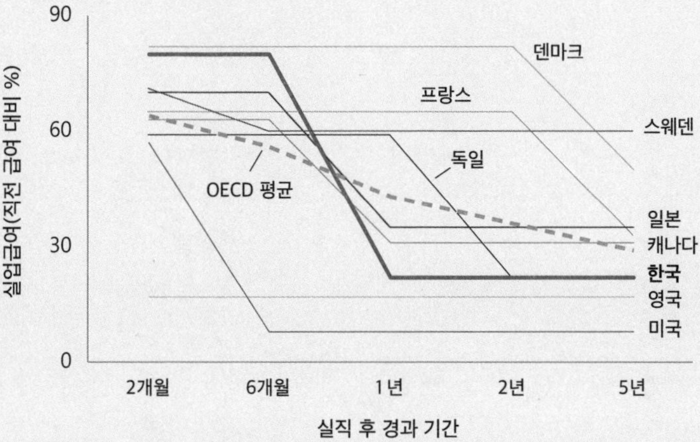

자료: OECD(2021); Benefits in unemployment

게 해고할 수 있기 때문에 근로자 평균 재직 기간이 매우 짧다. 이렇듯 관대한 실업급여와 유연한 고용 규제의 조합을 '유연안전성flexicurity' 이라고 하며, 이것은 덴마크 정책의 대표적인 특징 중 하나이다.

덴마크의 실업급여제도는 관대하지만 한편으로는 매우 까다롭다. 실직하면 2주 내 관련 기관에 이력서를 보내야 한다. 구직 활동 또는 재취업을 위한 교육에 적극적으로 임하지 않을 경우 혜택이 박탈될 수 있다. 재취업을 지원하는 '적극적 노동시장 정책active labor market policies' 에 대한 지출 규모 역시 세계에서 가장 크다(덴마크는 OECD 평균 대비 약 4배를 지출하며, 지출 규모 면에서 2위는 스웨덴, 3위는 핀란드이다).

CHAPTER

6

부가가치세

6.1 부가가치세의 원리

부가가치세는 경제적 부가가치에 대한 세금이다

부가가치세는 일종의 소비세이다. 부가가치세가 도입되기 이전에 존재했던 기존 소비세(또는 판매세)는 판매자가 소비자에게 제품을 판매할 때 세금이 발생하였는데 여기에는 조세 회피가 비교적 쉽다는 문제가 있었다. 판매자와 소비자가 공모하여 조세를 회피하려는 경우 조세 당국이 이를 파악하기가 쉽지 않았던 것이다. 이러한 문제를 해결하기 위해 1950년대 프랑스에서 최초로 부가가치세Value Added Tax, VAT가 도입된 이후 1960년대와 1970년대에 걸쳐 유럽 전역으로 확대되었다. 우리나라 역시 비교적 이른 시기인 1977년에 이를 도입하였다.

부가가치세의 핵심은 '재화 및 서비스의 생산 과정 각 단계마다 판매자에게 세금을 부과하는 대신 이전 단계에서 납부한 세금은 공제해 주는 것'이다. 세금을 최종 재화 및 서비스의 판매 시점이 아닌 각 단계마다 부과하여 조세 회피 문제를 해결한 것인데, 판매자는 소비자로부터 세금을 징수하여 이를 납부해야만 이전 단계에서 납부한 세금을 공제받을 수 있기 때문에 소비자와 공모하여 세금을 회피할 이유가 크지 않다.

그렇다면 다음의 사례를 통해 부가가치세를 보다 자세히 이해해 보자. 산림업을 영위하는 A사는 채취한 원목을 합판으로 가공한 뒤 가구회사 B사에 1000원에 납품하였다. B사는 구매액의 10%인 부가가치세 100원이 포함된 1100원을 A사에게 지불하고 합판을 구매한 다음 그것을 가구로 만들어 대리점 C사에 2750원에 판매했는데, 여기에도 역시 부가가치세 250원이 포함되었다. 마지막으로 가구 대리점 C사는 유통망을 통하여 최종 소비자에게 부가가치세 300원이 포함된 3300원에 가구를 판매하였다.

이 사례에서 A사는 B사로부터 징수한 세금 100원을 세무서에 납부한다. 반면 B사는 C사에게 판매하며 징수한 250원(매출세액)에서 A사에 납부한 100원(매입세액)의 차액인 150원만을 세무서에 납부한다. C사도 최종 소비자에게 징수한 300원(매출세액)에서 B사에 납부한 250원(매입세액)을 차감한 50원을 세무서에 납부한다.

정부는 이 생산 과정에서 총 300원의 세금을 징수하였다. 이 금액은 최종 재화의 판매 가격 3000원에 세율을 곱한 금액과 동일하다. 또한 최종 재화의 판매 가격 3000원은 이 생산 과정에서 창출된 부가가치의 총합이므로, 결국 창출된 부가가치의 10%를 세금으로 징수한 것이

그림 6.1 **부가가치세의 결정 원리**

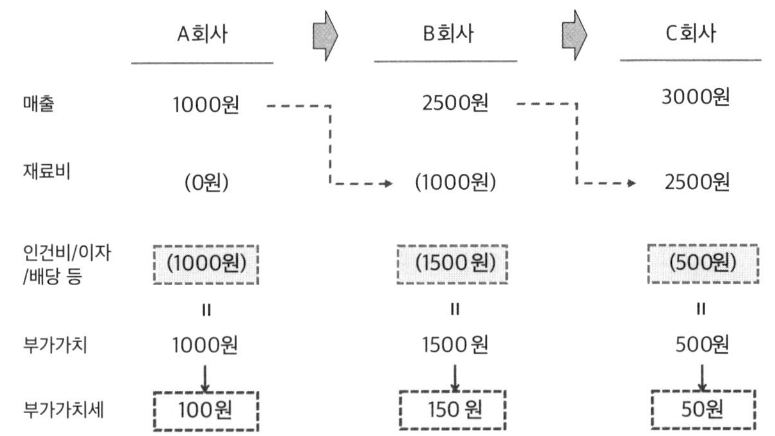

된다. 〈그림 6.1〉에서 보듯이 부가가치세는 결국 재화와 서비스의 생산 과정에서 창출된 부가가치에 대한 세금인 것이다.

부가가치세 부담은 대부분 소비자에게 전가된다

이상에서 부가가치세의 구조를 이해하였다면 다음으로는 과연 누가 이 세금을 부담하는 것인지 따져볼 필요가 있다. 위 사례에서 B사와 C사 모두 제품 매입 과정에서 지출한 100원과 250원을 각각 공제받았기 때문에 생산 과정의 중간에 위치한 사업자들은 결국 자신들이 납부한 세금을 모두 공제받았다. 그러나 최종 소비자는 300원의 세금을 부담하고도 전혀 공제받지 못했기 때문에 부가가치세는 최종 소비자만이 부담하는 것이라고 오해하기 쉽다.

그러나 오로지 최종 소비자만이 부가가치세를 부담하는 것은 아니다. 위 사례에서 만약 부가가치세가 없었을 경우 C사의 최종 소비자 가격이 3100원이었다고 가정해 보자. 만약 정부가 여기에 10% 세금을 부과할 경우, 가격을 인하하지 않으면 최종 소비자가 가구를 구매하지 않을 것으로 예상한 C사는 어쩔 수 없이 가격을 3000원으로 인하했을 수 있다. 이 경우 C사도 분명 부가가치세로 인해 이윤이 감소하였다.

결국 부가가치세의 부담은 최종 소비자와 중간 생산자를 포함한 모든 생산자들이 분담하는데, 다만 누가 얼마만큼 부담하는지는 제품 및 서비스의 종류에 따라 다르다. 가격이 인상되어도 수요가 유지되는 필수재의 경우 최종 소비자의 부담이 클 것이다. 판매자가 가격을 쉽게 올릴 수 있기 때문이다. 반면 가격에 민감한 사치재의 경우에는 판매자의 조세부담도 상당할 수 있다.

결국 부가가치세를 누가 부담하는지는 조세 부과 전후로 가격이 어떻게 변화하는가를 통해 유추할 수 있다. 앞서 든 예와 같이 부가가치세가 없을 때 3000원에 판매되는 제품을 상상해 보자. 어느 날 정부가 부가가치세 10%를 부과하였음에도 부가가치세를 포함한 가격이 3000원 그대로 유지되었다면 생산자가 모든 부담을 지게 되는 상황인 반면, 부가가치세를 포함한 가격이 3300원으로 올랐다면 모든 부담이 소비자에게 전가된 상황인 것이다.

과거 연구 결과를 보면 부가가치세는 대체로 생산자보다 소비자가 부담하는 몫이 훨씬 크다.[1] 또 한 가지 흥미로운 사실은 부가가치세 인하와 인상의 효과가 각기 다르다는 사실이다. 부가가치세가 인하되더

그림 6.2 **핀란드의 부가가치세 인하 및 인상 사례**

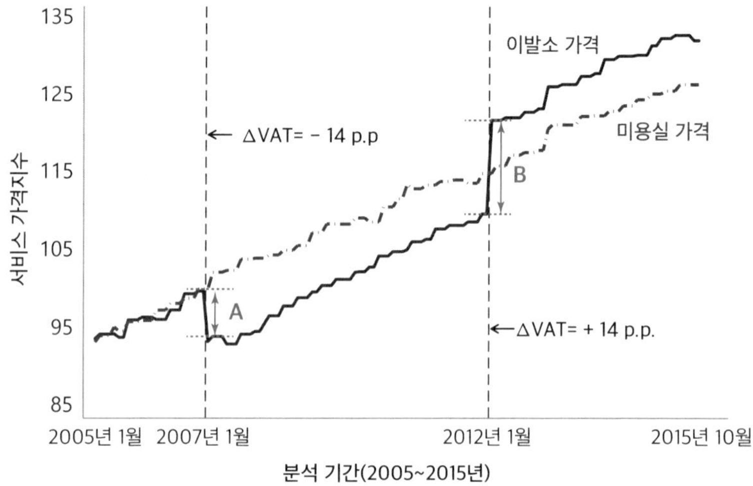

자료: Benzarti et al.(2020)[2]

라도 상품 가격은 충분히 떨어지지 않지만, 부가가치세가 인상되면 그 가격이 크게 상승한다. 부가가치세가 인하될 때는 그 혜택이 소비자에 충분하게 돌아가지 못하는 반면, 그것이 인상될 때는 대부분의 세금부담이 소비자에게 전가되는 것이다.

〈그림 6.2〉는 부가가치세 변화의 효과를 시각적으로 보여주고 있다. 핀란드 정부는 2007년 1월에 이발소hairdressers 서비스에 부과되던 22% 부가가치세를 14% 포인트 인하하여 8%로 변경하였다가, 2012년 1월에 다시 14% 포인트 인상하여 원상 복구 시켰다. 그러나 이 과정에서 그와 유사한 서비스인 미용실beauty salons에 적용되는 부가가치세에

는 변화가 없었다. 그림에서 보듯이 부가가치세가 인하될 때의 가격 하락 폭(A)보다 부가가치세가 인상될 때 가격 상승 폭(B)이 약 두 배 정도 크다. 세율이 변화한 후 결국 이발소 가격이 미용실 가격보다 높아져 버렸다.

기존 연구의 분석 결과를 요약하면 다음과 같다. 첫째, 부가가치세 부담은 대체로 소비자에게 전가된다. 상품 및 서비스 종류에 따라 차이는 있지만 조세부담의 약 60~80% 또는 그 이상이 소비자에게 전가되는 것으로 추정된다. 둘째, 부가가치세가 인하되어도 상품 및 서비스 가격은 그다지 하락하지 않지만, 부가가치세가 인상되면 가격이 큰 폭으로 상승한다. 셋째, 부가가치세율을 자주 변경하는 것은 결국 물가 인상과 소비자의 부담 증가로 귀결될 수 있다.

6.2 부가가치세 부담 수준 국제 비교

한국의 부가가치세율은 OECD 평균의 절반 수준이다

그렇다면 한국의 부가가치세 부담은 해외 선진국과 비교해 어떤 수준일까? 〈그림 6.3〉은 OECD 회원국들의 부가가치세율을 비교한 것이다. 부가가치세율이 가장 높은 나라는 27%의 세율을 적용하고 있는 헝가리이며, 뒤를 이어 스웨덴, 노르웨이, 덴마크의 북유럽 국가들이 25%의 세율을 적용하고 있다. 핀란드도 24% 세율을 적용하고 있어, 높은 부가가치세율은 북유럽 조세제도의 대표적인 특징 중 하나로 볼 수 있다.

한국은 1977년에 부가가치세를 도입한 이후 줄곧 10%의 세율을 유지해 왔다. 이는 OECD 회원국 중 미국, 캐나다, 스위스 다음으로 낮

그림 6.3 **OECD 회원국 표준 부가가치세율(2020년)**

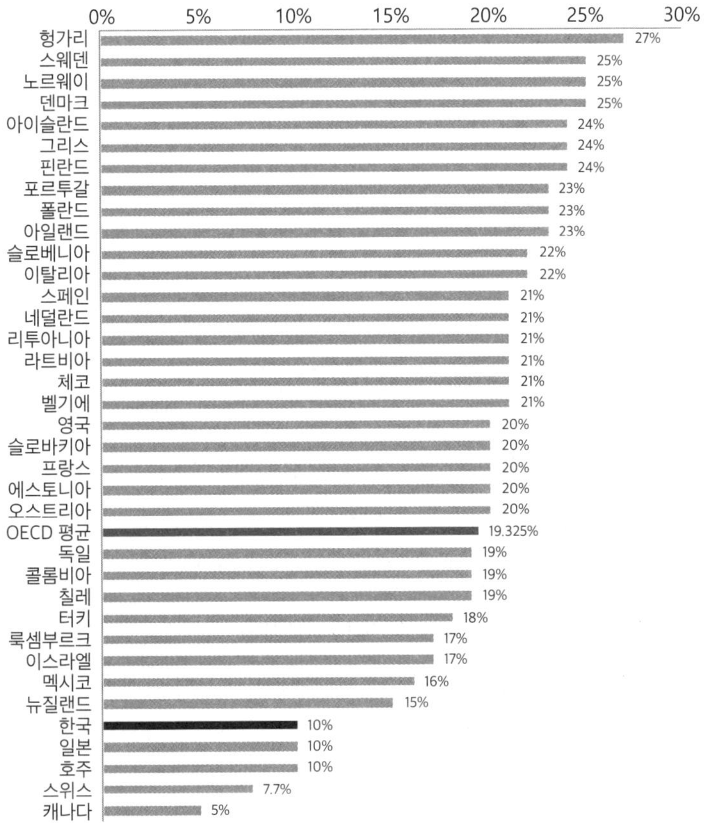

주: 1. 부가가치세를 도입하지 않은 미국은 제외함.
2. 지방정부에서 부과하는 소비세는 제외함.
3. 캐나다는 연방정부의 부가가치세(Goods and Services Tax)만을 포함함.

은 세율이다. OECD 회원국의 평균 부가가치세율은 19.32%로 한국의 거의 두 배에 달한다.[3] 미국은 연방정부 차원의 부가가치세는 없지만 주정부에서 부과하는 소비세가 있으며, 캐나다의 표준 부가가치세율은 5%이지만 뒤에서 설명하듯이 일부 지역은 더 높은 소비세를 부과하고 있다.[4] 스위스는 7.7%의 세율을 부과하고 있으며, 일본은 1997년 이후 5%의 소비세율을 적용해 오다가 2014년에 8%, 2019년에 10%로 각각 인상하였다.

한국의 부가가치세 부담 수준 국제 비교

한국의 부가가치세 부담이 낮다는 점은 GDP 대비 부가가치세 수입의 비중을 봐도 알 수 있다. 〈그림 6.4〉는 한국과 주요 선진국의 부가가치세 부담을 비교한 결과로, 우선 OECD 평균 부가가치세 부담이 완만하게 상승하는 추세임을 알 수 있다. 세계의 많은 국가에서 부가가치세율에 대한 세수 의존도가 계속 상승하는 추세이다. 또한 비교 대상 선진국 중 스웨덴의 부가가치세 의존도가 가장 높다는 점도 확인할 수 있다.

여기에서 한 가지 주목할 점은 캐나다의 GDP 대비 부가가치세 수입이 한국보다 크다는 점이다. OECD 통계에서 발표하는 캐나다의 평균 부가가치세율은 한국과 유사한 10% 수준이지만, GDP 대비 세수는 더 높다.[5] 이는 캐나다가 한국에 비해 부가가치세를 보다 효율적으로 징수하고 있는 것으로 볼 수 있는데, 다음에서는 부가가치세의 효율성에 영향을 미치는 요인에 대해서 살펴보자.

그림 6.4 **GDP 대비 부가가치세 부담 수준**

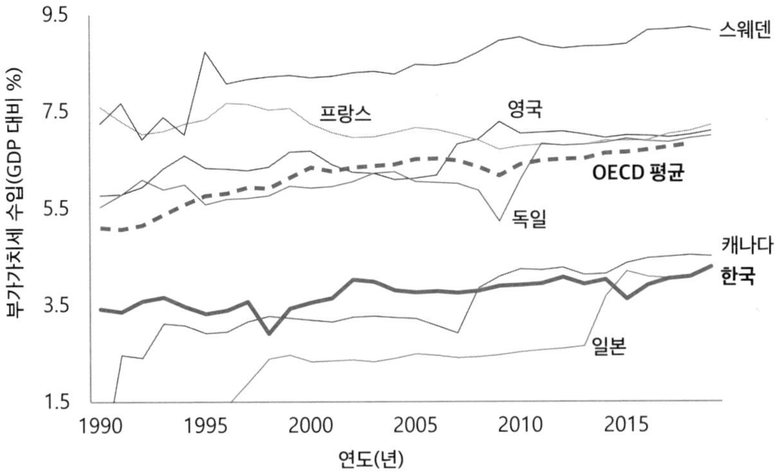

주: 1. 굵은 실선이 한국이며, 점선은 OECD 회원국 평균임.
 2. 1990년부터 2019년까지의 데이터임(단, 일본은 데이터가 공개된 2018년까지 포함).
자료: OECD Global Revenue Statistics Database

6.3 한국 부가가치세의 특징과 쟁점

한국은 세율과 경제 규모 대비 부가가치세 수입이 적다

〈그림 6.5〉는 GDP 대비 부가가치세 수입과 부가가치세율 간 관계를 보여주고 있다. 그림을 보면 두 변수 간에 뚜렷한 정(+)의 상관관계가 있음을 알 수 있다.[6] 이는 세율이 올라갈수록 GDP 대비 세수입도 증가한다는 뜻이니 당연한 현상이다. 이 두 변수 간 평균적인 관계를 나타낸 추세선을 기준으로 보면, 한국을 포함해 추세선 아래에 위치한 국가들은 세율 대비 충분한 세수입을 징수하지 못하고 있는 나라들로 이해할 수 있다. 반면 캐나다를 포함하여 추세선 위에 위치한 국가들은 세율 대비 세수입이 큰 나라들이다.

결론적으로 한국은 세율 대비 부가가치세 수입(GDP 대비 %)이 약

그림 6.5 GDP 대비 부가가치세 수입과 부가가치세율

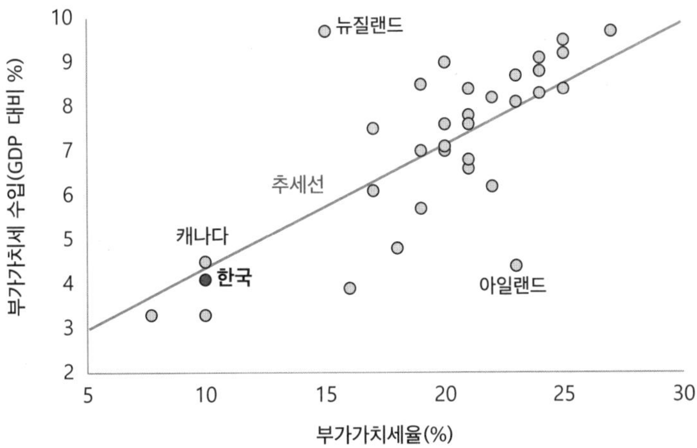

주: 1. 추세선은 최소자승법(OLS)으로 도출함.
2. 참고로 한국과 일본 데이터가 정확하게 겹쳐 있음.
자료: OECD(2020)[7]

간 적은 편이지만 추세선과의 괴리가 크지는 않아서 크게 비효율적이라고 보기는 어렵다. 한국과 평균 부가가치세율이 비슷한 수준인 캐나다의 경우 GDP 대비 세수가 조금 더 높으나 이 차이를 꼭 부정적으로 볼 필요는 없다. 왜 그런지 이해하기 위하여 부가가치세 과세 체계를 조금 더 자세히 살펴보도록 하자.

부가가치세 수입 규모는 경제 구조의 차이에도 영향을 받는다

GDP는 일정 기간 동안 한 국가에서 생산된 재화와 용역의 시장 가치 합계로서 소비, 투자, 정부지출 그리고 순수출로 구성된다. 소비는 최종 소비자가 구매한 재화와 서비스를 말하며, 투자는 생산 활동에 투입된 재화와 서비스를 말한다. 투자의 대표적 예로는 공장 설비 등이 있다. 그리고 정부지출은 정부가 구매한 금액, 순수출은 수출에서 수입을 차감한 금액을 말한다.

부가가치세는 GDP를 구성하는 항목 중 '소비(수입품에 대한 소비 포함)'와 '정부지출'에만 부과된다. '투자'는 생산 활동에 투입되었기 때문에 추후 '매입세액공제'라는 이름으로 돌려받게 되고, 재화와 서비스의 '수출'은 면세는 아니지만 '영세율 제도'를 통해 0%의 세율이 적용

그림 6.6 GDP 구성 항목과 부가가치세 과세 여부

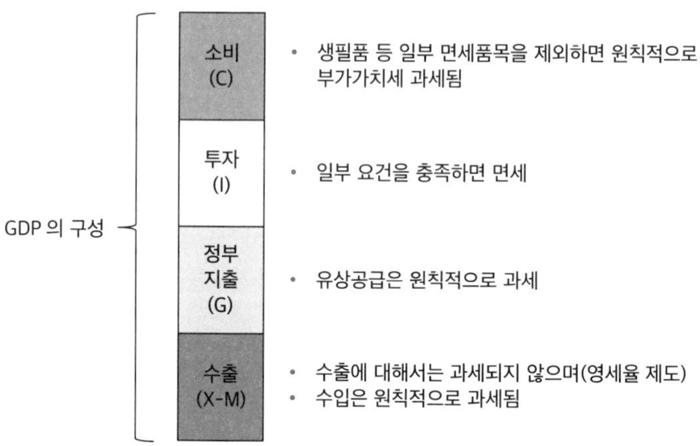

되어, 결국 부가가치세가 부과되지 않는 셈이 된다. 마지막으로 '수입'의 경우 수입된 상품이 국내에서 소비될 때에는 원칙적으로 부가가치세가 부과된다.

그런데 GDP 대비 부가가치세 수입이 적다는 사실이 꼭 부정적인 것은 아니다. 예를 들어 수출 규모가 클 경우 경제에는 긍정적 신호가 되지만 부가가치세수는 감소하게 되며, 그와 반대로 수입 규모가 커지면 부가가치세수는 증대된다. 또한 소비보다 투자 규모가 큰 경우 역시 경제 성장에 긍정적이지만 세수에는 부정적이다.

〈표 6.1〉은 한국, 캐나다, 아일랜드, 뉴질랜드 4개국의 GDP 구성 항목별 비중을 보여주고 있다. 뉴질랜드는 세율 대비 부가가치세수가 높은 것으로 널리 알려져 있는 나라인데, 특히 면세 품목이 매우 적은 것으로 유명하며 정부가 공급하는 공공 서비스에 대해서도 부가가치세가 부과되고 있다. 반면 아일랜드는 높은 세율(23%)에도 불구하고 세수입이 적은데, GDP에서 순수출이 차지하는 비중이 월등히 높다는 점이 그 원인 중 하나가 되고 있다.[8]

표 6.1 GDP 구성 항목별 비중 (단위: GDP 대비 %)

구분	한국	캐나다	아일랜드	뉴질랜드
소비	48	58	30	58
정부지출	16	21	12	18
투자	31	23	29	24
순수출	4	−2	29	0

자료: OECD National Accounts(2018)

그렇다면 우리와 세율이 유사한 캐나다를 보다 자세히 살펴보자. 우선 캐나다의 GDP 대비 소비 비중이 한국보다 월등히 높으면서 순수출 규모는 현저히 작은 것을 확인할 수 있는데, 특히 소비 비중이 높기 때문에 한국보다 부가가치세 징수에 유리하다. 또한 수출은 GDP에는 포함되지만 부가가치세 수입에는 기여하지 못하는 반면, 수입은 GDP에는 포함되지 않지만 세금이 부과되므로, 한국보다 수출 규모는 작고, 수입 규모가 큰 캐나다가 보다 많은 세수입을 얻고 있다. 이렇듯 국가 간 경제 구조 차이도 부가가치세 수입의 차이를 설명하는 중요한 요인이 되고 있다.

한국은 세율과 소비 규모 대비 부가가치세 수입이 크다

이제까지 보았듯 부가가치세 수입이 국가의 경제 구조에 따라 달라질 수 있고, 따라서 부가가치세율과 GDP 대비 세수입을 비교한 결과에 대해서는 다양한 해석이 가능해지게 된다. 바로 이러한 문제로 인하여 부가가치세의 세율과 세수를 비교할 때 'GDP 대비 비중'이 아니라 '최종소비지출 대비 비중'으로 세수를 측정하는 방식이 널리 활용된다.[9]

〈그림 6.7〉은 최종소비지출 대비 부가가치세 수입과 부가가치세율 간 관계를 보여준다. 만약 수출에 대해서만 영세율이 적용되며 면세 품목이 없는 '순수한' 부가가치세 제도를 도입하게 되면 부가가치세율과 최종소비지출 대비 부가가치세 수입의 비율이 서로 일치할 것이다.[10] 그러나 대부분의 국가는 면세제도 또는 경감세율을 적용하기 때문에 부가가치세율보다 최종소비지출 대비 세수입이 적다.[11]

그림 6.7 **최종소비지출 대비 부가가치세 수입과 부가가치세율**

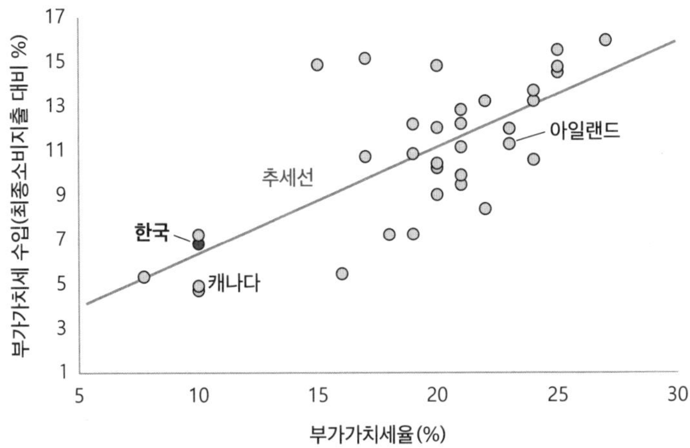

주: 추세선은 최소자승법(OLS)으로 도출함.
자료: OECD(2020)

그림에서 보이는 부가가치세 세율과 세수(최종소비지출 대비 비중) 간의 추세선 아래에 위치한 국가들은 세율 대비 충분한 수입을 징수하지 못하는 나라들로 이해할 수 있다. 반면 추세선 위에 위치한 국가들은 그와는 반대로 세율 대비 세수입이 큰 나라들이다. 면세나 경감세율을 폭넓게 적용하는 나라일수록 추세선의 아래쪽에 위치하게 된다.

한국은 추세선 위쪽에 위치해 있다. 따라서 다른 OECD 회원국에 비해 면세나 경감세율의 적용이 상대적으로 적다고 볼 수 있으나, 다만 세율 수준도 고려할 필요가 있다. 모든 재화와 서비스에 20%가 넘는 세율을 부과하게 된다면 여론의 반대에 부딪히기 쉬우므로, 부가가치세율이 높은 나라에서는 면세나 경감세율 적용의 필요성이 크다. 반면 한국처럼 세율이 낮은 경우, 면세와 경감세율의 필요성이 상대적으로 작을 수 있는 것이다.

한국의 부가가치세는 세율은 낮지만 효율성은 양호하다

OECD는 '부가가치세 세수율VAT Revenue Ratio, 이하 'VRR''이라는 개념을 통해 부가가치세의 효율성을 평가한다. VRR은 최종소비지출 대비 부가가치세수를 부가가치세율로 나눈 지표로, 다음 산식에 따라 계산된다. 이 지표는 결국 〈그림 6.7〉상의 두 변수를 비율로 측정한 것이다.

$$\text{세수율(VRR)} = \frac{\text{최종소비지출 대비 부가가치세수}}{\text{부가가치세율}}$$

한국 부가가치세의 특징을 정리하면 〈그림 6.8〉과 같다. 그림에서는 2018년 기준 부가가치세율과 VRR을 비교하였는데, 세율과 VRR 모두 OECD에서 발표한 공식 보고서상의 통계치를 그대로 사용하였다.[12] 먼저 부가가치세율 수준을 보면, 한국은 OECD 회원국 중 스위스 다음으로 낮은 세율을 부과하고 있다. 물론 부가가치세를 도입하지 않은 미국은 제외하였다.

한국의 경우, 부가가치세의 효율성 지표인 VRR은 상당히 높은 편이다. VRR은 실효 부가가치세율과 명목상의 부가가치세율 간 비율로도 볼 수 있어서, 그 값이 클수록 면세제도나 경감세율 적용이 남용되지 않는 것으로 평가할 수 있다. 그림에서 뉴질랜드, 룩셈부르크, 에스

그림 6.8 **부가가치세율과 VRR(2018년)**

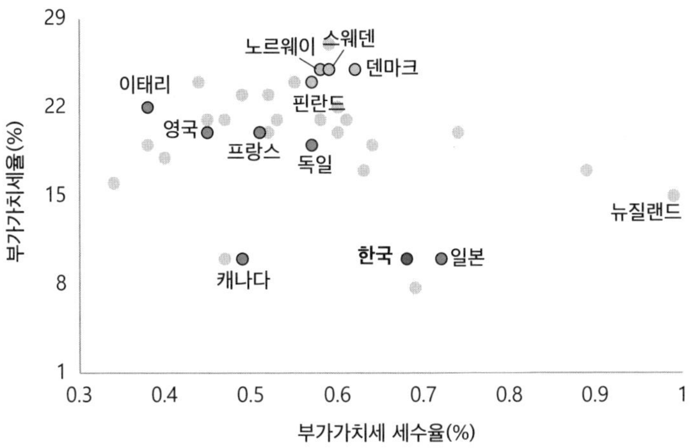

자료: OECD(2020)[13]

토니아, 일본, 스위스 다음으로 한국의 VRR이 높지만, 앞서 언급하였듯이 한국처럼 세율이 낮은 국가의 경우 면세나 경감세율의 적용 필요성이 상대적으로 작을 수 있어서, 세율이 두 배 이상 높은 선진국들과 VRR을 직접 비교하는 것은 큰 의미가 없을 수 있다.

부가가치세 면세 대상이 지속적으로 확대되고 있다

부가가치세 면세제도란 특정 재화 또는 서비스의 공급에 대해 부가가치세 납세의무를 면제해 주는 제도를 말한다. 면세제도는 저소득층의 세부담과 부가가치세의 역진성을 완화시키기 위해 주로 기초 생활필수품 등에 대해 적용하고 있다. 전체 매출에서 면세되는 재화와 서비스 매출이 차지하는 비중은 2010년 12.9%에서 2019년 17.9%로 꾸준히 증가하고 있다.

하지만 면세 범위의 확대는 '환수 효과'와 '누적 효과' 등 부작용을 야기한다.[14] 한국의 부가가치세는 경감세율을 적용하지 않고 면세 대상의 범위 또한 모호한 경우가 있어서, 유사 품목 간 세율 격차가 큰 경우가 존재한다. 또한 일부 면세 품목은 저소득층의 세부담을 완화하고, 부가가치세의 역진성을 완화한다는 본래의 취지와 큰 연관이 없는 것으로 평가받고 있다. 향후 부가가치세 면세 대상이 지나치게 확대되지 않도록 관심을 가질 필요가 있다.

6.4 부가가치세의 일반적인 효과

부가가치세는 수출 산업을 지원하는 효과가 있다

부가가치세의 중요한 장점 중 하나는 그것이 수출 기업에게 유리하다는 것이다. 특히 우리나라처럼 무역의존도가 높은 나라의 경우 법인세를 부가가치세로 대체하는 것이 유리하다. 기업들은 상품을 수입할 때 해당 수입품에 대한 부가가치세를 납부하지만, 반대로 수출할 때는 이전 생산 과정에서 납부한 부가가치세를 환급받기 때문이다(수출물품에 영세율이 적용된다).

즉 부가가치세는 최종 소비가 이루어지는 국가에서 과세가 이루어진다. 예를 들어 한 업체가 프랑스에서 제조된 화장품을 100만 원에 수입하면서 가격의 10%(10만 원)를 부가가치세로 세관에 납부한 뒤, 그것을 다시 최종 소비자에게 165만 원(부가가치세 15만 원 포함)에 판매하면 수입 시 납부한 부가가치세 10만 원을 공제받아 추가로 5만 원만 세무서에 납부하면 되는 것이다. 그렇게 되면 결국 최종 가격 150만 원의 10%인 15만 원이 한국에서 과세된다.

반대로 제품을 수출할 때에는 이전 생산 과정에서 납부한 부가가치세를 모두 환급해 준다. 국내 회사가 컴퓨터를 제조하여 프랑스에 수출할 경우, 재화의 수출 시점에 중간재를 구입하면서 납부한 부가가치세를 모두 환급받는다. 만약 이러한 제도가 없다면 프랑스는 한국의 부가가치세가 포함된 가격에다 또다시 자국의 부가가치세를 가산하게 되어 '세금 누적cascading'이 발생하게 된다.

수출을 많이 하는 기업일수록 법인세보다는 부가가치세가 높은 상황이 유리하다. 정부가 법인세만을 부과하는 상황과 부가가치세만을 부과하는 상황, 이 두 가지 조세 환경하에서 가상의 수출기업 A의 세부담에 대해 생각해 보자. 두 상황하에서 정부의 조세수입은 동일하다. 정부가 법인세만 부과할 경우 수출기업 A는 높은 세부담을 떠안게 된다. 법인세가 상당히 누진적인 데다 수출 실적이 많은 기업들은 이윤도 큰 경향이 있어서 세부담이 집중될 수 있다. 반면 정부가 부가가치세만 부과할 경우 A기업은 생산 과정에서 납부한 부가가치세를 수출 시점에 모두 환급받을 수 있어 보다 유리하다.

이 사례에서 법인세는 수출 기업의 원가 상승 요인으로 작용하지만, 부가가치세의 경우 환급되기 때문에 원가에 영향을 미치지 않는다. 따라서 국제 시장에서 경쟁하는 기업 입장에서는 당연히 법인세보다는 부가가치세를 선호할 것이다. 이는 해외 기업들이 국내 공장 건설 등 투자 의사 결정을 할 때에도 역시 마찬가지이다. 투자 금액에 대해서는 부가가치세가 부과되지 않기 때문이다. 대한민국의 영토 내에서 더 많은 생산 활동이 이루어지도록 유도하려면 법인세보다는 부가가치세가 높은 상황이 유리하다.[15]

부가가치세가 수출에 유리하다는 주장에 관한 이론적 논쟁

지금까지 법인세와 부가가치세 중 부가가치세가 수출 기업에게 보다 유리함을 설명하였다. 그러나 학계에서는 이 두 세목의 효과에 대한 이론적 논쟁이 존재하고 있어 이와 관련된 대표적인 주장과 반론을 소개해 본다.

수출 기업이 부가가치세를 환급받아 국제 시장에서 우위를 갖고 더 많은 제품을 수출하게 되었다고 가정해 보자. 수출이 늘어나면 국제 금융 시장에서 결제 수단으로서의 원화가 더 많이 필요하게 되어 원화 수요는 증가하고, 그에 따라 원화 가치는 상승하게 된다. 하지만 원화 가치 절상(환율[16] 하락)은 수출에 부정적 영향을 미치게 되어 결국 수출이 원상태로 돌아올 때까지 환율이 변화한다는 주장이 있다.

이 논리의 핵심은 부가가치세가 원산지에서 과세되든 소비지에서 과세되든, 부가가치세로 인한 무역량의 변화는 결국 환율 변화로 인해 상쇄된다는 것이다.[17] 다만 이 논리를 법인세와 부가가치세의 효과를 비교하는 데 적용하는 것은 무리가 있다. 한국처럼 법인세가 누진적일 경우, 수출 비중이 높은 기업에게 법인세 부담이 집중되는 경향이 있어서 더욱 그러하다. 게다가 이 주장은 순수한 변동환율제를 가정하고 있는데 현실에서는 많은 국가들이 환율 시장에 개입하고 있기 때문에 현실 설명력에 한계가 있다.

부가가치세를 인상하면 소비 침체와 경기 위축으로 이어지는가?

한편 부가가치세의 단점은 그것이 경기에 부정적이라는 점이다. 부가가치세가 인상되면 소비가 감소하게 되는데, 특히 단기적으로는 그 효과가 보다 뚜렷하다. 부가가치세가 소비에 미치는 영향은 일본의 소비세 인상 경험에서 유추할 수 있다. 참고로 일본의 소비세는 법정 세목 명칭일 뿐 실질은 부가가치세와 동일하다.

일본의 소비세는 1989년 4월 1일 세율 3%로 처음 도입된 이후 1997년 4월에 5%, 2014년 4월에 8%, 2019년 10월에 10%로 각각 세율이 인상되었다. 일본이 2014년과 2019년에 소비세를 인상한 목적은 사회보장 재원을 안정적으로 확보하기 위함이었다. 현재 일본은 국세로 징수되는 소비세수를 전액 복지지출을 위한 재원으로 사용하고 있다.[18]

〈그림 6.9〉는 일본의 분기별 GDP 추이를 보여주고 있다. 분석 기간 동안 세 차례의 소비세 인상이 있었는데, 그림에서 보듯이 세 차례 인상이 이루어진 해당 분기에는 모두 마이너스 성장을 기록하였다.[19] 과거 세 번의 경험에서 GDP가 직전 분기 대비 각각 0.8%, 1.8%와

그림 6.9 **일본의 소비세 인상과 GDP 추세(1994~2021년)**

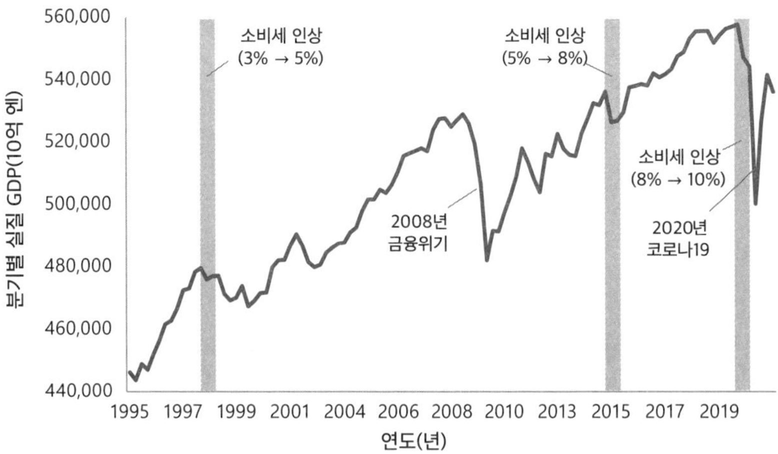

주: 계절변동조정(seasonally adjusted) 되었으며 기준 연도는 2015년임.

1.9% 감소하였는데, 특히 2014년과 2019년에 단행된 소비세 인상의 경우 경제에 미치는 부정적 파급 효과가 상당히 컸던 것으로 평가받는다.

부가가치세 인상은 단기적으로 소비 위축으로 인한 생산 감소를 유발하지만 이러한 부정적 효과가 얼마나 지속되는지에 대해서는 전문가마다 견해가 엇갈린다. 일본의 사례를 보면 1997년 소비세가 인상된 이후 수년간 경제 성장이 정체되었다. 반면 2014년 인상 때는 단기적 침체에도 불구하고 그 이듬해인 2015년 1분기 이후 경제가 회복되는 양상을 보였다. 2019년의 경우 증세 직후인 2020년부터 코로나19로 인한 경제 위기가 도래하여 소비세 인상 효과를 평가하기 어렵다.

부가가치세는 역진적이지만 저소득층에게 유리할 수 있다

부가가치세는 고소득층보다 저소득층에게 더 큰 부담이 되는 역진적인 조세이다. '더 큰 부담'이라 함은 소득 수준 대비 그렇다는 뜻이다. 예를 들어, 연 1억 원을 버는 A씨와 연 1000만 원을 버는 B씨가 있다고 하자. 두 사람 간의 소득 차이는 10배이지만, 일반적으로 소비 차이는 그렇게 크지 않다. A씨는 1억 원 중 5000만 원을 소비하고, B씨는 소득 1000만 원을 모두 소비한다. 이 경우 부가가치세 부담액을 각각 계산해 보면 A씨 500만 원, B씨 100만 원이다. 소득은 열 배가 차이 나는데, 부가가치세 부담은 다섯 배밖에 차이 나지 않는다.

〈표 6.2〉는 이러한 부가가치세의 역진성을 보여준다. 역진성의 반대말은 누진성이고, 소득세는 누진적이므로, 부가가치세는 소득세에 비하여 저소득층에게 불리한 세금이다. 하지만 이러한 단점에도 불구하고 부가가치세는 납세자의 선택을 왜곡시키는 부작용이 적고 정부가 상대적으로 수월하게 재정을 확충할 수 있어서 대부분의 국가가 도입하고 있다. 또한 앞서 설명하였듯이 부가가치세는 수출 산업에도 유리하다.

표 6.2 부가가치세의 역진성에 대한 이해

구분	소득	소비	부가가치세 부담	소득 대비 부가가치세 부담
A씨	1억 원	5000만 원	500만 원	5%
B씨	1000만 원	1000만 원	100만 원	10%

부가가치세의 역진성을 논할 때는 정부가 그 돈을 어디에 쓸지에 대해서도 함께 생각해야 한다. 해외 선진국의 사례를 보면, 부가가치세 인상은 정부의 복지지출 확대와 밀접하게 연관되어 있다. 많은 유럽 선진국들은 복지지출의 재원을 마련하기 위하여 역진적인 부가가치세의 증세를 선택하였다.[20] 그리고 그 결과 현재 세계적으로 널리 알려진 복지국가들은 20%를 초과하는 부가가치세를 부과하고 있다.

〈그림 6.10〉은 GDP 대비 부가가치세 수입과 재정의 소득 재분배

그림 6.10 **부가가치세와 재정의 소득 재분배 효과(2018년)**

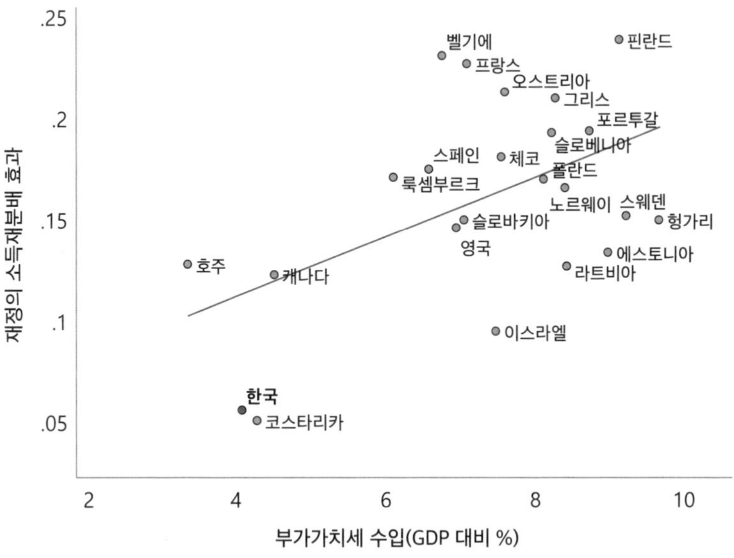

주: 1. 재정의 소득 재분배 효과는 시장소득과 가처분소득 지니계수의 차이로 측정함.
2. 지니계수 데이터를 확보하지 못한 국가의 경우 분석에서 제외함.
자료: OECD Data

효과 간의 관계를 보여주고 있다. 재정의 소득 재분배 효과는 가처분소득 지니계수에서 시장소득 지니계수를 차감하여 산출하였는데, 그 값이 클수록 정부의 조세 정책과 복지지출이 소득 양극화를 줄이는 데 효과적이다. 분석 결과에서 보듯이, GDP 대비 부가가치세 수입이 증가할수록 재정의 소득 재분배 효과도 증대되는 경향이 관찰된다.

결론적으로 부가가치세는 역진적이지만, 그 세수를 현명하게 활용한다면 오히려 저소득층에게 도움이 될 수 있다.[21] 예를 들어 일본처럼 부가가치세를 인상하며 그 세수 증가분을 복지 재원으로 사용하도록 규정하는 방안을 검토할 수 있다. 물론 이 과정에서 정치인들이 그 재원을 이용하여 새로운 선심성 복지제도를 만드는 것을 경계할 필요는 있다. 요컨대 부가가치세 인상은 향후 고령화로 인해 증대되는 복지 수요와 연계하여 추진될 필요가 있다.

6.5 부가가치세와 사회복지지출

세계에서 가장 빠른 고령화

사회복지지출을 이야기하며 한국의 인구구조 변화를 언급하지 않을 수 없다. 한국은 전 세계에서 고령화가 가장 빠른 속도로 진행되고 있는 나라이다. 〈그림 6.11〉은 1970년부터 2050년까지 65세 이상 인구 비율의 변화를 추정한 결과로서 OECD 통계를 활용하여 국제 비교 하였다. 그러나 출산율이 계속 하락하는 추세에 있어서 실제 고령화 속도는 그림의 분석 결과보다 더욱 빠를 가능성이 높다.

고령화 현상은 비단 한국만의 문제는 아니다. 의료 기술의 발달로 인간의 수명이 연장되고 있기 때문에 고령화는 세계 대부분의 국가에서 관찰되고 있다. 그림을 통해 분석 대상 선진국에서 모두 예외 없이 고령화가 진행되고 있음을 확인할 수 있다. 다만 고령화의 진행 속도는

그림 6.11 **65세 이상 인구 비율의 추정(1970~2050년)**

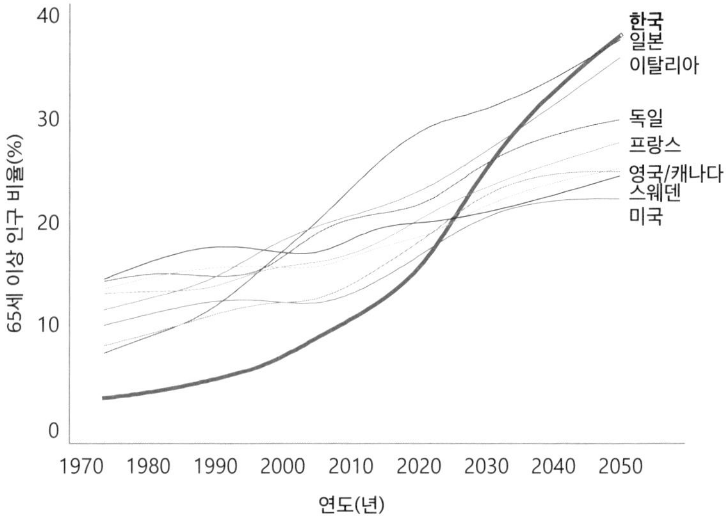

자료: OECD Data를 통해 저자 분석

국가 간 상당한 차이가 있다. 2050년이 되면 미국, 스웨덴, 영국, 캐나다 순으로 65세 이상 인구 비율이 낮아질 것으로 조사되었는데, 스웨덴을 제외하면 모두 영미권 국가라는 점이 특징이다. 한국보다 한발 먼저 초고령 사회에 진입한 일본도 주목할 필요가 있다.[22]

고령화에 따른 사회복지지출 증가는 필연적이다

정부지출은 인구구조의 변화에 따라 필연적으로 증가할 전망이다.

그림 6.12 **65세 이상 인구 비율과 공공사회복지지출(2018년)**

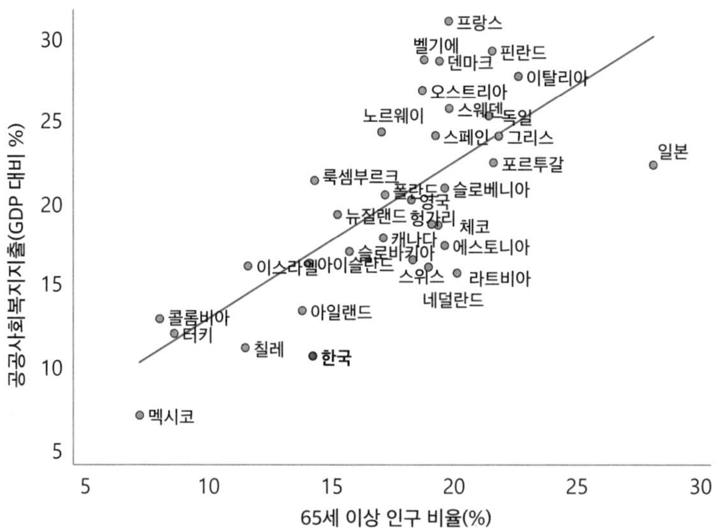

자료: OECD Data를 통해 분석

고령화가 진행되며 건강보험과 장기요양보험 지출이 크게 증가할 것으로 예상되며, 경제 활동이 어려운 노인들이 늘어나면서 기초연금 지출 부담도 가중될 것이다. 연금 문제도 심각하다. 연금 수급자는 가파르게 증가하는데 보험료를 납부할 경제활동인구는 계속 감소하고 있다.

〈그림 6.12〉는 OECD 회원국의 65세 이상 인구 비율과 사회복지지출 규모 간 강한 정(+)의 상관관계를 보여주고 있는데, 이를 통해 우리는 인구 고령화가 사회복지지출 규모와 밀접하게 관련되어 있음을 알 수 있다. 한국의 경우, 2020년이 넘어가며 고령화가 가속화되어 2035년

전후로 65세 이상 인구 비율이 30%를 넘어서게 된다. 그 어느 나라도 경험하지 못한 세상을 머지않은 미래에 맞이하게 되는 것이다.

부가가치세 증세를 통한 사회복지지출이 필요하다

고령화에 따른 재정 문제를 해결하는 방법으로는 크게 세 가지가 있다. 첫째, 복지지출 증가를 최대한 억제하는 대안이다. 다만 이 대안은 노인 빈곤, 소득 양극화 등 또 다른 사회문제를 야기할 수 있다. 둘째, 보편 복지를 지향한다면 증세가 필요하다. 뒤에서 설명하겠지만 부자 증세만으로는 선진국 수준의 복지지출을 감당하기 어려우며, 따라서 보편 복지를 위해서는 보편 증세가 필요하다. 셋째, 대한민국의 영토 내에서 더 많은 생산 활동이 이루어지는 것이다. 생산 증가는 곧 소득 증대로 이어지며, 세율 증가 없이도 일정 수준의 세수 증대를 가능케 한다.

이상 세 가지 대안 중 가장 현실적인 대안은 두 번째, 즉 '보편 증세'라고 생각한다. 지금의 제도화된 복지지출을 감당하기 위해서라도 상당한 수준의 증세가 필요하다. 특히 여러 세목 중에서도 부가가치세는 우리가 직면한 재정적 도전을 극복하기 위한 중요한 정책 수단이 될 것으로 전망되는데, 향후 증가하는 재정 수요에 맞추어 부가가치세율의 점진적인 인상이 필요하다.

많은 해외 선진국들은 부가가치세를 통해 조달한 재원으로 사회복지 수요에 대응하였다.[23] 〈그림 6.13〉은 1990년부터 2018년까지 이루어진 OECD 회원국의 부가가치세율 인상이 사회복지지출 증가와 깊

그림 6.13 **공공사회복지지출과 부가가치세율의 변화(1990~2018년)**

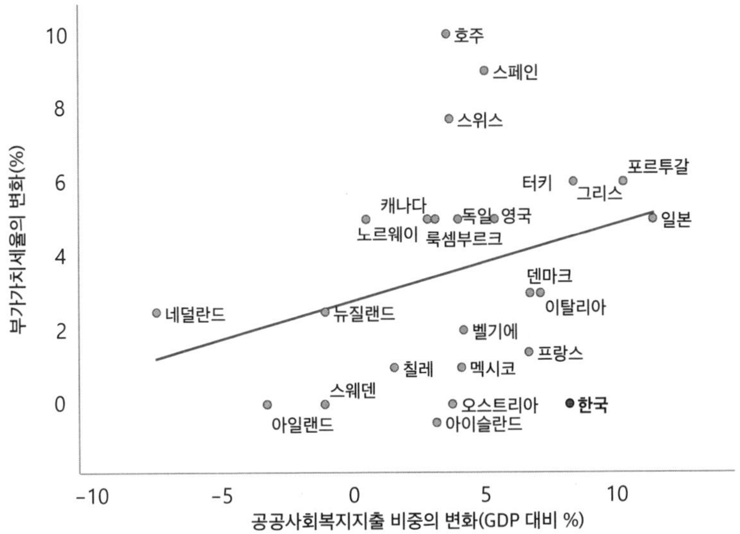

자료: OECD Data를 통해 분석

이 연관되어 있음을 보여준다. 분석 기간 동안 공공사회복지지출의 비중이 가장 빠르게 증가한 나라는 일본이다. 일본은 한국보다 한발 먼저 초고령 사회에 진입하였으며, 공공사회복지지출에서 노인 영역 지출이 차지하는 비중이 45.1%(2017년 기준)로 세계에서 가장 높다. 우리는 인구구조의 변화를 먼저 경험한 일본의 사례를 참고할 필요가 있다.

일본 사회복지지출의 현황

2019년 기준 한국의 65세 이상 인구 비율은 15%로 이는 일본의 1990년대 중반 수치와 유사하다. 일본이 한국보다 약 25년 먼저 고령사회로 진입하였으나, 앞으로는 두 나라 간 격차가 빠른 속도로 줄어들 전망이다. 〈그림 6.14〉는 한국과 일본의 국민부담률과 공공사회복지지출 비중을 비교하고 있다. 두 지표의 수준으로 보면 1995년 일본과 2019년 한국의 상황이 유사하다.

그림에서 일본의 1995년 이후 변화를 보면 2017년까지 국민부담률과 복지지출이 모두 증가하며 '저부담-저복지 사회'에서 '중부담-중

그림 6.14 국민부담률과 공공사회복지지출의 변화

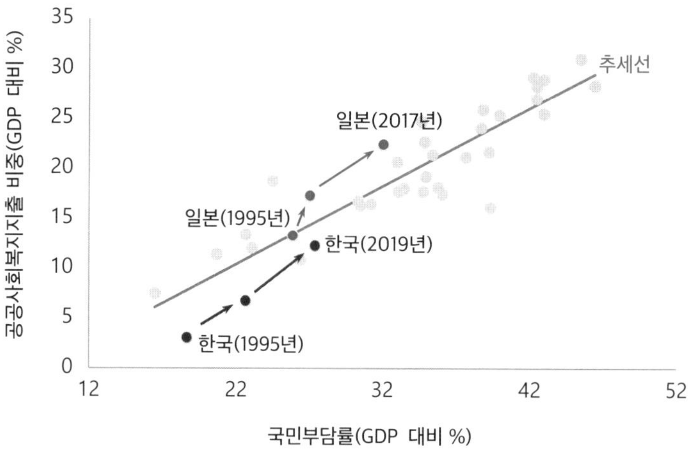

주: 1. 한국은 1995년, 2006년, 2019년 통계치이며, 일본은 1995년, 2006년, 2017년 통계치임.
2. 국민부담률은 GDP 대비 조세와 사회보장기여금 수입의 비율임.

복지 사회'로 변화되었음을 알 수 있다. 그림 가운데 추세선을 중심으로 보면, 일본은 1995년을 지나며 추세선 위쪽으로 넘어갔다. 추세선 위쪽에 위치한다는 뜻은 재정수입(국민부담률) 대비 복지지출이 크다는 뜻이며, 추세선 아래쪽에 위치하면 반대로 재정수입(국민부담률) 대비 복지지출이 작다는 뜻이다. 이는 물론 상대적인 비교이지만, 재정건전성 관점에서는 추세선 위로 크게 벗어나는 것은 위험할 수 있다.

한국과 일본의 고령화 진행 속도를 고려하면, 2030년대 초중반 전후로 한국의 재정지출 상황이 일본의 2017년과 유사해질 가능성이 높다. 일본의 2017년 사회복지지출의 구성을 보면 노인과 보건 분야 지출이 전체의 약 79%를 차지하고 있으며, 특히 노인 분야 지출 비중은 세계에서 가장 높다(〈그림 6.15〉 참고). 1995년부터 2017년까지 일본의 GDP 대비 공공사회복지지출은 약 8% 증가하였는데, 한국의 2019년 국민부담률이 27% 수준임을 고려하면, 어림잡아 계산해도 한국의 재정수입이 현재의 약 1.3배 수준으로 늘어나야만 증가하는 지출을 감당할 수 있을 것으로 예상된다.[24]

한편 〈그림 6.16〉은 1990년과 2020년 일본 중앙정부의 수입과 지출을 각각 보여준다. 1990년에는 사회복지지출이 11조 6000억 엔이었으나, 2020년에는 그 세 배를 초과하는 35조 9000억 엔으로 증가하였다. 2020년 채무상환비용이 23조 4000억 엔으로 사회복지와 지방교부세를 제외한 기타 재정지출 규모와 큰 차이가 없다. 2020년 현재 초저금리 상황이 지속되고 있는 데다, 기축통화국이라는 지위 덕분에 그나마 아직 채무를 감당할 수 있는 상황으로 보인다.

그림 6.15 **공공사회복지지출의 구성(2017년)** (단위: %)

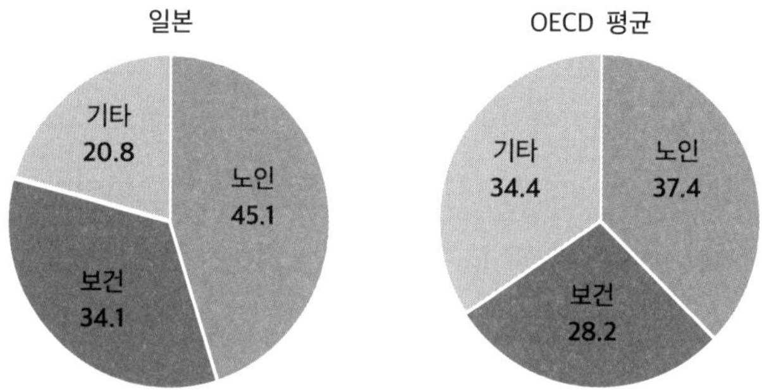

주: '기타' 지출은 가족, 유족, 장애, 노동시장 정책(ALMP), 실업, 주거, 기타 사회 정책 영역 지출의 합계임.

자료: OECD Social Expenditure Database

그림 6.16 **일본 중앙정부 예산(1990년과 2020년)** (단위: 엔)

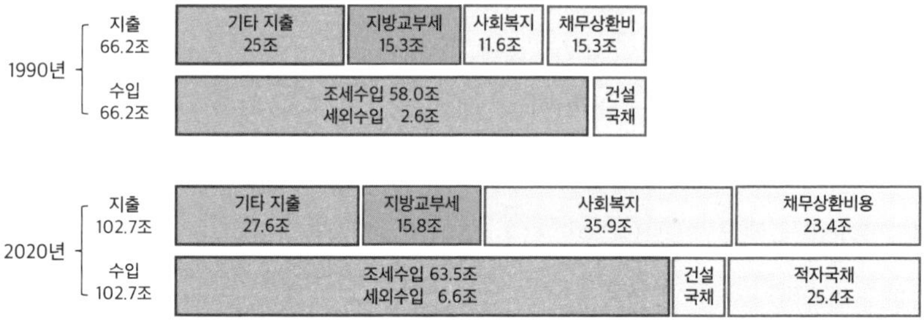

주: 2020년 지출에는 코로나19로 인한 일시적 지출(temporary and special measures)을 포함함.

자료: 일본 재무성 자료

왜 부가가치세가 사회복지지출의 재원으로 적합한가?

일본은 1990년대 중반 이후 가파르게 증가하는 복지지출을 감당하기 위하여 소비세를 인상하였다. 일본의 소비세는 앞서 밝혔듯이 그 명칭에도 불구하고 한국의 부가가치세와 동일한 세금이다. 〈그림 6.17〉은 일본의 3대 세목인 소득세, 법인세, 소비세의 변화를 보여준다. 1997년, 2014년, 2019년 소비세율이 인상되며 소비세 수입이 법인세와 소득세 수입을 제치고 가장 큰 세원이 되었다.

일본은 2012년 8월 22일 소비세 인상을 입법하며, 2014년 4월과

그림 6.17 일본 3대 세목의 수입과 소비세율 변화

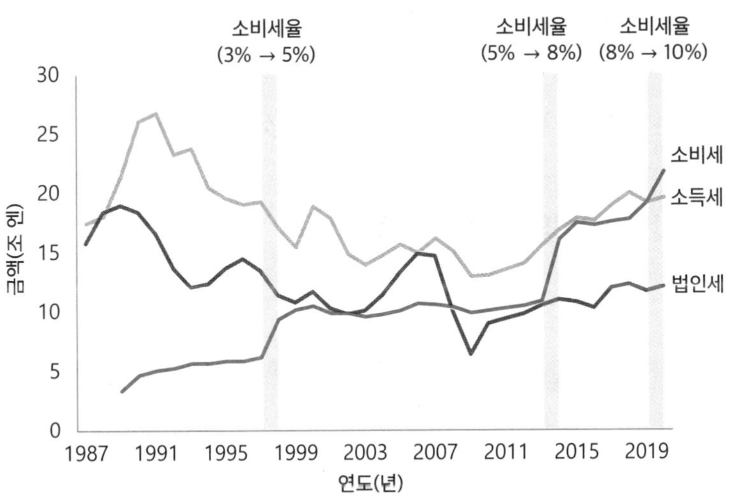

주: 소비세 중 지방정부 귀속분은 제외함.
지료: 일본 재무성

2015년 10월에 각각 그 세율을 8%와 10%로 인상하기로 발표하였다. 그러나 2015년으로 예정되었던 세율 인상은 두 차례 연기되어 결국 2019년 10월에 시행되었다. 일본은 소비세 인상과 동시에 소비세법을 개정하여 2014년 이후의 소비세수(국세)는 전액 사회보장 4경비(기초연금, 노인 의료, 개호 및 보육)에 충당하도록 규정하였다. 〈그림 6.18〉은 일본이 소비세를 어떻게 사용하고 있는지를 보여주고 있는데, 전체 소비세수 중에서 세율 인상분의 60%는 사회보장을 추가적으로 강화하기 위한 목적으로 지출되고 있다. 이를 통해 고령인구가 증가하며 복지지출 수요가 계속 증가하고 있는 모습을 엿볼 수 있다.[25]

부가가치세는 사회복지지출의 재원으로 적합하다.[26] 부가가치세 수입은 소득세 또는 법인세에 비해 경제 환경 변화에 덜 민감하므로 안정적인 조세수입 확보가 가능하다. 또한 일단 도입되면 다른 세목에 비해 조세 저항도 상대적으로 약한 편이다. 예를 들어 부가가치세가 3% 인상되는 것은 마치 물가가 3% 인상되는 것과 유사한 효과가 있지만

그림 6.18 일본의 소비세 인상 용도와 목적

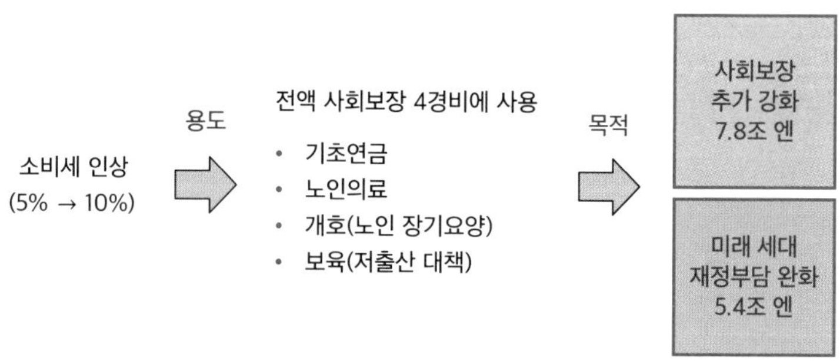

국민들은 이를 크게 체감하지 못하는 경우가 많다(물론 일시적인 소비 감소 효과가 있다).

또한 부가가치세는 '세대 간 공평성' 달성을 위해 더욱 중요하다. 앞서 설명하였듯이 일본은 사회복지지출에서 노인 부문 지출이 차지하는 비중이 매우 높다. 그런데 소득세는 주로 아직 은퇴하지 않은 30~50대가 부담하므로 만약 노인 부문 복지지출의 재원을 소득세로 충당할 경우, 세대 간 공평성 문제가 정치적 이슈로 대두될 수 있다. 반면 부가가치세는 은퇴한 노령 인구를 포함하여 모든 국민이 고르게 부담하므로 고령인구 비율이 높은 사회에서는 부가가치세 증세가 세대 간 비용 부담 격차를 완화할 수 있는 대안이 된다.

CHAPTER

7

사회보장기여금 (사회보험료)

7.1 사회보장기여금의 구성

국민부담률과 사회보장기여금

국민부담률이란 조세와 사회보장기여금 수입이 GDP에서 차지하는 비중을 말한다. 앞서 한국의 국민부담률이 빠르게 증가하고 있음을 설명하였는데, 이러한 증가세는 대부분 사회보장기여금의 증가에 기인한다. 〈그림 7.1〉은 주요 선진국 대비 한국의 사회보장기여금 수준(GDP 대비 비중)을 보여주고 있는데, 다른 선진국과 비교해도 한국의 증가세가 매우 가파른 것을 확인할 수 있다.

우리나라보다 먼저 인구 고령화를 경험한 일본의 경우에도 1990년대 이후 사회보장기여금이 빠르게 증가한 바 있다. 우리나라는 현재 세계에서 가장 빠른 속도로 인구 고령화가 진행되고 있어서 향후 사회보장에 대한 부담도 가파르게 증가할 것으로 보이며, 이러한 재정적 도

그림 7.1 주요 선진국 대비 사회보장기여금(GDP 대비) 추이

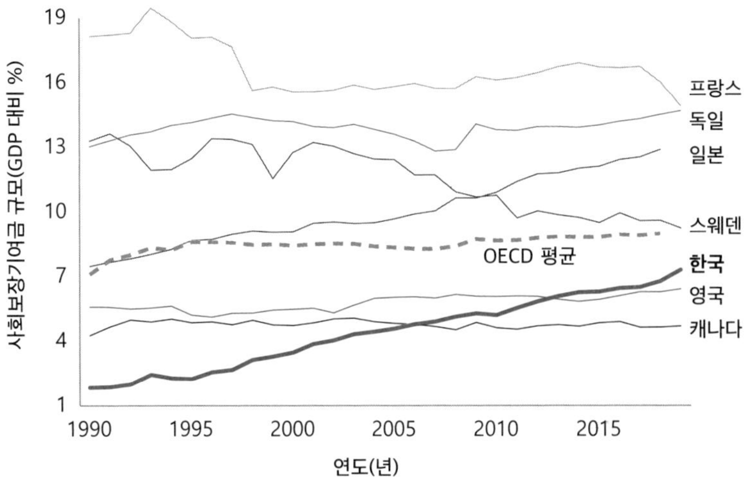

주: 1. 굵은 실선이 한국이며, 점선은 OECD 회원국 평균임.
2. 1990년부터 2019년까지의 데이터임(단, 일본은 데이터가 공개된 2018년까지 포함함).
자료: OECD Global Revenue Statistics Database

전을 과연 어떻게 슬기롭게 극복해 나아갈지가 매우 중요한 국가 과제가 될 전망이다.

공공부조와 사회보험이란?

한국의 사회보장social security은 크게 '공공부조'와 '사회보험'으로 구분된다.[1] 공공부조는 생활 유지 능력이 부족한 빈곤층 등의 최저 생활을 보장하기 위한 제도로서, 대표적으로 빈곤층을 위한 기초생활보장제도, 노인을 위한 기초연금, 장애인을 위한 장애인연금이 있다. 사회보험은 근로 능력이 있는 사람에게 발생할 수 있는 사회적 위험(질병, 사망, 노령, 실업 등)에 대처하기 위한 제도를 말하며, 한국은 건강보험, 국민연금, 산업재해보상보험(이하 '산재보험'), 고용보험의 4대 보험 체계를 갖고 있다.

일반적으로 공공부조는 세금으로, 그리고 사회보험은 사회보장기여금(사회보험료)으로 조달되지만 앞으로는 정부가 조세를 통해 사회보험의 고갈 문제를 해결하게 될 가능성이 높기 때문에 조세와 사회보험료의 구분은 점차 그 의미가 퇴색되고 있다. 특히 국민연금은 2039년경 적자로 전환될 것으로 전망되므로 그 이전에 국민연금을 포함한 사회보험의 재정 문제를 어떻게 해결할 것인지에 대한 논의가 이루어져야 할 것이다.

사회보장기여금은 어떻게 구성되어 있는가?

앞의 4대 보험에 공무원연금, 군인연금, 사학연금, 노인장기요양보험(이하 '장기요양보험')까지 포함하여 '8대 사회보험'이라고 한다.[2] 사회보장기여금은 바로 이 8대 사회보험에 대한 기여금을 말한다. 〈그림 7.2〉는 2019년 사회보장기여금의 구성을 보여주고 있는데, 건강보험(장기요양보험 포함)과 국민연금에 대한 보험료가 전체 사회보장기여금의 약 80%를 차지하고 있다.

한편 사회보험의 재원 조달 방식에는 크게 '부과식pay-as-you-go'과 '적립식funded system'이 있다. '부과식'은 그해에 필요한 지출을 그해의

그림 7.2 사회보장기여금 구성(2019년 결산 기준) (단위: 조 원)

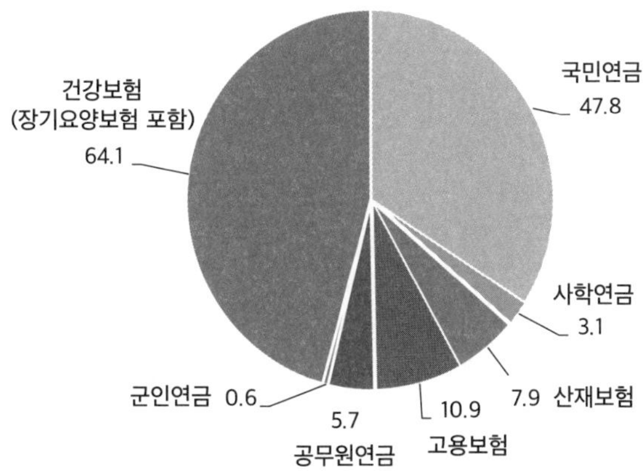

자료: 국회예산정책처(2019); 재정정보원(2021)[3]

보험료로 충당하는 방식으로, 건강보험이 바로 이 부과식으로 운영되고 있다. 부과식하에서는 매해 징수한 보험료로 보험금을 지급하기 때문에 정부가 많은 돈을 쌓아놓을 필요가 없다.

반면에 '적립식'은 보험 가입자가 납부한 보험료를 개인 계좌별로 적립해 놓았다가 퇴직 등의 사건이 발생했을 때 이를 지불하는 방식을 말한다. 국민연금 재원 조달 방식의 경우 '수정 적립식'이라고 부르는데, 미래의 연금 지급을 위해 보험료를 쌓아두기 때문에 적립식과 유사하지만 지급할 급여액의 약 절반만 적립하고 나머지 절반은 실제 연금을 지급하는 시점에 추가 보험료 또는 조세를 통해 조달해야 하기 때문에 부과식의 성격도 함께 갖고 있다.

그림에서 보듯이 국민연금의 기여금은 건강보험의 기여금보다 작

그림 7.3 **8대 사회보험의 적립금 현황** (단위: 조 원)

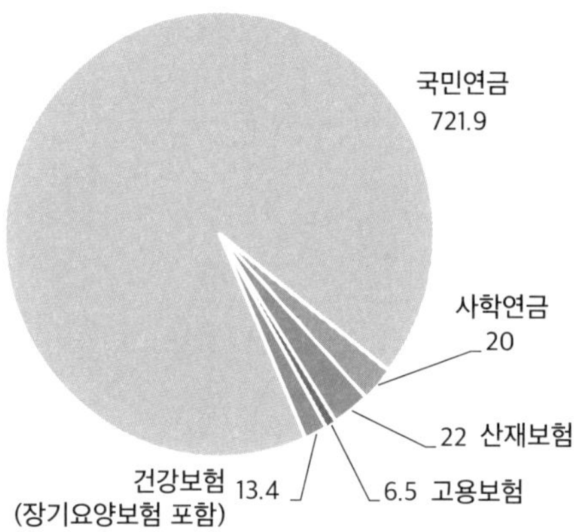

주: 공무원연금과 군인연금의 경우 적립금이 지불준비금 정도의 기능을 하고 있어 포함하지 않음.

자료: 국회예산정책처(2019)[4] 중 2020년 말 기준 전망 금액

다. 그러나 국민연금은 미래에 지급할 금액의 약 절반만을 보험료로 징수하고 있기 때문에, 향후 재정에의 부담은 8대 사회보험 중에서 가장 클 것으로 보인다. 또한 국민연금은 그 보험료가 수정 적립식으로 적립되고 있으며, 규모는 〈그림 7.3〉에서 보듯이 8대 사회보험 전체 적립금의 약 92%에 달한다.

〈그림 7.4〉에서 보듯이 국민연금의 적립금은 지금의 체제를 유지할 경우 당분간 지속적으로 증가하다가 2038년을 기점으로 급격히 감소한 뒤 2055년에는 모두 소진될 것으로 전망된다. 보건복지부가 2018년 추정한 바에 따르면, 2060년에는 가입자 평균 소득의 29.3%, 2088년에는

그림 7.4 **국민연금 재정수지와 적립금 전망**

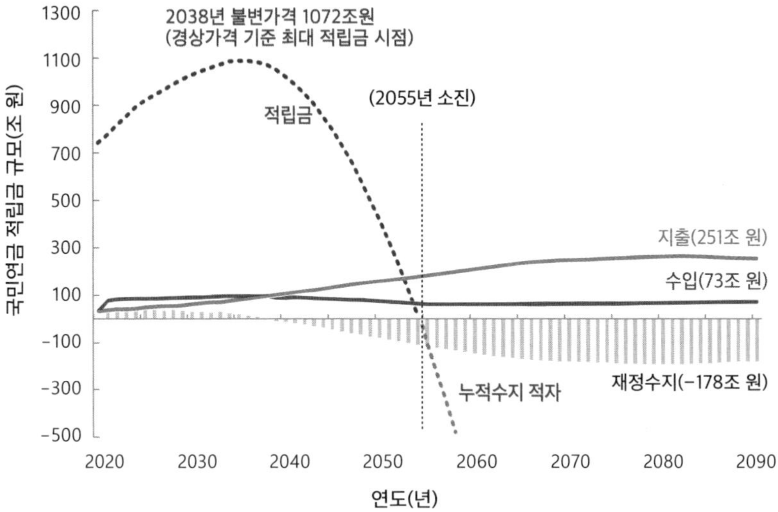

자료: 국회예산정책처(2020)[5]

37.7%까지 보험료를 납부해야만 제도가 지속될 수 있다고 한다. 국민연금 가입자들은 세금이나 다른 사회보험료 부담을 제외하고 오직 국민연금 보험료만으로 이 정도 수준을 납부해야만 한다는 것인데, 이것은 결국 보험료만으로는 국민연금이 지속되기 힘들다는 것을 뜻한다. 제도를 지속하기 위해서는 연금 혜택을 줄이거나 보험료를 인상하거나 조세를 통해 지원할 수밖에 없게 될 것인데, 그 재원이 보험료이건 조세이건 돈이 나올 곳은 오직 국민의 호주머니뿐이라는 점이 가장 큰 문제이다.

통합재정수지와 관리재정수지

'통합재정수지'는 정부의 총수입에서 총지출을 차감한 금액을 말하는데, 이것은 정부의 재정 성과를 판단하는 지표로는 부적합하다. 국민연금과 같은 적립식 또는 수정 적립식 사회보험의 경우, 계속해서 현금이 유입되더라도 재정 성과가 양호하다고 보기는 어렵다. 따라서 기획예산처는 2002년부터 사회보험기금의 대규모 흑자에 따른 착시 효과를 없애기 위해 '관리재정수지'라는 지표를 개발하였다. 이는 '통합재정수지'에서 국민연금, 사학연금, 산재보험, 고용보험의 수지를 제거하여 재정 성과를 보다 정확하게 보여주는 지표이다.

8대 사회보험 중에서 공무원연금과 군인연금의 경우 정부가 연금에 대한 법적 지급의무를 갖고 있기 때문에 그 수지를 통합재정수지와 관리재정수지에 모두 포함한다. 이 두 연금은 많은 적립금을 보유하지 않고 그해에 필요한 지출을 그해의 보험료로 조달하는 부과식 사회보험이므로 관리재정수지에 포함하는 것이 논리적으로도 타당하다.

나머지 건강보험과 장기요양보험은 현재 정부재정(기금)이 아니라 공공기관인 국민건강보험공단의 재정에서 관리되는 특이한 구조를 갖고 있다. 이들은 모두 국가재정이 아니므로 통합재정수지와 관리재정수지 양쪽에 포함되지 않고 있으나, 실질적으로는 정부가 건강보험과 장기요양보험의 재정에 대한 책임을 지고 있기 때문에 통합재정수지에 포함시킬 필요가 있다. 또한 재원을 부과식으로 조달하고 있기 때문에 관리재정수지에도 포함하는 것이 논리적으로 타당하다.

7.2 한국 사회보장기여금의 특징과 쟁점

한국은 근로자와 고용주의 사회보장기여금 부담이 거의 동일하다

이번에는 한국 사회보장기여금의 특징에 대해서 살펴보자. 세계 대부분의 선진국에서는 근로자와 기업이 사회보험료를 분담하고 있다.[6] 예를 들어 한국의 2021년 국민연금 보험료율 9%를 근로자와 사업주가 각각 4.5%씩 분담하고, 건강보험료율 6.86%는 근로자와 사업주가 각각 3.43%씩 분담하는 식이다. 다만 산재보험 등 고용주가 전액을 부담하는 사회보험도 있기 때문에, 모든 사회보험료를 정확히 반반씩 부담하고 있는 상황은 아니다.

〈그림 7.5〉는 주요 선진국의 근로자와 고용주(기업) 간의 사회보장기여금 부담을 비교한 결과인데, 여기에서는 몇 가지 특징이 눈에 들어

그림 7.5 **근로자 및 고용주 사회보장기여금 부담**

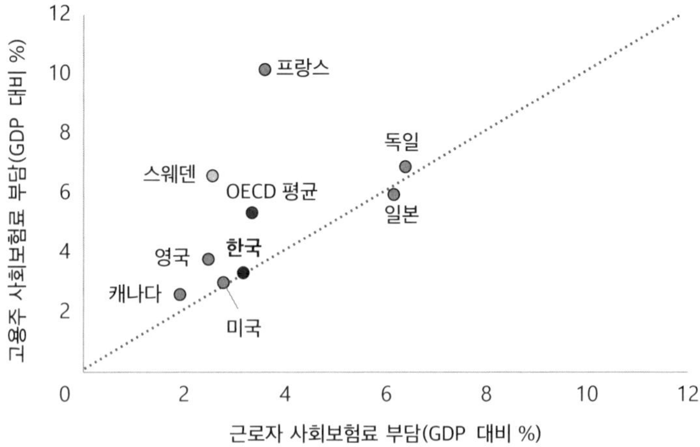

주: 일본과 OECD 회원국 평균은 2018년 자료이고, 나머지 국가는 2019년 자료를 사용함.
자료: OECD Global Revenue Statistics Database

온다. 먼저 미국, 영국, 캐나다의 영미권 국가들의 사회보험료 부담이 작은 것을 확인할 수 있는데, 이는 영미권 국가 조세 정책의 중요한 특징 중 하나이다. 한국도 2019년까지는 영미권 국가들과 유사한 수준을 부담하고 있다.

영미권 국가를 제외한 나머지 선진국들은 사회보험료 부담이 현저히 높은데, 이들은 크게 두 가지 유형으로 구분된다. 첫째는 독일과 일본 유형으로 이들 국가에서는 근로자와 고용주가 높은 사회보험료를 거의 동일한 비율로 분담한다. 둘째는 프랑스와 스웨덴 유형으로 근로자의 부담에 비해서 고용주의 부담이 두 배 이상 크다.

스웨덴의 경우에는 고용주에게 높은 사회보험료 부담을 요구하는 대신 낮은 법인세율을 부과하고 있다. 또한 상속증여세나 부유세가 없고, 배당소득과 자본이득에 대해서 낮은 세율을 부과한다. 이 같은 정책은 기업에게 '사회보장에의 기여'라는 사회적 책임을 강하게 요구하되, 창출된 이익에 대한 재산권은 최대한 인정해 주겠다는 의미로 해석할 수 있는데, 이는 수익성이 우수한 기업에게 유리하다. 하지만 그와 반대로 한국은 기업의 사회보험료 부담은 작은 반면 법인세는 매우 누진적이어서 수익성이 우수한 기업에게 불리하다.

스웨덴 사회보험의 또 다른 특징은 근로자의 사회보험료 부담이 OECD 회원국 평균은 물론이고, 한국보다도 작다는 것이다. 하지만 근로자는 매우 높은 소득세를 부담하고 있어, 조세와 사회보험료를 합산한 총부담이 과도하지 않은 수준을 유지하며 사회 구성원에게 널리 분산되고 있다.

조세의 귀착과 사회보험료 분담

'조세의 귀착tax incidence 이론'이란 정부가 조세를 부과할 때 그 부담을 실제로 누가 지는가에 관한 이론이다. 예컨대 빵 1단위를 100원에 판매하는 공급자가 있다고 할 때 정부가 공급자에게 단위당 10원의 세금을 부과한다면 이 세금은 누가 부담하게 될까? 법률상의 납세의무자는 공급자이지만 실질적인 세부담은 시장 원리에 따라 결정된다. 만약 세금을 포함한 빵 가격이 100원으로 유지된다면 공급자가 세금

전액을 부담하는 것이 되고, 110원이 된다면 소비자가 부담하는 것이 된다. 또한 가격이 100원에서 110원 사이에서 결정되면 양측이 분담하는 것이 된다.

이 이론에 따르면 실질적인 세부담은 법률상의 납세의무자와 무관하게 결정된다.[7] 이를 사회보험료에 적용하면, 정부가 근로자와 고용주에게 사회보험료를 각각 5 : 5로 분담시키든, 0 : 10으로 분담시키든 양측의 실질적 부담은 영향을 받지 않는다. 실질적 부담은 법에 정해진 납세의무자와 무관하게 근로자와 고용주의 임금 협상에 의해 결정되기 때문이다.

그러나 최근 방대한 연구 데이터를 통해 납세의무자를 누구로 지정하는가가 실질적 세부담에도 상당한 영향이 있음이 밝혀지고 있다.[8] 최소한 단기와 중기까지는 그렇다. 장기적으로는 이론에서 예측하는 대로 가격이 수렴할 가능성이 있지만, 조세의 거시적 효과까지 고려해야만 하는 어려움이 있어서 관련 연구가 부족한 실정이다.

한국의 사회보험료는 역진적인가?

사회보험료는 일반적으로 역진적이다. 가령 저소득자가 소득의 8%를 사회보험료로 납부한다면, 고소득층은 소득의 5~7%를 부담하는 식이다. 물론 소득 대비 비율이 역진적이라는 뜻이지, 부담하는 금액은 고소득층이 월등히 더 크다. 이러한 역진성은 사회보험이 부의 재분배 역할보다는 사회적 위험에 대처하기 위한 '보험' 역할을 수행하기 때문

그림 7.6 **임금 수준 대비 근로자 부담 사회보험료**

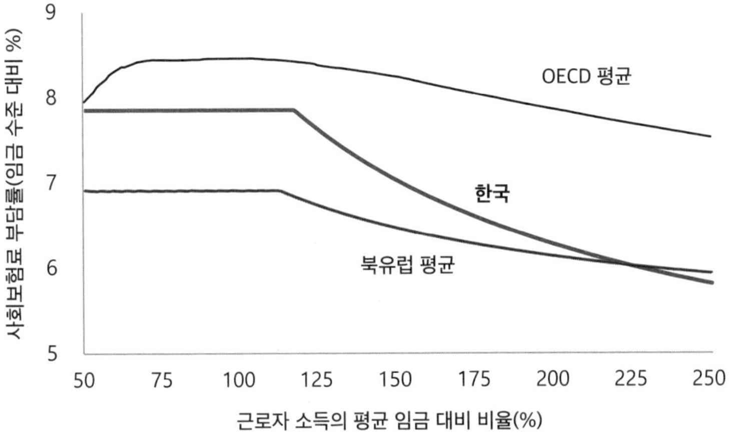

주: 1. 두 자녀를 가진 홑벌이 가구 기준(2019년 평균 부담)임.
2. 직장가입자 기준의 사회보험료만 포함함.
자료: OECD Taxing Wages

에 발생한다. 바로 이것이 중산층과 고소득층까지 큰 반대 없이 보험에 가입하는 이유이다.

〈그림 7.6〉은 근로자의 임금 수준에 따라서 본인이 부담하는 사회보험료가 어떻게 변화하는지를 보여준다. 가로축은 근로자 소득의 평균 임금 대비 비율로서, 가령 가로축 100은 평균 임금을 의미하며 한국의 경우 평균 임금을 받는 근로자들은 자신들 임금의 약 8%를 사회보험료로 납부하고 있는 것으로 이해할 수 있다. 근로자의 임금이 평균 수준을 조금 넘어가면 평균 보험료율이 하락하기 시작하는데 이는 고소득자일수록 임금 대비 보험료율이 낮아지는 역진성을 보이고 있는

것이다. OECD 회원국 평균, 한국, 북유럽 평균 모두 마찬가지 양상이지만, 한국이 특히 역진적이다. 한국의 경우 국민연금과 건강보험 직장가입자의 보험료 상한이 역진성의 원인이 되고 있다.[9]

그림은 OECD 자료를 바탕으로 분석한 결과인데, 이에 따르면 한국의 사회보험료 부담은 선진국 대비 역진적이다. 그러나 이 분석은 한국 사회보험의 두 가지 특징을 간과하고 있다. 사회보험에서 큰 비중을 차지하는 건강보험을 예로 들어 설명하면 다음과 같다. 첫째, OECD 자료는 건강보험 직장가입자의 보험료 중 '보수월액'만을 포함하였다. 건강보험 직장가입자의 보험료는 '보수월액'과 '소득월액'을 합산하여 결정된다. '보수월액'이란 임금의 일정 비율로 부과되는 보험료로 2021년 현재 임금의 6.86%를 근로자와 고용주가 반반씩 나누어 납부한다. 그러나 만약 근로소득 외 금융소득, 임대소득 등이 3400만 원을 초과할 경우 '소득월액'이라는 보험료를 추가로 납부해야 한다. 이 소득월액은 전액 본인이 부담한다.[10]

둘째, 그림은 건강보험료를 직장가입자 기준에서 분석한 것이다. 근로자가 직장에서 은퇴하게 되면 가입 신분이 직장가입자에서 지역가입자로 전환된다. 지역가입자의 건강보험료는 소득, 재산, 자동차 등 소득과 재산 규모를 모두 고려하여 산정되며 전액 본인 부담이다. 이처럼 모든 소득과 재산을 고려하여 보험료율이 결정되기 때문에 누진적으로 설계되어 있다.[11]

결론적으로 건강보험료 소득월액과 지역가입자까지 모두 고려할 경우, 한국의 사회보험료는 매우 누진적이다. 누진성 자체가 문제가 될 수는 없겠지만, 보험료 체계가 비합리적으로 설계되어 있어 개선이 필요하다. 직장가입자는 소득으로만 보험료를 결정하는데, 지역가입자가 되면 소득과 재산을 모두 고려하여 보험료를 결정하므로 지역가입자와 직장가입자 간의 보험료 부담 차이가 과도한 상황이 발생한다. 특히 재산을 소득으로 환산할 때 사용하는 '소득환산율'이 비합리적으로 높기 때문에 응능부담원칙에 위배된다. 예컨대 재산은 있지만 소득이 없는 은퇴 근로자들에게 높은 보험료 부담을 지우고 있어 강한 저항에 직면할 수밖에 없다.

은퇴 근로자의 경우와 대비되는 또 다른 부정적인 경우도 있다. 외국 국적 동포의 경우 만 65세가 지나면 한국 국적을 취득하여 복수국적자가 될 수 있고, 그 후 건강보험에 가입하게 되면 지역가입자로 분류된다. 그런데 이들의 재산이 모두 한국이 아닌 해외에 있기 때문에 건강보험료가 터무니없이 낮게 책정되어, 재산에 대한 보유세 등 세금은 해외에 납부하면서 혜택은 한국에서 받게 되는 일이 벌어진다. 수평적 형평성에 위배되는 상황이다.

직장가입자의 경우에도 근로소득과 나머지 소득 간 형평성을 고려할 필요가 있다. 예를 들어 보수월액 상한선의 적용을 받는 근로자의 경우 금융소득보다 근로소득을 늘려 보험료를 절감할 수 있는 등 다른 조세에 비해 허점이 많다. 또한 조세에 대해서는 상세한 자료가 공개되어 있지만, 건강보험료에 대한 정보는 극히 제한적으로 공개되어 있다는 문제도 있다. 향후 개선이 필요하다.

한국의 사회보험은 강한 소득 재분배 기능을 갖고 있다

정부가 운영하는 사회보험은 민간 기업이 운영하는 보험에 비해서 여러 가지 장점을 갖고 있다. 보험에 의무적으로 가입시킴으로써 역선택 문제adverse selection를 해결할 수 있고, 다양한 리스크를 보다 효과적으로 헤지hedge할 수 있다. 또한 일부 사회보험의 경우에는 소득 재분배 기능도 수행한다.

한국의 8대 사회보험 중에서는 건강보험과 국민연금이 강한 소득 재분배 기능을 갖고 있다. 건강보험의 경우에는 앞서 설명한 바와 같이 누진적인 보험료를 통하여 소득 재분배에 기여한다. 반면에 국민연금은 저소득층에게 더 많은 연금 혜택을 제공함으로써 소득을 재분배하고 있다.[12]

국민연금의 소득 재분배 기능을 분석하기 전에 먼저 '소득대체율'이라는 개념을 이해할 필요가 있다. 소득대체율은 연금가입자가 40년간 보험료를 납부했을 때 납부 기간 평균 소득 대비 추후 수령하게 되는 연금액의 비율을 말한다. 가령 소득대체율이 40%라는 것은 월평균 소득이 100만 원인 가입자가 보험료를 40년 동안 납부할 경우 연금으로 매월 40만 원을 수령하게 된다는 뜻이다. 소득대체율이 높을수록 연금 혜택이 큰 것이다.

〈그림 7.7〉은 저소득층과 고소득층의 연금 소득대체율을 국가 간 비교한 자료이다. OECD 회원국 중 한국처럼 국민연금 보험료를 따로 납부하는 16개국에 대해서 분석하였고,[13] 소득대체율은 OECD 자료를 사용하여 비교하였다.[14] 그림을 보면 한국의 국민연금 소득대체율은 저

그림 7.7 **저소득자와 고소득자의 소득대체율 비교**

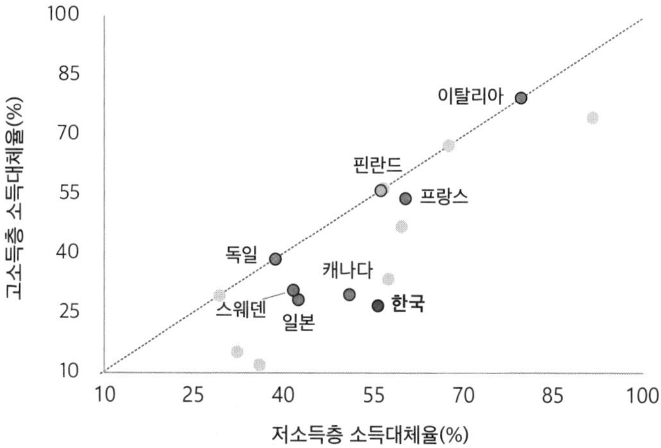

주: 저소득층은 소득이 평균 소득 대비 50%인 계층이며, 고소득층은 소득이 평균 소득 대비 150%인 계층임.

자료: OECD Pension at a Glance, Table 5.3

소득층 55.6%, 고소득층 27%로서,[15] 저소득층이 더 많은 혜택을 받는 구조임을 확인할 수 있다.

만약 저소득층과 고소득층의 소득대체율이 일치할 경우 이는 해당국의 국민연금제도에 소득 재분배 기능이 없다는 의미이며 그림의 대각선상 위치할 것이다. 독일, 핀란드, 이탈리아가 여기에 해당한다. 반면 대각선에서 우측으로 멀리 떨어져 있을수록 소득 재분배 기능이 강하다는 의미를 갖는데 한국 국민연금의 소득 재분배 기능이 비교 대상국가 중 가장 강력한 것을 확인할 수 있다.

사회보험이 가진 소득 재분배 기능에 대해서는 전문가 간 평가가 엇갈린다. 사회보험은 기본적으로 본인이 기여한 만큼 혜택을 돌려받는 제도인데, 소득 재분배 기능은 이러한 '자기부담 원칙'에 위배된다. 또한 제도의 도입 취지와는 달리 소득이 불투명하여 신고소득이 낮은 지역가입자가 혜택을 볼 가능성도 있다. 다만 경제적 불평등이 큰 사회문제가 되고 있는 상황에서 사회보험이 부의 양극화 해소에 기여하는 점은 긍정적이다.

이러한 다양한 평가에도 불구하고 한 가지 사실만은 분명하다. 사회보험이 강한 소득 재분배 기능을 갖게 될수록 사회보험료 인상에 대한 강력한 저항에 직면하여 충분한 사회보험료를 징수할 수 없게 되고, 이는 결국 정부가 사회보험의 규모를 키울 수 없는 결과로 이어질 수 있다는 것이다. 따라서 소득 재분배 기능은 다소 부족하더라도 충분한 보험료를 징수함으로써 묵직한 돼지 저금통을 만드는 것이 다양한 사회적 위험으로부터 국민을 보호하는 올바른 길이라고 생각된다.

7.3 국민연금과 건강보험 재정의 주요 쟁점

국민연금 재정은 지속 가능하지 않다

8대 사회보험 중에서 가장 큰 규모를 차지하는 국민연금과 건강보험의 재정은 어떠한 특징을 갖고 있는지 알아보자. 먼저 국민연금을 살펴보자. 국민연금 가입자는 소득의 9%를 보험료로 납부하고 있으며, 만약 이 9%의 보험료를 40년 동안 납부하게 될 경우 평균소득의 40%를 65세부터 사망 시까지 받게 된다. 즉 국민연금은 '보험료율 9%, 소득대체율 40%'로 설계되어 있는 것인데, 그 혜택에 비해 보험료가 매우 저렴하다. 이렇듯 국민연금은 언젠가는 고갈될 수밖에 없도록 설계되어 있는데 최근 출산율 하락과 수명 연장으로 그 시기가 당초 예상보다 앞당겨지고 있다.

〈그림 7.8〉은 세계 주요 선진국의 공적연금 보험료율과 소득대체율을 보여준다. OECD 회원국 중 국민연금 보험료를 따로 납부하는 16

개국의 평균 보험료율은 18.5%, 평균 소득대체율은 47%로 조사되었다. 보험료율은 한국의 두 배이지만, 소득대체율은 한국 보다 조금 높은 수준인 것이다.[16] 그중에서도 일본은 한국보다 소득대체율이 낮지만 보험료율은 약 두 배 수준이다.

국민연금이 저부담-고급여 체계를 갖고 있어 결국 고갈될 수밖에 없다면 그것을 막을 수 있는 정책적 대안은 과연 무엇일까. 다음의 네 가지를 생각해 볼 수 있다. 첫째, 보험료를 인상하는 대안, 둘째, 소득대체율을 낮추어 연금 혜택을 줄이는 대안, 셋째, 연금 수급 개시 연령을 상향 조정하는 대안, 넷째, 확정급여defined benefit 방식에서 확정기여

그림 7.8 공적연금 보험료율과 연금 소득대체율 비교

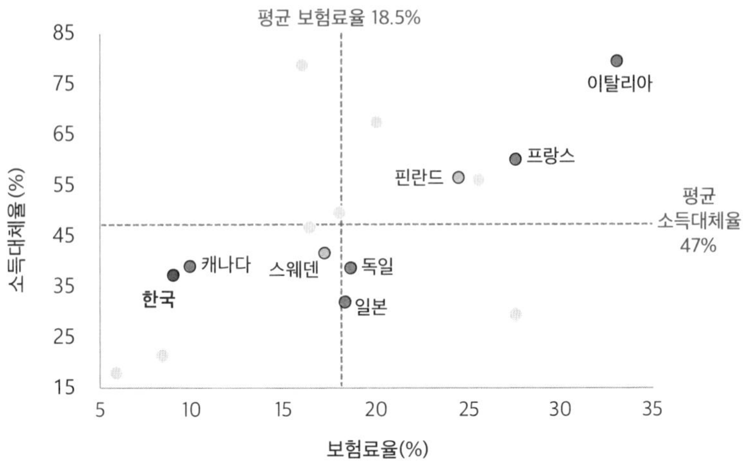

주: 평균소득자 기준 공적연금(mandatory public)의 소득대체율과 보험료율임.
자료: OECD(2019)[17], Table 5.3 & Table 8.1

defined contribution 방식으로 전환하는 대안이 그것이다.[18] 이들 네 가지 대안 중 하나를 선택하지 않을 경우, 결국 국민연금은 매해 필요한 지출을 보험료와 조세수입을 통해 조달하는, 명실상부한 부과식으로 전환될 수밖에 없을 것이다.

60대의 경제 활동 참가를 지원해야 한다

해외 선진국들은 60세 이상 인구의 경제 활동 참가를 늘려 연금의 재정건전성을 개선하기 위해 노력하고 있다. 〈그림 7.9〉는 55~64세 인구의 경제활동참가율을 국가 간 비교한 결과이다. 한국은 아직까지는 양호하지만 OECD 회원국 평균과의 격차가 점차 좁혀지고 있다. 특히 향후 65세 이상 어르신에게 지급되는 기초연금 혜택과 대상자가 증가하며 60대 인구의 경제 활동 참가가 줄어들 수 있어 정책적 관심이 필요하다.

그림에서 보듯이 비교 대상 선진국 중에서는 스웨덴의 경제활동참가율이 단연 높다. 스웨덴은 25세에서 64세까지의 모든 연령 구간에서 노동참가율이 OECD 회원국 중 가장 높은데, 여기에는 앞서 설명한 것과 같이 근로를 조건으로 제공되는 스웨덴의 다양한 복지제도가 크게 기여한 것으로 보인다. 그리고 그 이면에는 노동의 가치를 중시하는 그들의 철학이 녹아 있다. 독일 사례도 눈여겨볼 필요가 있는데, 독일의 경우 2000년대 초반부터 55~64세 인구의 경제 활동 참가가 급증하며 한국을 추월하였다. 과거 연구에 따르면 연금제도의 개혁이 이러한 변화에 크게 기여한 것으로 평가되고 있으며, 특히 조기 퇴직에 대한 급여 삭감이 효과적이었다는 의견이 있다.

그림 7.9 **55~64세 인구의 경제활동참가율**

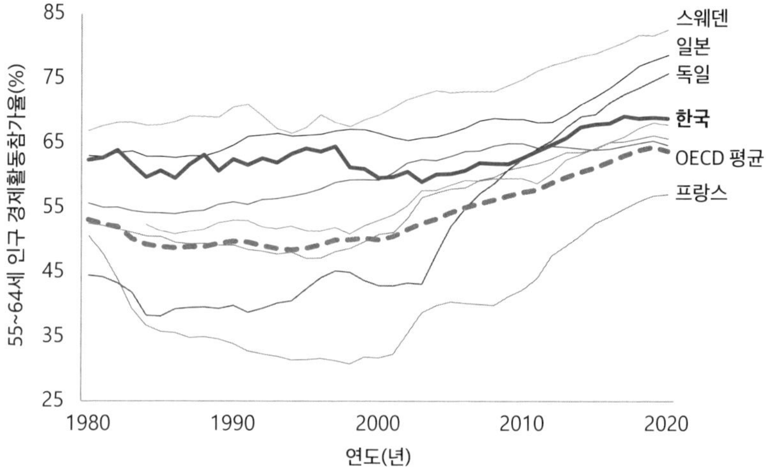

자료: OECD Employment Outlook

고령자 경제 활동 참가의 딜레마

유럽 선진국에서는 1980년대까지만 해도 청년 실업 문제를 해결하기 위해 오히려 고령자의 조기 은퇴를 유도하는 분위기가 있었다. 그러나 1990년대 연금재정 문제가 중요한 이슈로 떠오른 이후부터는 60세 이상 인구의 경제 활동 참가를 독려하기 위해서 노력하고 있다.

〈그림 7.10〉은 55~64세 인구와 65세 이상 고령인구의 경제활동참가율을 국가 간 비교한 결과이다. 한국은 65세 이상 고령자의 경제활동참가율이 OECD 회원국 중 가장 높은 반면 55~64세 인구의 경제활

동참가율은 평균보다 조금 높은 수준에 불과하다. 해외 선진국들은 은퇴를 앞둔 60세 이상 인구의 경제 활동이 연장될 수 있도록 연금제도를 수정하여 그들에게 인센티브를 제공하고 있다.

고령인구의 경제 활동 참여를 유도하기 위한 제도 개선은 비록 연금재정에는 긍정적이지만 한편으로는 부작용도 야기할 수 있다. 그중에서도 특히 청년 일자리가 줄어들 수 있다는 우려가 제기되고 있는데, 기존 연구에 따르면 이러한 우려는 기우일 가능성도 있지만 정치적 쟁점으로 비화될 소지가 있다. 또한 고령인구의 경제 활동 참여를 유도하는 정책이 노인 빈곤 문제를 악화시키지 않도록 주의할 필요도 있다.

그림 7.10 **55~64세와 65세 이상 인구의 경제활동참가율**

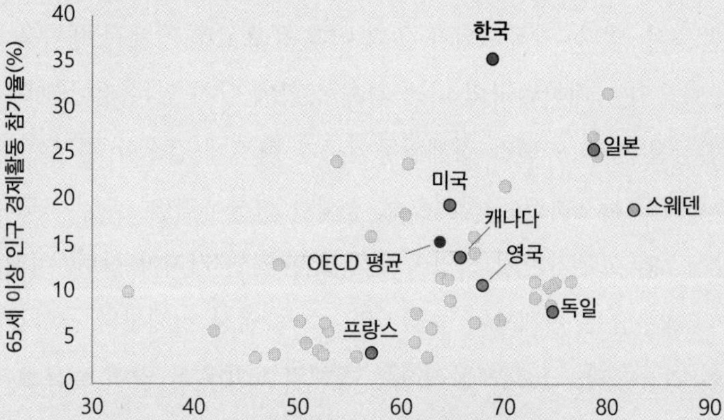

주: 독일은 2019년 자료, 나머지 국가는 2020년 자료를 사용함.
자료: OECD Employment Outlook

연금 문제의 궁극적인 해결 방안은 경제 성장이다

한 가지 분명히 이해해야 할 점이 있다. 연금 문제의 궁극적인 해결책은 경제 성장이라는 점이다. 예컨대 30년 후 은퇴할 A씨를 상상해 보자. A씨가 가입한 연금은 부과식으로 운영되고 있어, 30년 후부터 사망 시까지 A씨가 받을 연금은 그 미래 시점에 경제활동인구가 납부할 보험료로 조달된다. A씨에게 지급할 충분한 보험료를 걷기 위해서는 국민소득, 즉 GDP가 충분히 커야 하고, 결국 A씨가 연금을 제대로 받기 위해서는 30년 이후의 GDP가 충분히 커야만 한다.

보다 극단적으로 가정해 보자. 30년 후 한국의 GDP가 0이고, 대한민국 땅에서는 더 이상 생산 활동이 일어나지 않는다면, 이에 따라 국민들의 소득도 없고, 보험료를 징수할 방법도 없으므로 A씨는 연금을 지급받을 수 없다. 결국 A씨가 은퇴 이후 풍요로운 경제적 생활을 영위할 수 있을지는 대한민국의 미래 경제 상황에 달려 있는 것이다.[19]

한국은 향후 30년간 경제활동인구가 빠르게 감소할 전망이다. 인구 감소에도 불구하고 정상적으로 경제가 성장하려면, 결국 고도의 기술 집약적인 고부가가치 산업이 현재보다 훨씬 커져야 한다. 미래의 1인당 조세부담은 현재보다 높겠지만, 소득 역시 현재보다 높아진다면 감당이 가능하다. 근로를 장려하는 정책과 노동력을 많이 필요로 하지 않는 기술 집약적 고부가가치 산업을 육성하는 정책을 동시에 추구하는 것은 일견 모순적으로 보일 수 있으나, 빠른 고령화가 진행될 한국의 상황에서는 최적의 정책 조합이라고 판단된다.

국민의 의료비 지출이 증가하면 건강보험 재정은 악화된다

이제 국민연금에 이어 건강보험의 재정에 대해서 살펴보자. 건강보험의 재정건전성을 이해하기 위해서는 먼저 국민들의 의료비 지출액을 보아야 한다. 〈그림 7.11〉은 한국 국민들이 지출하는 의료비 총액의 추이를 보여주고 있는데, 2010년 GDP 대비 5.9%였던 의료비가 2019년에는 8%로 증가한 것을 확인할 수 있다. 한국의 의료비는 OECD 회원국 중 가장 빠른 속도로 증가하고 있다.

그런데 여기에서 혹자는 국민 의료비 증가와 건강보험 재정 간에

그림 7.11 **GDP 대비 의료비 추이**

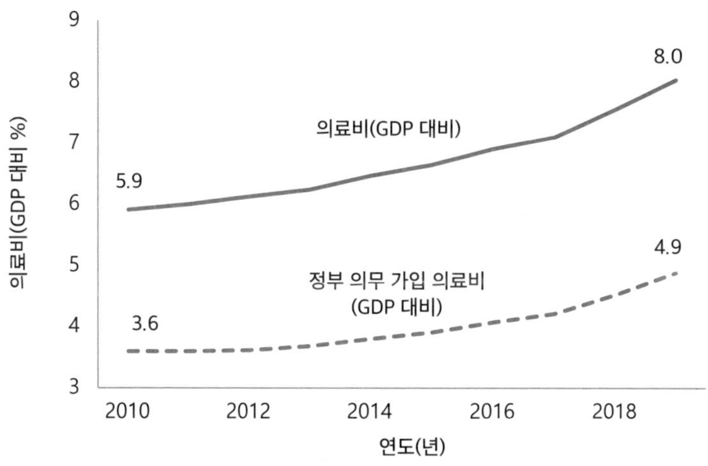

주: 정부 의무 가입 의료비에는 건강보험, 산재보험, 장기요양보험 등 사회보험에서 지출되는 의료비가 포함됨.
자료: OECD Health Spending Data

어떠한 관계가 있는 것인지 궁금할 수 있다. 건강보험은 국민이 지출하는 의료비 부담의 일정 비율을 분담하는 구조를 갖고 있기 때문에 국민 의료비 지출이 증가하면 결국 건강보험 지출도 함께 증가하게 된다. 그림에서도 건강보험을 포함한 정부 의무가입제도에 의한 지출이 빠르게 증가하고 있음을 확인할 수 있다.[20]

물론 건강보험의 보장성을 강화할 경우에도 건강보험 지출액이 증가한다. 보장성이란 국민이 부담하는 총진료비 중 건강보험에서 부담하는 진료비의 비율을 말한다. 따라서 보장성이 강화되면 그림에서 보는 바와 같이 정부 의무가입제도에 의한 의료비 비중이 증가할 것이다. 또한 보장성 강화로 인해 건강보험 지출액뿐 아니라 국민 의료비 역시 상승할 가능성이 있다. 이는 본인이 부담하는 병원비가 낮아져 국민들이 병원을 더 자주 방문하게 되므로 전체 의료비가 상승할 수 있기 때문이다.

정리하면 결국 건강보험 재정은 국민들이 지출하는 의료비 총액에 크게 영향받는다. 특히 우리나라는 국민 의료비 지출이 지나치게 빠른 속도로 증가하고 있어 건강보험의 지속가능성에 대한 우려가 제기되고 있다. 그렇다면 다음에서는 정부가 건강보험의 지속가능성을 위해 고려하는 정책적 대안은 무엇인지, 또 그 대안은 어떤 장단점이 있는지 알아보자.

행위별수가제와 포괄수가제의 장단점

한국의 의료비가 빠르게 상승하는 이유 중 하나는 '행위별수가제

fee-for-service'라는 제도와 연관이 있다. 행위별수가제란 정부가 의사의 진료 행위 하나하나마다 사전에 가격(수가)을 정해놓고, 사후에 진료비를 정산하는 제도를 말한다.[21] 쉽게 말해서 진료 행위 항목별로 가격을 규제하는 방식인 것이다.

행위별수가제하에서 의사들은 '박리다매薄利多賣' 할 수밖에 없다. 정부가 각 진료 행위에 대한 가격을 낮게 책정하다 보니 의사들은 최대한 많은 환자들을 진료하여 수입을 극대화하고자 적극적으로 환자를 유치하게 되고, 결국 환자는 의사를 만나기가 쉬워진다. 하지만 한편으로는 의사가 진료 행위를 늘리는 과정에서 과잉 진료가 발생할 수 있다. 예컨대 가벼운 감기에도 항생제 등 약제를 투입하게 되는 것이다.

그럼에도 불구하고 행위별수가제는 환자가 아플 때 의사를 만나기 쉽고, 의료 서비스 가격도 저렴하기 때문에 국민의 건강권 입장에서는 바람직한 제도이다.[22] 행위별수가제는 그간 한국인의 건강 지표 개선에 크게 기여한 것으로 평가받는다. 다만 건강보험의 재정 관점에서 본다면 이는 매우 값비싼 제도이다. 한국인은 가벼운 감기만 걸려도 곧잘 병원을 방문하곤 하는데 그때마다 건강보험 재정에서는 지출이 일어난다. 국민 입장에서는 좋은 의료 서비스를 받을 수 있다는 장점이 있지만, 그만큼 더 높은 보험료를 납부해야 제도가 유지될 수 있는 것이다.

한편 한국을 포함한 많은 선진국에서는 건강보험의 지속가능성을 제고하기 위하여 포괄수가제 도입을 고려하고 있다.[23] 포괄수가제는 행위별수가제와는 달리 의료 행위의 양과 상관없이 질병마다 가격(수가)을 미리 정해놓고, 사후에 지급하는 방식이다. 이러한 포괄수가제하에서 가격은 의료 행위의 양, 약제 종류 등과 무관하게 결정된다. 즉 행위별수가제는 의료 행위 수준에서 가격을 통제하는 반면, 포괄수가제는 질병 치료 수준에서 가격을 통제한다.

포괄수가제하에서 의사는 과잉으로 진료할 필요가 없다. 오히려 그 반대로 환자의 질병을 치료하기 위해 필요한 최소한의 진료 행위와 최저 비용의 약제만을 투입한다. 어차피 환자의 질병만 치료되면 동일한 가격을 받기 때문이다. 따라서 감기처럼 시간만 지나면 낫는 질병을 가진 환자는 제대로 된 진료를 받지 못할 수 있다. 의사들은 치료나 검사를 하면 할수록 손해이기 때문에 충분한 진료 행위를 하지 않을 수 있다.

포괄수가제가 도입되면 국민 의료비 지출은 감소할 것이다.[24] 이 같은 결론은 해외 선진국의 경험을 보아도 확인된다. 다만 국민들이 체감하는 의료 서비스의 질은 하락할 확률이 크다. 포괄수가제를 도입하고자 하는 가장 중요한 목적이 재정 절감이기 때문에 정부가 질병당 가격(의사에게 사후에 지급되는 가격)을 낮게 책정할 가능성이 크고, 이 경우 의료 접근성이 악화될 우려가 있다.

이제 결론이다. 행위별수가제와 포괄수가제 모두 장단점이 있다. 환자 입장에서 의료행위의 접근성을 중시한다면 행위별수가제가 나을 수 있지만 적은 비용으로 국민 건강권을 지킨다는 효율성 관점에서는 포괄수가제가 낫다. 따라서 향후 이 두 제도를 적절히 조합하여 건강보험 재정의 지속가능성을 개선할 필요가 있다.

포괄수가제와 의사 수

〈그림 7.12〉는 OECD 회원국의 거주자 1000명당 의사 수를 비교한 결과인데, 한국의 의사 수는 OECD 회원국 평균에 미달한다.[25] 하지만 그럼에도 불구하고 한국 의료 서비스의 접근성이 우수한 이유 중 하나는 행위별수가제를 채택하고 있기 때문으로 보인다.

그림 7.12 거주자 1000명당 의사 수 국제 비교

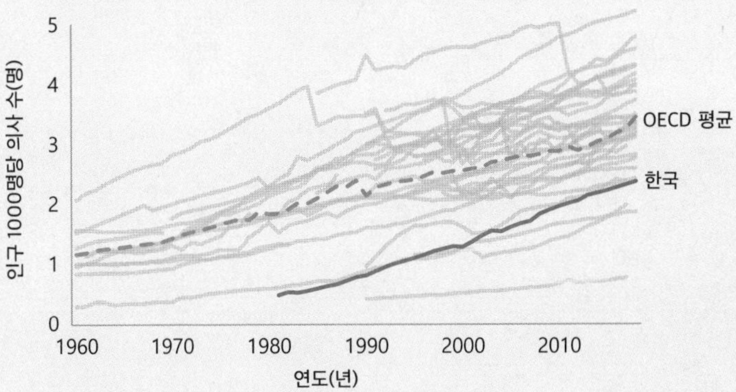

주: OECD 평균은 각 연도별로 데이터가 존재하는 모든 국가의 수치를 단순 평균한 결과임.
자료: OECD Data

반면 의사 수가 적은 상황에서 포괄수가제를 도입할 경우 의료 서비스가 악화될 가능성이 있다. 포괄수가제는 상당한 수준의 경쟁이 존재하는 상황에서 적합한데, 현재 지방 중소도시에서는 병원 간 효율적인 경쟁이 일어난다고 볼 수 없다. 포괄수가제하에서 의사는 치료나 검사를 많이 할수록 손해이기 때문에, 경쟁이 없을 경우 과소 진료의 유혹이 커질 수밖에 없다. 수가가 낮게 책정될 경우 특히 그렇다. 따라서 포괄수가제와 의사 수 증원에 대한 논의는 함께 이루어질 필요가 있다.

CHAPTER

8

재산에 대한 세금

8.1 부동산 보유세 및 양도세

부동산의 과세 체계

부동산과 관련해서는 거래 단계별로 다양한 세금이 부과된다. 먼저 부동산을 취득하는 단계에서 발생하는 세금 가운데 대표적으로 취득세가 있다. 부동산을 보유하는 기간 중에도 여러 가지 세금이 발생하는데, 여기에서는 이들을 통칭하여 '부동산 보유세'라고 하자. 부동산을 양도하는 단계에서는 양도하는 주체가 개인이냐 법인이냐에 따라 세목이 달라지며, 양도 주체가 개인일 경우 양도소득세가 발생하고, 법인일 경우 법인세가 발생한다. 마지막으로 부동산을 상속 또는 증여할 경우에는 각각 상속세와 증여세가 발생한다.

이 같은 부동산 관련 세금들 가운데 이번 장에서는 부동산 보유와 양도에 관한 세금을 설명하기로 한다. 부동산 보유에 관한 세금은 부동산 종류별로 다양하지만 여기에서는 많은 국민의 관심을 받고 있는, 주택에 대한 보유세를 중심으로 살펴볼 것이다. 특히 그중 대표적인 재산세와 종합부동산세는 지방재정에 큰 기여를 하고 있다.[1] 한편 부동산 양도에 대한 세금은 개인이 양도하는 상황을 가정하여 양도소득세를 중심으로 살펴보고자 한다.

부동산과 주식에 대한 세금의 비교

대표적인 불로소득으로 부동산과 주식에 대한 투자소득이 있다. 그런데 이 두 종류의 자산은 몇 가지 점에서 차이가 있다. 첫째, 부동산은 사용 가치가 있다. 주택은 거주라는 가치를 창출하고, 상업용 부동산은 경제 활동에 기여한다. 따라서 부동산을 실제 사용할 의도 없이 투자 목적으로 보유할 경우, 실제 그것을 필요로 하는 사람이 더 높은 비용을 부담하게 되는 부작용이 발생한다. 둘째, 자금이 주식 시장에 몰리면 주가가 상승하여 기업의 생산 활동에 긍정적이지만, 그와 달리 부동산 시장에 몰리면 부정적일 수 있다. 셋째, 부동산은 투자하여 손실을 볼 가능성이 상대적으로 작지만, 주식은 손실 가능성이 크다.

이 세 가지 특징으로 인해 부동산과 주식에 대한 조세제도는 서로 다르게 설계될 필요가 있다. 첫 번째와 두 번째 특징으로부터, 주식에 비해 부동산 관련 세부담이 더 높아야 한다는 논리가 도출된다.[2] 둘 다 불로소득임에도 사회에 기여하는 바는 다르기 때문이다. 세 번째 특징과 관련해서는, 주식은 가격 하락으로 인한 양도 차손이 발생할 수 있기 때문에 그 손실을 보전해 주지 않을 것이라면 양도 차익에 대한 세율도 낮아야만 한다는 논리가 도출된다. 그에 비해 부동산은 상대적으로 양도 차손에 대한 우려가 작기 때문에 양도 차익에 대한 세율을 더 높게 유지할 수 있게 되는 것이다.

부동산에 대한 세금은 부동산이라는 유형의 자산이 존재하기 때문에 탈세나 회피가 상대적으로 어려운 특징이 있다. 따라서 전문가들은 대체로 부동산 보유세를 경제에 미치는 부작용이 작은 세목이라고 생각한다. 하지만 이러한 장점에도 불구하고 부동산 관련 세금 중 특히 보유세는 응능부담원칙ability to pay principle에 위배되기 쉽다. 현금소득이 창출되지 않았음에도 세금을 부과하게 되면 자산은 있지만 소득이 없는 고령인구에게 특히 부담이 될 수 있다. 이론적으로는 매력적이지만 현실에서는 큰 반대에 부딪힐 수 있는 세금이 바로 부동산 보유세인 것이다.

부동산 보유세 부담의 국제 비교

그렇다면 이제 한국의 부동산 보유세 부담 수준을 해외 선진국과 비교해 보자. 〈그림 8.1〉은 한국을 포함한 주요 선진국의 GDP 대비 부동산 보유세 납부액을 비교한 결과이다. 이를 보면 한국의 부동산 보유세 부담은 2019년까지 OECD 회원국 평균에도 미치지 못한 것을 알 수 있다.[3] 비교 대상 선진국 중 세부담이 높은 국가는 캐나다, 영국, 미국으로 모두 영미권 국가들이다. 영미권 국가들의 일반적인 조세부담은 전반적으로 낮은 편이지만, 부동산에 대한 세부담만큼은 높은 편이다. 이는 영미권 국가 조세제도의 중요한 특징 중 하나이다.

그림 8.1 **부동산 보유세 부담 국제 비교**

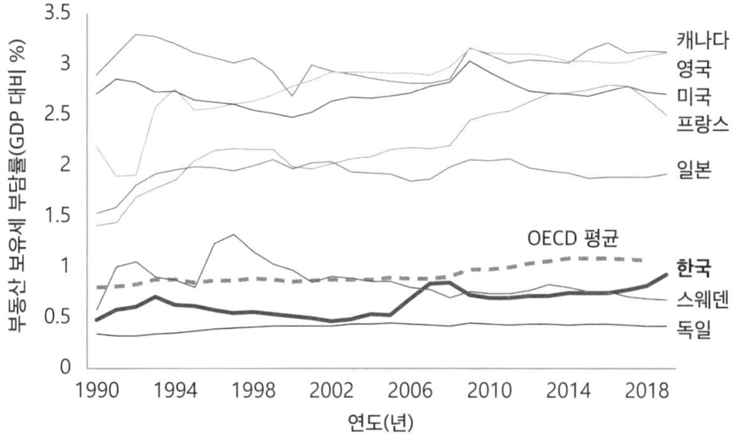

주: 1. 굵은 실선이 한국이며, 점선은 OECD 회원국 평균임.
2. 1990년부터 2019년까지의 데이터임(단, OECD 평균치는 데이터가 공개된 2018년까지 포함함).

자료: OECD Global Revenue Statistics Database

영미권 국가들을 제외하면 프랑스가 보유세에 대한 부담이 가장 크다. 한국과 세부담이 유사한 국가는 스웨덴이며, 독일은 비교 대상 국가 중 부동산 보유세 부담이 가장 낮다. OECD 회원국 평균 세부담은 완만하게 상승하는 추세이다. 부동산도 자본에 포함되지만 다른 자본에 대한 세금(법인세, 상속증여세 등)과 달리 국가 간 조세 인하 경쟁은 목격되지 않는다. 자본에 세금을 부과하면 일반적으로 자본이 해외로 유출되는데, 부동산은 이러한 우려에서 비교적 자유롭다. 조세 인하 경쟁이 일어나지 않는 이유이다.[4]

부동산 보유세의 구성

OECD가 발표하는 '부동산 보유세'에는 부동산에 부과되는 다양한 세금이 포함되어 있다. 〈그림 8.2〉는 OECD가 발표한 한국 부동산 보유세의 구성을 보여준다. 주택에 대한 보유세로는 재산세, 종합부동산세, 농어촌특별세가 있으며, 기타 부동산에는 더 많은 종류의 세금이 부과된다.

정책적으로 큰 쟁점이 되는 거주용 부동산(주택)에 대한 세금에 초점을 맞춰보자. 2019년에 징수된 부동산 보유세 중 34%가 주택 관련

그림 8.2 **한국 부동산 보유세 구성(2019년)**

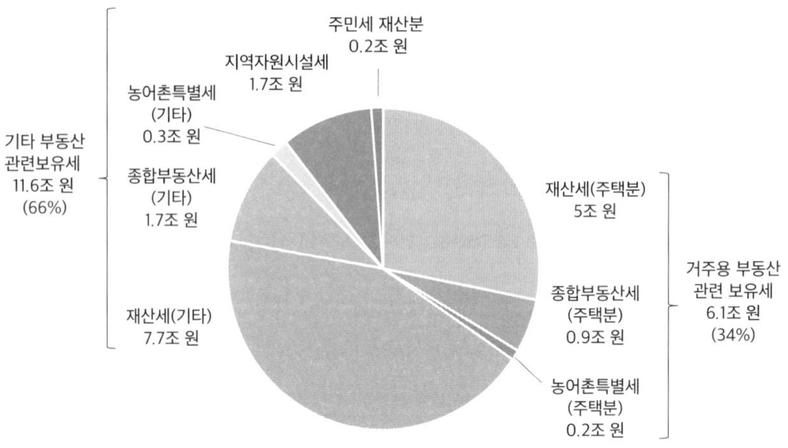

주: 부동산 외 재산(차량, 항공기)에 대한 재산세도 포함됨(정부가 OECD에 보고한 자료에 포함되어 본 분석에도 포함됨).

자료: 국세통계연보; 지방세통계연감; OECD Global Revenue Statistics Database(4100)

보유세이다. 총 6조 1000억 원이 징수되었는데, 그중 82%가 재산세이고, 나머지 18%가 종합부동산세이다.[5] 국민과 언론의 관심이 집중된 종합부동산세 수입 규모가 전체 부동산 보유세 수입의 5~6% 수준, 주택에 대한 보유세 수입의 18% 수준에 불과하다. 2020년과 2021년에 종합부동산세 부담이 2~3배 증가했다고 하더라도 선진국과의 부담 격차가 크게 줄어들 것 같지 않다.

그림을 보면 주택에 대한 재산세 수입이 종합부동산세 수입의 5배를 초과하고 있다. 언론과 정치권의 관심은 종합부동산세에 집중되어 있는데, 막상 재정수입에의 기여도는 재산세가 월등히 높은 것이다. 재산세는 상대적으로 많은 국민들이 부담하는 반면, 종합부동산세 부담은 소수에게 집중되어 있기 때문이다. 2019년 기준 재산세 주택분은 1846만 건에 부과되었고, 종합부동산세는 52만 건에 부과되었다.

재산세와 종합부동산세의 차이를 통해 바람직한 조세제도의 특징에 대해서 생각해 보자. 누진적인 조세 체계를 통해 부의 양극화를 완화하려는 노력은 긍정적이다. 그러나 강한 정치적 반대에 부딪혀 소모적 논쟁을 야기할 뿐 안정적 복지지출을 마련할 충분한 수입을 기대하기는 어려울 수 있다. 반면 많은 국민들이 부담을 함께 짊어지는 조세제도는 강한 저항에 직면하지 않으면서도 높은 수준의 세수 확보를 가능케 한다. 이 수입을 통해 튼튼한 사회 안전망을 구축하는 방안이 저소득층을 지원하는 데 보다 효과적인 대안일 수 있다.

한국의 주택 보유세 부담은 결코 높지 않다

거주용 부동산(주택)에 초점을 맞춰 보유세 부담을 다시 비교해 보자. 〈그림 8.3〉은 2019년 기준 가구당 주택 보유세 부담을 비교한 결과이다. 세로축은 가구당 보유세 부담액, 가로축은 부동산 보유세 중 주택에 대한 세금 비중을 나타낸다. 여기에서는 OECD 회원국들 중 자료가 존재하는 14개국과 비교하였다. 주택만을 본다면 프랑스의 보유세 부담이 가장 높고, 그다음 영국이다.[6] 한국의 주택 보유세 부담은 2019

그림 8.3 거주용 부동산 세부담 비교(2019년)

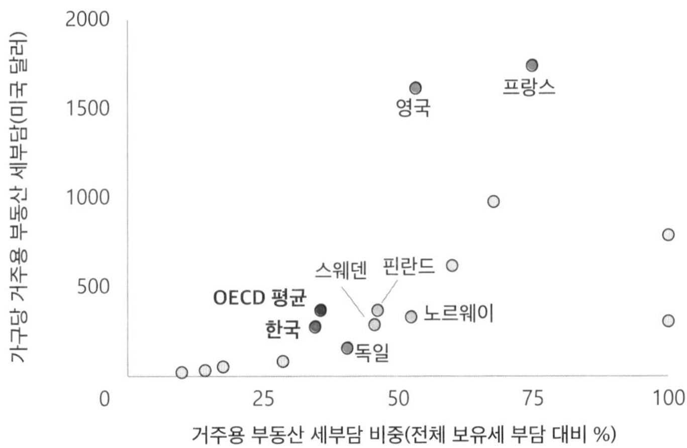

주: 1. 거주용 부동산 보유세를 구분하여 보고하는 OECD 회원국만을 비교함.
2. 보유세를 세입자가 납부하든 소유주가 납부하든 모두 포함함.

자료: 한국 자료는 재산세 주택분, 종합소득세(농어촌특별세 포함) 주택분으로 계산하고, 다른 선진국은 OECD Global Revenue Statistics(4110) 사용함.

년 기준으로 가구당 약 30만 원(276달러) 발생하였는데 이는 자료가 존재하는 OECD 회원국 평균에 미달하는 수치이다.

한국은 전체 부동산 중 주택에 대한 보유세가 차지하는 비중이 비교 대상 선진국 중에서 가장 낮다. 프랑스의 경우 기타 부동산(상업용 및 공장 등 생산 시설)보다 주택에서 더 많은 세수입을 얻고 있다. 스웨덴, 핀란드, 노르웨이의 북유럽 국가들은 주택과 기타 부동산에 대한 수입 비중이 50 : 50으로 유사하다.

가구당 세부담 측면에서 한국과 비교 가능한 국가는 스웨덴으로 가구당 부담이 약 30만 원(288달러)이어서 우리와 유사하다. 주택 보유세는 스웨덴에서 큰 쟁점이 되지 않는 세금이다. 스웨덴은 2008년부터 주택 보유세 과세권을 지방정부로 이관하면서 그 명칭도 '수수료fee'로 변경하였다. 주택 기준가격의 0.75%를 수수료로 납부하며, 1년 기준으로 약 100만 원의 한도가 설정되어 있다.[7]

한국과 스웨덴 국민은 동일한 수준의 주택 보유세를 부담하고 있지만, 국민의 조세 저항 수준은 사뭇 다르다. 그 차이는 얼마나 많은 사람이 부담을 함께 짊어지고 있는가에서 비롯되는데 2019년 기준 스웨덴은 전체 국민의 31%가 주택 보유세를 납부한 반면 한국의 종합부동산세(주택분)는 전체 국민의 1~2%에게만 부과되었다. 이는 한국과 북유럽 조세제도의 차이를 극명하게 보여주는 사례라고 할 수 있다.

부동산 보유세가 주택 가격에 미치는 효과

정부가 종합부동산세를 인상한 목적 중 하나는 주택 가격 상승을

막기 위함이다. 그렇다면 과연 부동산 보유세가 인상되면 주택 가격이 하락할지 생각해 보자. 부동산 가격을 포함한 모든 재화의 가격은 수요와 공급에 의해 결정된다. 따라서 주택 수요가 증가하면 가격이 올라가고, 주택 공급이 늘어나면 가격은 하락한다.

주택 시장의 특성상 단기적으로는 수요가 주택 가격에 더 큰 영향을 미친다. 단기적으로는 주택의 총량이 고정되어 있기 때문이다. 즉 주택을 건설하는 데는 시간이 걸리기 때문에 단기적으로는 공급이 크게 변화하지 않는 것이다. 하지만 한국의 주택 시장에는 다른 나라와 달리 전세제도가 있어서 문제가 더 복잡하다. 전세도 일종의 공급이기 때문에 주택을 건설하지 않더라도 더 많은 사람이 전세 물량을 시장에 내놓게 되면 마치 주택 공급이 증가하는 것과 같은 효과가 있다.[8]

이렇듯 단기적으로 수요가 주택 가격에 큰 영향을 미친다면, 이 수요는 과연 어떻게 결정되는가. 다음의 사례를 생각해 보자. 여러분이 집을 사려고 하는데 마침 매물로 나온 A와 B라는 두 집이 있다. 이 두 집은 교육 여건, 교통 상황, 기타 편의성 측면에서 여러분에게 동일한 혜택을 제공한다. 심지어 부담하는 관리비 수준도 동일하다. 그런데 두 집 중 A에서만 보유세 1000만 원이 발생한다면 여러분은 이 두 집에 대해서 각각 얼마를 지불할 용의가 있을까?

자본화 이론capitalization theory에 따르면, 여러분은 B를 사기 위해서 A를 살 때 보다 1000만 원만큼 더 지불할 용의가 있어야 한다.[9] B를 사면 세금을 내지 않아도 되는데, A를 사면 보유세로 1000만 원을 납부해야 하기 때문이다. 즉 이 이론은 주택 수요자가 〈그림 8.4〉와 같은 방식으로 자신이 '지불할 용의가 있는 최대 가격'을 결정한다고 설명한다.

그림 8.4 자본화 이론의 논리

수요자가 지불할 용의가 있는 최대가격	=	주택 소유를 통해 얻을 수 있는 혜택	-	주택 소유로 인하여 발생하는 제반 비용
		• 교육 여건 • 교통 편리성 • 주변 편의시설 등		• 관리비 등 • 세금(보유세)

자본화 이론에 따르면, 보유세가 증가하면 주택 수요자가 더 낮은 가격을 제시하게 되고 그에 따라 수요가 감소하므로 가격도 하락한다. 예를 들어 서울 강남의 주택에 부과되는 종합부동산세가 인상되면, 강남 주택 가격은 하락한다는 뜻이다. 최소한 단기적으로는 그렇다. 그런데 왜 현실에서는 정반대의 현상이 벌어질까? 이에 대한 설명으로는 다음의 두 가지를 생각해 볼 수 있다. 한 가지는 이 이론이 틀렸다는 것이고, 다른 한 가지는 보유세 인상과 동시에 도입된 다른 정책들이 보유세의 효과를 무력화시켰을 수 있다는 것이다.

자본화 이론을 통해 살펴본 부동산 가격

자본화 이론에 따르면, 주택 보유세가 인상될 때 단기적으로는 주택 가격이 하락해야 한다. 다만 이 결론에는 몇 가지 조건이 있다. 첫째, 소유주가 주택을 팔 수 있도록 퇴로를 열어주어야 한다. 현실에서는 보유세와 양도세가 동시에 인상되는 경우가 많다. 이 경우 소유주가 주택을 팔지 않고 정책이 변화하기를 기다린다. 보유세 인상의 정책 효과는 양도세가 합리적 수준이라는 전제하에 발현된다. 둘째, 정부가 세입자 보호를 위하여 전세제도를 규제할 경우 전세 물량이 감소한다. 전세 물량 감소는 결국 주택 가격 상승으로 이어진다. 셋째, 1세대 1주택자에 대한 혜택은 타당하지만 보유세의 가격 인하 효과에 영향을 미칠 수 있다. 다주택 보유자는 비싼 주택 한 채만 남기고 나머지를 매도하게 되고 그로 인해 오히려 지역 간 가격 격차가 더 커진다. 주택 장기 보유에 대한 혜택도 유사한 문제를 야기할 수 있다. 즉 설령 이론이 타당하다고 하더라도, 함께 추진된 다른 정책으로 인해 보유세 인상 효과가 상쇄될 수 있다.

주요 선진국의 주택 양도소득세 비교

한국의 부동산 양도소득세는 대단히 복잡하다. '최고세율'을 몇 퍼센트라고 해야 할지도 모호하다. 자산 종류, 보유 기간, 1세대 1주택인지 여부에 따라 다양한 세율이 적용된다. 흥미로운 점은 한국뿐 아니라 해외 선진국도 상황이 비슷하다는 것이다. 양도소득세는 그 세제가 복잡하다 보니 국제 비교가 어려운 세목 중 하나이다.

해외 선진국의 부동산 양도소득세는 크게 세 가지 유형으로 구분할 수 있다. 첫째는 부동산 양도소득에 대하여 별도의 세율 체계를 갖고 있는 유형으로 한국이 대표적이다. 두 번째는 주식, 채권, 부동산을 구분하지 않고 모든 양도소득(자본이득)을 동일한 세율로 과세하는 유

그림 8.5 주택 양도소득세 최고세율 국제 비교

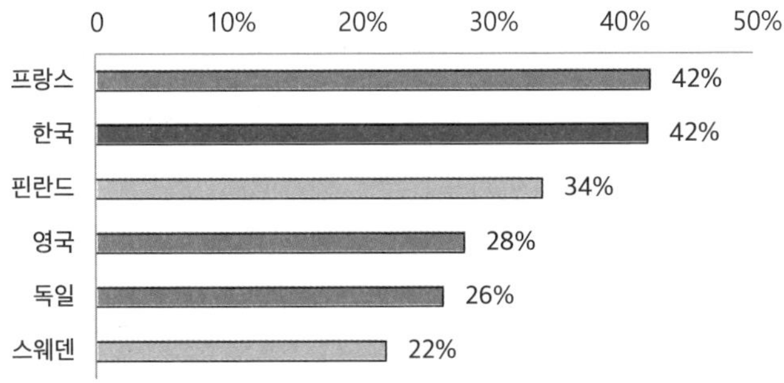

주: 1. 한국은 2019년 기준 기본세율의 최고세율임.
2. 프랑스는 소득세(25%)와 사회보장세(17.2%)의 합계임.
자료: Prammer(2020)[10]; PriceWaterhouseCoopers의 Worldwide Tax Summaries를 참고

형으로 미국, 캐나다, 핀란드가 여기에 속한다. 세 번째는 양도소득을 다른 개인소득과 합산하여 소득세로 과세하는 유형으로 룩셈부르크, 에스토니아, 슬로바키아 등이 여기에 해당된다.

여기에서도 주택에 초점을 맞춰 한국 양도소득세의 특징을 정리해 보자. 우선 첫 번째 특징으로는 최고세율이 매우 높다는 점을 들 수 있다. 〈그림 8.5〉는 한국과 일부 선진국의 주택 양도소득세 최고세율을 비교한 것이다. 2019년 기준 한국과 프랑스가 42%로 가장 높지만 한국의 42%는 어디까지나 '기본세율' 기준이고 몇 가지 조건이 충족되면 그보다 훨씬 더 높은 세율이 적용되므로 프랑스보다 높다고 보아야 한다.

두 번째 특징은 한국의 양도소득세는 매우 누진적이라는 점이다. 2019년 기준 기본세율이 6%에서 42%까지 7단계에 달하여 누진성이 강

하다. 게다가 일부 조건(조정대상지역인지 여부 등)이 충족되면 세율이 추가된다. 반면 대부분의 다른 선진국들은 단일 세율에 가까운 세율 체계를 갖고 있다. 실거주 목적인지의 여부만 구분할 뿐 적용되는 세율은 단순하다. 심지어 프랑스도 적용되는 세율 범위가 36.2%에서 42.2%로 크게 누진적이지 않으며, 핀란드는 30%와 34%의 2단계 누진세율을 갖고 있다.

부동산 양도소득세 설계 관련 고려 사항

부동산 양도 차익에 대한 과세는 필요한가? 양도소득세가 너무 낮으면 시세 차익을 기대한 투기 수요가 유입되고 부동산 가격이 상승하여 실수요자들에게 불리하다. 투기 수요는 주식, 채권 등의 금융자산보다 부동산의 경우 특히 문제가 되는데 부동산에는 사용 가치가 있기 때문이다.

많은 선진국들은 몇 가지 원칙에 근거하여 양도소득세를 설계하고 있다. 첫 번째로 투기 수요와 실거주 목적의 부동산에 대한 세율을 차별화한다. 프랑스는 1세대 1주택에 대해 비과세를 실시하고 있으며, 독일은 10년 이상 거주 시 비과세 혜택을 부여한다. 한국 역시 1세대 1주택에 대한 다양한 감면 혜택을 제공한다. 둘째, 투기 수요 관점에서 부동산이 주식 등에 비해 덜 매력적이어야 한다. 즉 부동산 투자의 세후 수익률이 주식 투자 등에 비해 낮게 유지될 수 있도록 정책을 설계해야 한다.[11] 한국, 프랑스, 영국 등이 금융자산에 비해 부동산의 양도 차익에 더 높은 세율을 부과하고 있다.[12]

부동산 보유세와 양도소득세 간의 연계도 중요하다. 부동산 보유세는 현금소득이 창출되지 않았음에도 세금을 부과하기 때문에 조세저항이 강할 수 있다. 궁극적으로는 이 문제를 해결하기 위하여 개인의 부동산 세금을 발생주의로 전환하는 것을 고려할 필요가 있다.[13] 부동산의 기준 가격이 상승하면 그 일부를 보유세로 징수한 뒤, 추후 부동산 매각으로 양도소득세를 납부할 때에 보유세 기납부액의 전액 또는 일부를 양도소득세에서 차감해 주는 방식이다. 이 경우 보유세에 대한 조세저항이 완화될 수 있을 뿐 아니라 양도소득세를 회피하기 위해 자산 매각을 지연하는 부작용도 해소할 수 있다.

한국 투자자들은 대체로 '부동산 불패'라는 확고한 믿음을 갖고 있다. 주식 등 금융자산에 비해 부동산의 장기 수익률이 더 높다고 생각한다. 그러나 향후에는 시장의 자금이 부동산보다 주식과 채권 등으로 유입될 수 있도록 유도할 필요가 있다. 조세 정책도 이러한 목표에 기여할 수 있다고 생각된다.

8.2 상속증여세와 부유세

상속세와 증여세의 과세 방식

상속세와 증여세는 부의 무상 이전에 대해 부과되는 세금이다. 상속세는 자연인의 사망으로 인한 부의 무상 이전에 대한 세금이고, 증여세는 생전 증여 행위에 대한 세금이다. 따라서 상속세는 세금 납부 시기를 통제할 수 없다는 점에서 증여세와 차이가 있다. 그럼에도 자녀에게 재산을 물려주고자 할 때 생전에 증여하든 사망 시점에 상속하든 어느 경우에도 목적을 달성할 수 있다는 점에서 두 세목은 서로 밀접한 관련이 있다. 그 때문에 일부 선진국들은 상속세와 증여세를 통합하기도 한다.

상속세의 계산 방식에는 크게 두 가지가 있다. 아버지(피상속인)가 사망하여 자녀(상속인)들이 재산을 상속받는다고 할 때, 첫 번째 방식은 자녀들이 각자 상속받은 재산에 대해서 세율을 곱하여 세금을 계산하는 방식(유산취득세 방식)이고, 두 번째는 아버지의 재산 전체에 대해서 세율을 곱하는 방식(유산세 방식)이다. 상속세율은 누진적이기 때문에 유산취득세 방식보다 유산세 방식에서 납부해야 할 세금이 더 많아지게 되는데, 한국의 상속세는 바로 이 유산세 방식을 채택하고 있다.[14]

2019년 2월 대통령 직속 정책기획위원회 산하 재정개혁특별위원회는 한국의 상속세를 현재의 유산세 방식에서 유산취득세 방식으로 변경할 것을 권고하였다. 유산취득세 방식은 상속인(자녀)이 상속받은 재산에 대해서만 세금을 납부하므로 납세자의 부담 능력에 맞게 과세한다는 응능부담원칙에 부합하는 반면 현재의 유산세 방식은 재산을 많이 물려받은 자녀와 적게 물려받은 자녀가 모두 동일한 세율을 부담하므로 불합리하다. 선진국들은 대체로 유산세 방식보다 유산취득세 방식을 도입한 경우가 많은데, 상속세를 부과하는 OECD 21개 회원국 중 유산세 방식을 채택한 국가는 한국을 포함해 5개국뿐이다.

상속증여세 부담의 국제 비교

이제 한국의 상속증여세 부담이 해외 선진국과 비교하여 어느 정도 수준인지 알아보자. 〈그림 8.6〉은 주요 선진국의 상속증여세 부담을 비교한 결과이다. 2019년 기준 OECD 회원국 중 프랑스의 상속증여세 부담이 가장 높아 GDP 대비 0.63%를 징수하였고, 한국은 GDP 대비 0.44%를 징수하였는데 이는 OECD 회원국 중 3위에 해당하는 높은 수치이다. 한국의 경우 상속증여세 부담이 불과 2002년까지만 해도

그림 8.6 상속증여세 부담의 국제 비교

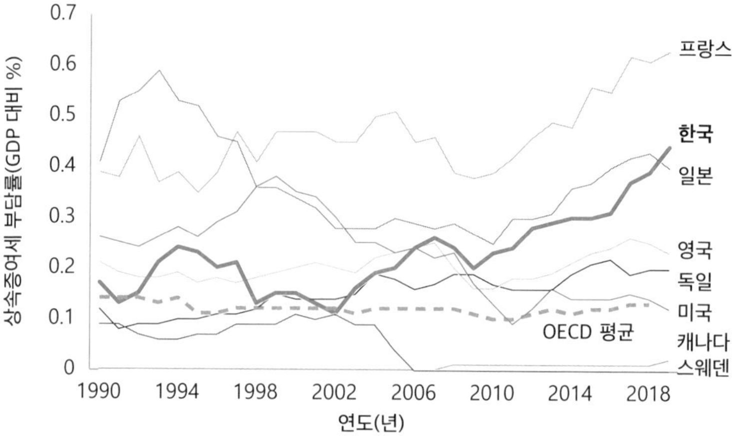

주: 1. 굵은 실선이 한국이며, 점선은 OECD 회원국 평균임.
　　2. 1990년부터 2019년까지의 데이터임(단, OECD 평균치는 데이터가 공개된 2018년까지 포함함).

자료: OECD Global Revenue Statistics Database

OECD 회원국 평균 수준이었으나 그 이후 꾸준히 증가하여 현재에 이르렀다.

그런데 전체 조세수입 대비 비중으로 비교하게 되면 순위가 조금 달라진다. 한국은 전체 조세수입의 1.59%를 상속증여세로 징수하고 있어 OECD 회원국 중 1위로 올라서게 되며, 벨기에가 1.46%, 프랑스가 1.38%로 각각 2위, 3위에 위치한다. OECD 회원국 평균은 0.36%에 불과하다. 한국은 상속증여세 의존도가 세계에서 가장 높은데도 불구하고 상속증여세 수입이 전체 조세수입의 2%가 채 되지 않는다. 정치적

그림 8.7 **전체 조세수입 대비 상속증여세 수입의 비중**

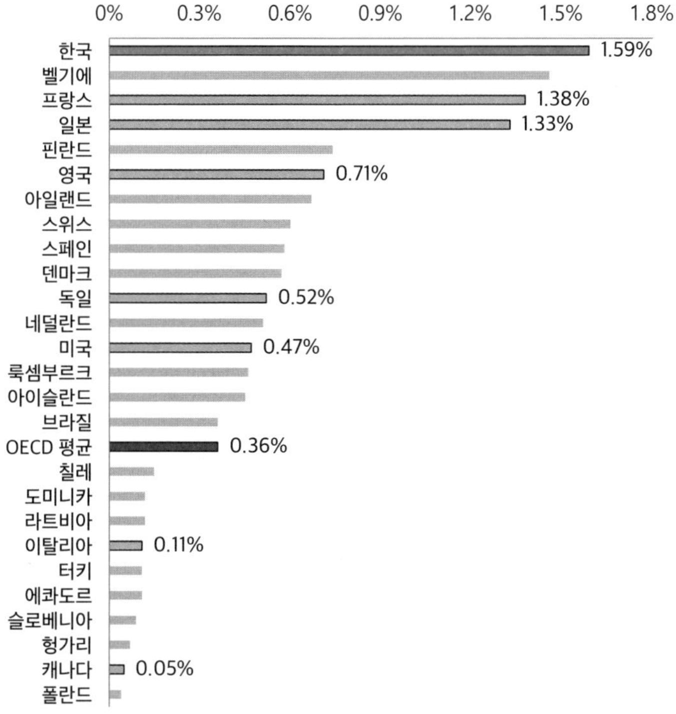

주: 1. 전체 조세수입 대비 상속증여세 비중(%)을 국제 비교한 결과임
2. OECD에서 데이터를 제공하는 55개국 중 상속증여세 수입이 있는 26개국에 대한 자료임.
3. 2019년 데이터를 사용하되 호주, 일본, 멕시코, OECD 평균은 2018년 자료를 사용함.

자료: OECD Global Revenue Statistics Database

으로 많은 논쟁이 있는 세목임을 감안하면 수입 규모는 초라한 수준이다.

한국의 상속증여세가 조세수입에 기여하는 비중은 매우 작지만,

징세비용은 다른 세목에 비하여 월등하게 높다. 상속과 증여가 이루어지는 재산이 은닉되는 경우가 많고, 재산가액의 추정도 명확하지 않기 때문이다. 또한 재산의 형태에 따라 세부담이 공평하지 않은 경우도 발생한다. 그렇다 보니 행정쟁송을 포함한 조세불복도 다른 세목에 비해 현저히 많이 일어난다.

다음으로는 명목세율을 비교해 보자. 〈그림 8.8〉은 사망한 피상속

그림 8.8 명목 최고 상속세율(자녀에게 상속할 경우)

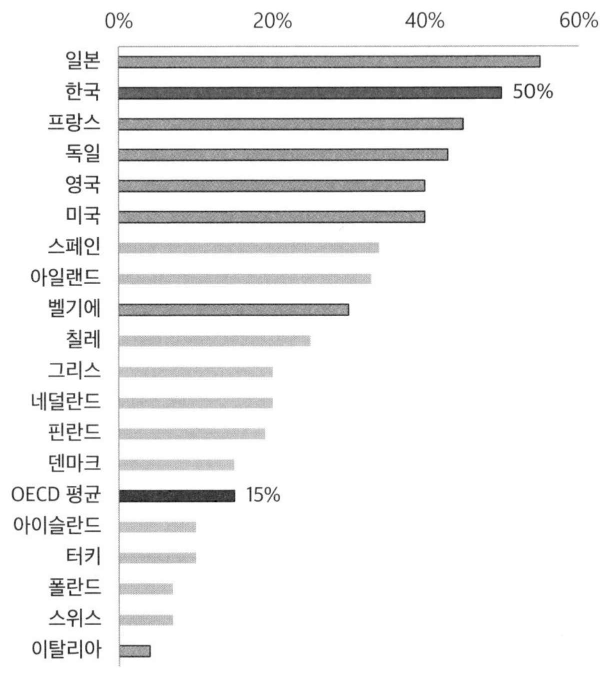

자료: Cole(2015)[15]에서 세율이 인상된 독일을 수정 반영함.

인의 재산을 자녀에게 상속하는 상황을 가정하고 상속세 최고 명목세율을 주요 선진국 간 비교한 결과이다. 여기에서는 한국의 상속세율이 OECD 회원국 중 일본 다음으로 높은 것으로 나타나는데 앞서 살펴본 세부담 비교 결과와 차이가 나는 이유는 다음과 같다. 첫째, 증여세를 제외하고 상속세에 대한 명목세율만을 비교하였다. 둘째, 자녀에게 상속하는 경우의 명목세율만을 고려하였다.[16] 참고로 벨기에와 프랑스는 자녀 외의 상속인에게 더 높은 세율을 부과하고 있다. 셋째, 세율의 누진성 측면에서 국가 간 차이가 크다. 한국의 상속세는 다른 선진국 대비 누진적인 반면 덴마크 등 일부 선진국은 상속세를 단일 세율로 부과한다.

마지막으로 상속세의 면제한도도 중요한 의미가 있다. 면제한도가 높을수록 상속세가 소수의 부유층에 부과되는 '부자 세금'에 가까워지고, 면제한도가 낮을수록 보다 많은 국민들이 납부하는 세금이 된다. 면제한도는 미국과 이탈리아가 가장 높은데, 특히 미국의 면제한도는 원화로 약 130억 원(1160만 달러)으로 극소수의 부자들만이 상속세를 납부하고 있다. 이탈리아의 면제한도도 약 13억 원에 달해 부자 세금의 특징이 강하다.

〈그림 8.9〉는 주요 선진국의 상속세 최고세율과 면제한도를 비교한 결과로서 분석에 포함된 국가들을 세 부류로 나눌 수 있다. 첫 번째는 소수 부자들에게 높은 상속세를 부과하는 나라들로, 한국, 영국, 일본, 독일이 여기에 해당된다. 두 번째는 많은 국민들이 매우 높은 수준의 상속세를 부담하는 나라로, 프랑스가 여기에 속한다. 세 번째는 대부분의 국민들이 매우 낮은 수준의 상속세를 납부하는 국가들로, 덴마

그림 8.9 **상속세 최고세율과 면제한도(2020년)**

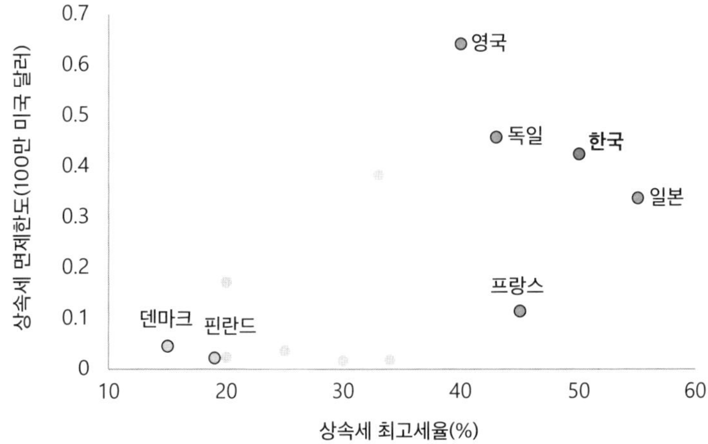

주: 1. 자녀에게 상속하는 상황을 가정함.
2. 미국과 이탈리아는 면제한도가 각각 1160만, 110만 달러로 극단치에 해당하여 제외함.

자료: 상속세 최고세율은 Cole(2015)에서 세율이 인상된 독일을 수정 반영하였고, 미국과 이탈리아는 분석에서 제외함; 면제한도는 OECD(2021)의 Table 3.5에서 발췌함.[17]

크와 핀란드가 여기에 해당된다. 덴마크와 핀란드의 상속세 면제한도는 각각 5000만 원과 2500만 원 수준이어서 중산층을 포함한 많은 국민들이 상속세를 납부하고 있기 때문에 이를 '보편적 상속세'라고 칭할 만하다. 북유럽 조세제도의 특징이 상속세를 통해서도 확인된다.

해외 선진국의 부유세 도입 경험

상속증여세와 연관된 세금으로 부유세가 있다. 상속증여세는 상속이나 증여로 무상 이전된 재산에 대한 세금인 반면, 부유세는 보유 재산에 대해서 매년 부과되는 세금이다. 부유세는 부동산 보유세(재산세, 종합부동산세)와 달리 개인이 보유한 전체 재산(금융 재산, 고가 미술품 등 포함)에 대해서 부과된다.[18]

부유세는 재산의 은닉 문제와 재산 가액의 평가 문제를 발생시킨다. 예를 들어 과세당국이 A씨에게 부유세를 부과하기 위해서는 먼저 A씨의 지하실에 보관된 고가 미술품을 찾아내어 가격을 평가한 후 세금을 부과해야 하는데, 이때 많은 행정력이 동원되며 높은 징세비용이 발생한다. 그나마 상속증여세는 상속과 증여 시점에만 발생하는데, 부유세는 매년 발생한다. 이러한 행정적 어려움을 피하고자 극소수의 부유층에게만 부유세를 부과할 수도 있는데, 이 경우 정부가 소수의 부유층만을 감시하고 그들의 자유를 억압한다는 비판에 직면할 수 있다.

부유세는 1990년대까지 많은 선진국들이 활용하였으나, 2021년 현재 OECD 회원국 중 스위스, 노르웨이, 스페인만 제도를 유지하고 있다. 〈표 8.1〉은 유럽 국가들의 부유세 도입 경험을 정리한 결과인데, 이를 통해 부유세를 도입했던 많은 선진국들이 결국 제도를 폐지했음을 알 수 있다. 현재 부유세를 부과하는 세 개 국가 중 스페인 역시 2008년에 제도를 폐지하였다가 2011년에 부활시켰다. 노르웨이는 상속증여세가 없는 대신 부유세를 부과하고 있는데, 2021년부터 일부 지역에서 그 세율이 인하되었다.[19]

부유세를 폐지한 이유는 재정수입에의 기여도는 매우 낮으면서도, 자본을 해외로 유출시킬 수 있다는 우려가 존재했기 때문이다. 〈그림 8.10〉은 부유세를 일정 기간 도입했던 국가들이 어느 정도 수입을 거두

표 8.1 **유럽의 부유세 도입 경험**

국가명	부유세 도입 시기	2021년 현재 상황
스위스	1840년	운용 중
노르웨이	1892년	운용 중
덴마크	1903년	1997년 폐지
핀란드	1919년	2006년 폐지
룩셈부르크	1934년	2006년 폐지
스웨덴	1947년	2007년 폐지
독일	1952년	1997년 폐지
오스트리아	1954년	1994년 폐지
네덜란드	1965년	2001년 폐지
아이슬란드	1970년	2015년 폐지
아일랜드	1975년	1978년 폐지
스페인	1977년	운용 중
프랑스	1982년	2017년 폐지

자료: Edwards(2019)[20]

었는지를 조사한 결과이다. 재정수입에의 기여도가 큰 순서대로 나열한 뒤, 점선을 통해 2019년 현재 한국의 상속증여세 수입 규모(GDP의 0.44%)를 표시하였다. 스위스를 제외하면 나머지 국가들은 GDP 대비 1%의 수입도 거두지 못하였음을 알 수 있다.[21]

그림 8.10 **GDP 대비 부유세 수입** (단위: %)

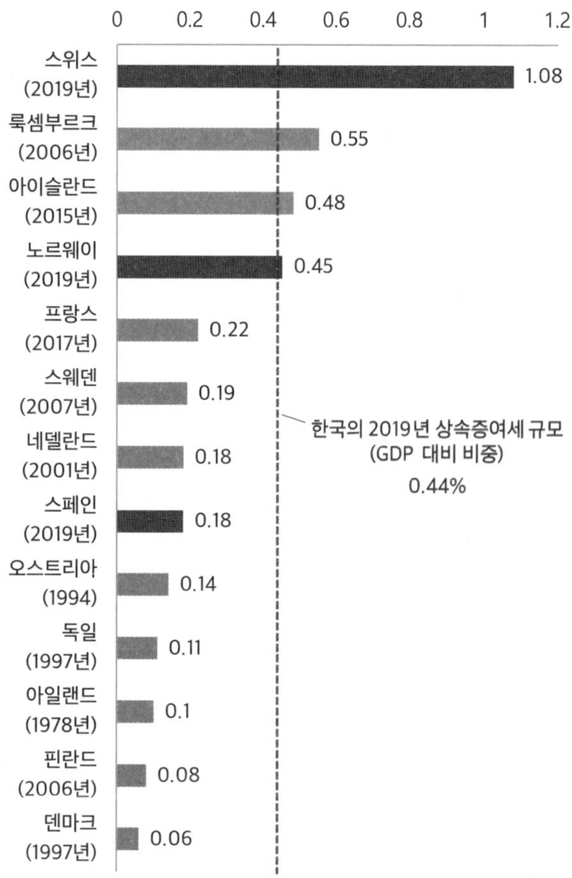

주: 부유세를 유지 중인 스위스, 노르웨이, 스페인의 경우 2019년 실적을 사용하고, 제도를 폐지한 국가들은 가장 최근 연도 실적을 사용함.

자료: Scheuer & Slemrod(2021)[22]

스위스의 부유세는 극소수 부자에게 부과되는 세금이 아니다

스위스는 유럽의 대표적인 조세 회피처로 잘 알려져 있다. 그런데 놀랍게도 스위스는 세계에서 부유세로 가장 많은 수입을 징수하고 있는 국가이다. 유사한 성격인 상속증여세와 부유세를 합산하여 보더라도 GDP 대비 규모와 전체 조세수입 대비 비중 모두 세계에서 가장 높다. 스위스는 전체 조세수입의 3.79%를 부유세로 징수하고 있으며, 상속증여세까지 합산하면 무려 4.4%를 부wealth에 대한 세금으로 징수하고 있다.[23] 2위인 한국보다 두 배 이상 높다.

스위스의 부유세에는 어떤 특징이 있기에 이웃 나라들에서는 멸종된 제도가 성공적으로 유지되고 있을까? 스위스의 부유세는 부동산, 금융자산, 차량, 가축, 미술품, 비트코인bitcoin 등 경제적 가치가 있는 모든 재산에 부과된다. 스위스는 부유세를 지방정부 중 주canton와 시municipal 단위에서 부과하기 때문에 지역별로 세율이 다르다. 2019년 기준 부유세 최고세율은 0.1%에서 1.1%로 지역별로 차이가 있다.

스위스 부유세의 가장 큰 특징은 극소수의 부자에게만 부과되는 세금이 아니라 전체 스위스 국민의 약 44%가 납부하는 세금이라는 점이다. 〈그림 8.11〉은 여러 국가의 부유세 최고세율과 면제한도exemption level를 비교한 결과이다. 참고로 스위스는 지역별로 부유세 제도가 다르기 때문에 세율과 면제한도가 가장 낮은 지역, 가장 높은 지역, 그리고 평균치를 표기하였다. 스페인 역시 세율과 면제한도가 지역별로 달라 평균치로 표기하였다.

그림에서는 분석에 포함된 모든 국가의 평균 최고세율과 평균 면

그림 8.11 **부유세 최고세율과 면제한도**

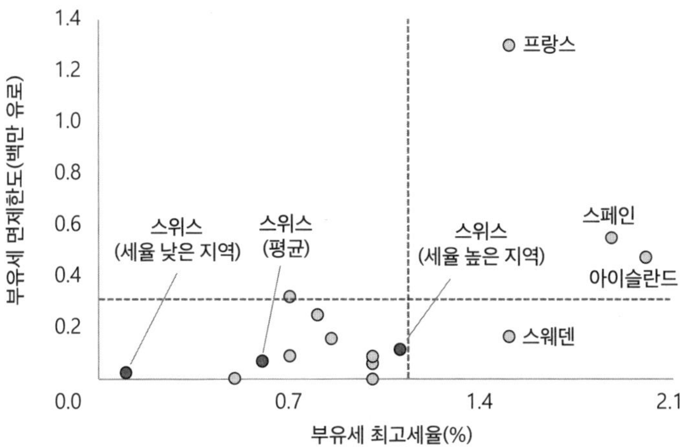

주: 1. 부유세를 유지 중인 스위스, 노르웨이, 스페인은 2019년 실적, 나머지는 가장 최근 연도 실적을 사용함.
2. 점선은 평균 최고세율과 평균 면제한도임.
3. 면제한도는 단독가구(single) 기준임.
자료: Scheuer & Slemrod(2021)

제한도를 점선으로 표기하였다. 스위스는 모든 지역에서 조사 국가들 평균 대비 낮은 세율과 면제한도를 적용하고 있다. 면제한도가 낮다는 것은 그만큼 많은 사람들이 세금을 납부하고 있다는 뜻이므로 스위스의 부유세는 가히 '보편적 부유세'라고 부를 만하다. 참고로 스위스 국민들의 부유세에 대한 인식도 매우 호의적인 것으로 알려져 있다.[24] 반면 스위스의 반대편에 위치한 프랑스는 세율도 높고, 면제한도도 높은 것을 확인할 수 있는데, 프랑스의 부유세는 선별적으로 부자들에게만 부과되는 세금이었으나 2017년에 폐지되었다.

참고로 스위스는 소득세 부담 역시 일부 상위 소득계층에만 집중되어 있지 않다. 2020년 스위스의 소득세 최고세율은 41.7%로 한국에 비해서 낮지만, 세율이 한국보다 덜 누진적이어서 많은 사람에게 과세되기 때문에 소득세 수입 규모는 오히려 한국보다 월등하게 높다.

상속증여세와 부유세는 조세수입 확보를 위한 세금이 아니다

부의 대물림 현상을 완화하기 위하여 상속증여세는 필요하다. 다만 해외 선진국과 부담 수준을 맞추어 자본의 유출, 투자 감소 등 부작용을 최소화하기 위한 노력이 필요하다.

상속증여세와 부유세 모두 경제적 양극화를 완화하고 공정한 사회를 구현하기 위한 세금이다. 그러나 이 세목들이 한국 사회가 조만간 맞이할 재정적 어려움을 극복하기 위한 수단은 결코 될 수 없다. 상속증여세와 부유세가 재정수입에 기여하는 수준이 미미할 뿐 아니라 재산의 은닉 및 평가 문제가 대두되어 매우 높은 징세 비용이 발생하기 때문이다. 또한 납세자의 조세불복도 다른 세목에 비해 월등히 많아 사회적 갈등의 원인이 되기도 한다.

세계에서 부유세를 통해 가장 많은 수입을 얻는 국가는 스위스이다. 스위스 부유세의 특징은 세율과 면제한도가 낮아 많은 국민들이 조금씩 기여하는 '보편적 부유세'라는 점이다. 바로 이러한 특징이 스위스가 부유세를 통해 상당한 수입을 얻으면서도 강한 조세저항에 직면하지 않는 비결이다. '넓은 세원, 낮은 세율' 원칙을 다시 한번 상기할 필요가 있다.

CHAPTER

9

지방세와 지방재정

9.1 국세와 지방재정의 관계

중앙재정과 지방재정

조세에는 중앙정부의 재정 수요에 충당하는 국세, 그리고 지방자치단체(이하 '지자체')의 살림에 쓰이는 지방세가 있다. 지금까지 설명한 법인세, 소득세, 부가가치세는 모두 중앙정부가 징수하는 국세들이다. 이들은 중앙정부가 징수함에도 불구하고 지방세와 지자체 재정에도 큰 영향을 미치는데, 그 이유를 이해하려면 먼저 지방재정의 수입이 어떻게 결정되는지를 알아야 한다.

〈그림 9.1〉은 중앙정부의 재정(중앙재정)과 지방정부의 재정(지방재정) 간 관계를 보여준다. 한국은 지방자치와 지방교육자치가 구분되어 있는데, 바로 이것이 시장·도지사 선거와 교육감 선거를 따로 실시하는 이유이다. 그에 따라 재정을 포함한 행정도 구분되어, 지자체의

재정을 '지방재정', 그리고 지방교육청의 재정을 '지방교육재정'이라고 한다.[1]

중앙재정의 수입은 국세와 세외수입으로 구성된다.[2] 지방재정 역시 중앙재정과 마찬가지로 지방세와 세외수입이 주요한 수입원이지만 이들의 규모가 크지 않기 때문에 중앙재정으로부터 '교부세'와 '보조금'을 받는다. 교부세는 기본적으로 용도를 지정하지 않고 지자체에서 자율적으로 사용할 수 있도록 주는 자금이고, 보조금은 중앙정부가 용도를 지정하여 특정 정책 목적을 달성하기 위해 주는 자금이다. 2020년

그림 9.1 중앙재정과 지방재정 간 자금 흐름

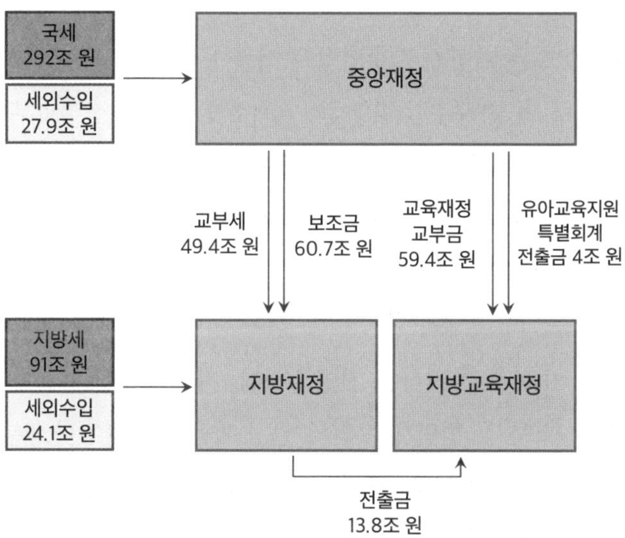

주: 금액은 순계 기준, 2020년 본예산 기준임.
자료: 행정안전부(2020)[3]

기준 지방재정 수입을 보면 자체수입(지방세와 세외수입)과 중앙정부로부터 이전받은 수입(교부세와 보조금)의 규모가 거의 비슷하다. 많은 지방자치단체가 재정수입의 상당 부분을 중앙정부에 의존하고 있다.

지방교육재정의 경우에는 자체 수입이 거의 없다. 재정수입의 대부분을 중앙정부로부터 이전받은 수입(교육재정교부금 등)에 의존하고, 지자체로부터도 일부(전출금)를 지원받는다. 교육재정교부금도 위에서 설명한 교부세처럼 기본적으로 그 용도가 지정되지 않아 교육청이 자율적으로 사용할 수 있는 자금이다.

국세가 증가하면 지방재정 수입도 증가한다

〈그림 9.2〉는 지방재정 수입의 구성을 보여준다. 지방재정 수입은 크게 지방정부의 자체수입(지방세와 세외수입)과 중앙정부로부터 이전받은 수입(교부세와 보조금)으로 구성된다. 국세의 규모는 이 두 가지 항목 모두에 지대한 영향을 미치는데, 국세 수입이 증대되면 지방재정 수입도 증가하게 된다.

이를 조금 더 자세히 알아보자. 먼저 지방세를 보면 전체 세수의 34%(2020년 기준)를 차지하는 지방소비세, 지방소득세 수입은 국세인 부가가치세, 소득세, 법인세 수입의 일정 비율로 결정된다.[4] 부가가치세, 소득세, 법인세 수입이 증가하면 지방소비세와 지방소득세 수입도 함께 증가하는 구조인 것이다. 교부세 역시 국세 수입 규모와 연동되어 있다.[5] 결국 국세 수입이 증가하면 지방재정 수입의 절반을 초과하는 지방세와 교부세 수입도 증가하게 되는데, 이를 통해 국세

그림 9.2 **지방재정 수입의 구성**

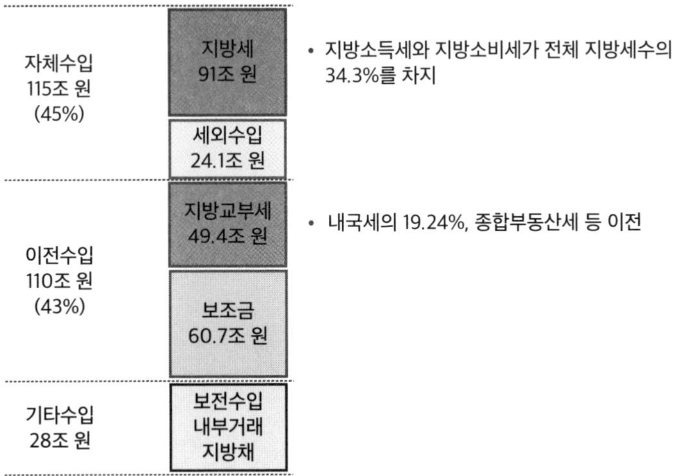

주: 2020년 본예산 기준임.
자료: 행정안전부(2020)[6]

수입 규모가 지방재정의 건전성에도 중요한 영향을 미친다는 사실을 알 수 있다.

9.2 지방재정의 주요 쟁점

국세와 지방세 비율은 적정한가?

지방세와 관련한 중요한 쟁점은 국세와 지방세를 어떤 비율로 나눌 것인가이다. 국세와 지방세의 비율은 오랫동안 8 대 2 수준을 유지해 왔다. 지방세 비중을 올려달라는 지자체의 오랜 요구가 받아들여지지 않다가, 2014년 전후 들어서야 지방세의 비중이 증가하여 2019년 현재 약 76 대 24의 수준이 되었다. 민주주의 사회에서 지방자치의 중요성을 강조하는 전문가들은 전체 조세수입에서 지방세의 비중이 더 높아져야 한다고 주장한다.

그러나 한편으로는 지방세 비중 증가에 대한 반론도 제기된다. 지방으로 이전되는 재원(교부세와 보조금)을 포함할 경우, 국세와 지방세를 합산한 총조세수입의 약 68%를 지방정부가 사용하고 있다. 또한 전

그림 9.3 **전체 조세수입에서 지방세 수입이 차지하는 비중**

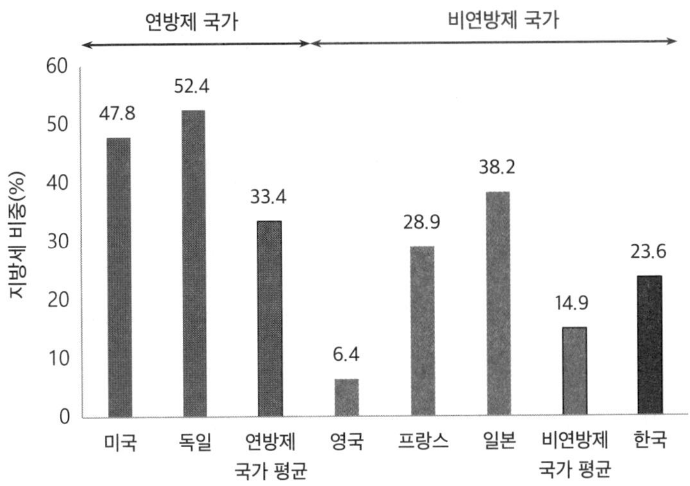

주: 연방제 국가는 OECD 회원국 중 9개국, 비연방제 국가는 OECD 회원국 중 28개국임(2019년 기준).
출처: 국회예산정책처(2020)[7]

체 조세수입에서 지방세 수입이 차지하는 비중은 다른 선진국과 비교해도 결코 낮지 않다. 〈그림 9.3〉은 주요 OECD 회원국의 총조세 대비 지방세 비중을 비교한 결과인데, 연방제를 채택하지 않은 국가들끼리 비교하면 한국의 지방세 비중이 낮다고 보기는 어렵다.[8]

그렇다면 과연 지방세 비중의 적정성에 대한 전문가 간 첨예한 입장 차이는 왜 발생하는가? 그것은 아마도 지방자치의 가치와 지방정부의 역량에 대한 인식 차이가 가장 중요한 원인일 것이다. 또한 빠르게 증가하는 복지지출을 중앙정부와 지자체 중 누가 부담하는 것이 타당한가에 대한 인식 차이도 중요한 원인 중 하나이다. 복지지출을 누가 얼마만큼 부담하는가는 중앙정부가 지자체에 이전하는 재원(보조금)의 규모와 연관되어 있다. 다음에서 보다 자세한 내용을 살펴보자.

중앙정부의 국고보조금과 지방재정의 위기

중앙정부가 지자체에 이전하는 보조금의 규모가 매년 빠른 속도로 증가하고 있다. 2021년 기준 전체 지자체 보조금의 약 65%는 사회복지 분야 보조금으로, 〈그림 9.4〉는 사회복지 분야 보조금의 증가세를 보여준다. 2012년 16조 원이었던 보조금은 2021년에는 무려 그 세 배인 48

그림 9.4 사회복지 분야 지방자치단체 국고보조금

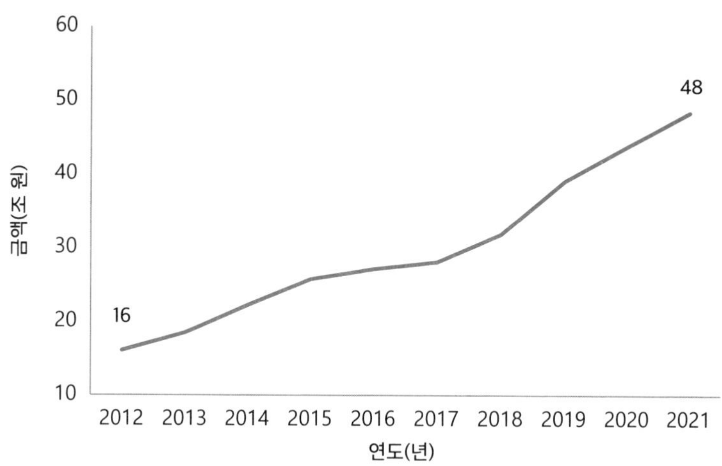

자료: 기획재정부 디지털예산회계시스템; 국회예산정책처(2021)[9]

조 원으로 증가하였다.

지방재정의 어려움은 역설적이게도 바로 이 사회복지 분야 보조금이 빠르게 증가하기 때문에 발생한다. 사회복지 분야 보조금 중에서 가장 큰 비중을 차지하는 항목은 만 65세 이상 어르신 중 경제적으로 어려운 분들에게 지급되는 기초연금이다.[10] 그런데 문제는 이 기초연금 지급 규모를 중앙정부가 단독으로 결정하면서, 그 재원은 지자체와 나누어 부담하고 있다는 사실이다. 중앙정부는 기초연금 자금의 전체가 아닌 일부만을 지자체에 보조금으로 보내주면서, 나머지 부족분은 지급 업무를 담당하는 지자체가 알아서 조달하게끔 하고 있다.[11] 이때 중앙정부와 지자체가 얼마만큼의 비율로 재원을 분담할지는 지자체의 재정 상황과 노인인구 비율에 따라 결정된다.

한국의 65세 이상 인구 비율은 최근 10년간 빠른 속도로 증가해왔고, 앞으로는 더욱 가속도가 붙을 전망이다. 노인인구의 증가에 따라 기초연금 지급액이 늘어나면, 지자체가 부담해야만 하는 일정 비율의 재원 역시 증가하게 될 것이므로 지방재정의 건전성은 결국 한국 사회의 고령화가 진행되며 급속도로 악화될 것으로 예상된다.

지방세 증가보다 중앙정부의 보조율 인상이 적절한 대안이다

지금까지 사회복지 분야 보조금이 증가하며 역설적으로 지방재정 건전성이 심각한 위기에 직면하게 될 것임을 설명하였다. 일부 전문가들은 이 문제를 해결하기 위하여 총조세 대비 지방세 비중을 높여야 한다고 주장하고 있으나 이 정책 대안은 올바른 해법이 아니다. 지방세 비중을 높이면 지자체 간 빈부 격차가 커진다. 부유한 지자체는 지방세 비중이 높은 반면, 가난한 지자체는 교부세 비중이 높다. 교부세의 중요한 목적이 지역 간 재정 격차를 완화하는 것이므로 가난한 지자체에 더 많이 배분된다. 그러나 앞에서 설명하였듯이 교부세 총액은 국세의 일정 비율로 결정되기 때문에 지방세 비중이 증가하면 국세 비중은 감소하게 되고 그에 따라 교부세도 감소하여 가난한 지자체의 재정은 악화된다.

결국 지방세 비중이 증가하는 것은 부유한 지자체에게만 이득이 되고, 가난한 지자체에게는 손해일 수 있다. 문제는 고령인구가 가난한 지자체에 집중되어 있다는 것이다. 따라서 지방세 비중이 증가하면, 가난한 지자체들이 기초연금 등 복지지출 재원을 마련하기가 오히려 더 어려워진다.[12]

국세 대비 지방세 비중을 높이는 것보다 더 좋은 대안이 있다. 고령화로 급증하는 기초연금의 복지지출 부담을 중앙정부에서 대부분 떠안는 방안이다. 즉 중앙정부가 분담하는 비중(보조율)을 상향 조정하는 것이다. 그러기 위해서는 오히려 국세의 비중이 높아져야 한다. 앞서 일본이 소비세를 인상하며 그 인상분을 복지지출에 충당하였다고 설명하였다. 우리도 가까운 미래에 부가가치세를 인상하여 그 증가분의 일부를 기초연금의 재원으로 사용하는 방안을 검토할 필요가 있다.

CHAPTER

10

해외 주요국 조세제도의 특징

10.1 세금을 많이 걷는 나라의 조세제도

세금을 많이 걷는 나라의 두 가지 대표 유형: 프랑스와 스웨덴

2018년 기준으로 세계에서 세금을 가장 많이 걷는 다섯 개 국가는 프랑스, 덴마크, 벨기에, 스웨덴, 핀란드이다.[1] 여기에서는 이 5개국의 조세제도가 어떠한 특징을 갖고 있는지 알아보자. 우선 3대 세목인 소득세, 법인세, 부가가치세, 그리고 사회보장기여금(사회보험료)의 부담 수준부터 살펴보기로 한다.

〈그림 10.1〉에서 가로축은 소득세, 법인세, 부가가치세의 부담 수준, 세로축은 사회보장기여금의 부담 수준을 나타낸다. 덴마크는 사회보장기여금의 비중이 미미하기 때문에 분석에서 제외하였다.[2] 그림에서 분석 대상 4개국을 두 가지 유형으로 구분할 수 있는데, 프랑스와

그림 10.1 **세금을 많이 걷는 나라의 두 가지 유형(2018년)**

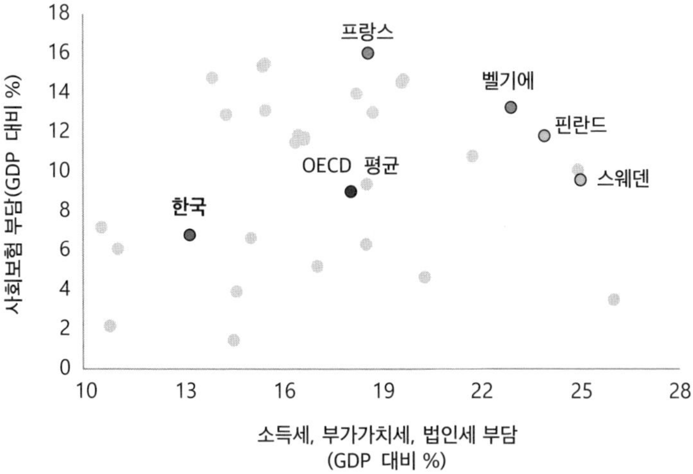

주: 덴마크는 사회보장기여금의 비중이 미미하기 때문에 분석에서 제외됨.
자료: OECD Global Revenue Statistics

스웨덴이 중요한 기준점이 된다. 프랑스는 사회보험료 부담이 높고, 스웨덴은 조세부담이 높다.[3] 벨기에와 핀란드는 모두 프랑스와 스웨덴의 중간에 위치한다.

복지국가에 관한 세계적 연구자인 에스핑 앤더슨Esping-Andersen은 복지국가를 자유주의형(영미권 국가), 조합주의형(서유럽 국가), 사민주의형(북유럽 국가)이라는 세 가지 유형으로 분류하였다. 흥미로운 점은 복지제도뿐만 아니라 조세제도 역시 이 세 가지 유형별로 특징이 다르다는 점이다. 프랑스와 독일 등 서유럽 국가는 사회보험료 부담이 높고, 스웨덴, 덴마크, 핀란드 등 북유럽 국가는 소득세와 부가가치세 부담이 높다.

세금을 많이 걷는 나라는 법인세 부담이 상대적으로 낮다

이제 본격적으로 세금을 많이 걷는 나라의 조세제도가 가진 특징을 살펴보자. 첫 번째 특징은 3대 세목 중 소득세와 부가가치세 부담이 높고, 법인세 부담은 상당히 낮다는 점이다. 〈그림 10.2〉에서 가로축은 소득세와 부가가치세 부담을 나타내고, 세로축은 법인세 부담을 나타낸다. 5개국 모두 OECD 평균 대비 오른쪽에 위치해 있는데 이는 이들 국가들의 소득세와 부가가치세 부담이 높다는 것을 의미한다.

그림 10.2 **세금을 많이 걷는 국가들의 3대 세목 부담의 비교(2018년)**

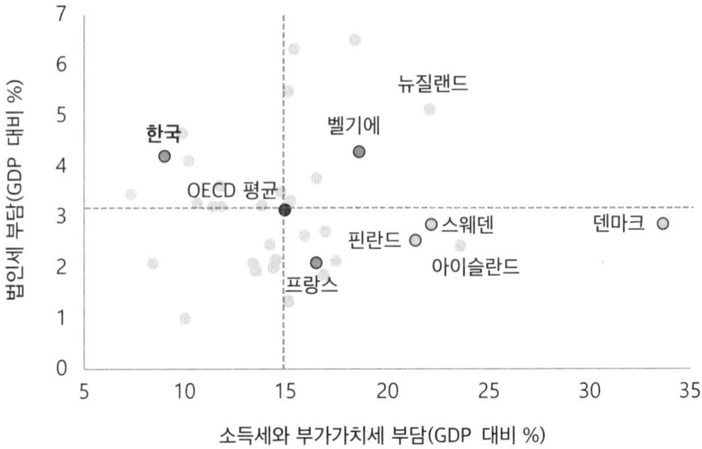

자료: OECD Global Revenue Statistics

그림을 보면 덴마크가 가장 오른쪽에 위치해 있는 것을 알 수 있는데, 덴마크는 사회보험료를 거의 징수하지 않고, 소득세의 일정 비율을 사회보험의 재원으로 사용하기 때문에 소득세 부담이 매우 클 수밖에 없다.[4] 덴마크 다음으로는 스웨덴, 핀란드, 벨기에 순으로 소득세와 부가가치세 부담이 높다. 반면 프랑스는 상대적으로 두 세목의 부담이 아주 크지는 않다. 프랑스의 부가가치세율은 20%로 나머지 4개국에 비해서 낮고, 소득세는 세율 구조가 지나치게 누진적이어서 높은 최고세율에도 불구하고 세수입이 크지 않다.

그림의 세로축은 법인세 부담을 나타내는데, 5개국 중 벨기에를 제외한 4개국은 모두 법인세 부담이 높지 않으며 심지어 OECD 평균에 비해서도 현저히 낮다. 벨기에만 예외적으로 상당한 규모의 법인세를 징수하고 있다. 한국도 법인세 부담이 상당히 높은 편이지만, 수차례 설명하였듯이 고용주의 사회보험료 부담이 매우 낮다. 따라서 법인세와 사회보험료를 함께 고려하면 기업의 세부담은 OECD 평균 수준으로 볼 수 있다.

세금을 많이 걷는 나라는 세율이 누진적이지 않다

세금을 많이 걷는 나라들의 조세제도가 지닌 두 번째 특징은 세율이 누진적이지 않다는 점이다. 일단 법인세부터 보면, 5개국 중 프랑스를 제외한 4개국은 단일 세율로 과세한다. 이익이 많이 발생한 기업이나 적게 발생한 기업이나 동일한 세율의 적용을 받는 것이다. 프랑스는 2단계 누진세율, 한국은 2021년 현재 4단계 누진세율을 적용하고 있다.

그림 10.3 **소득세 최고세율과 누진성(2018년)**

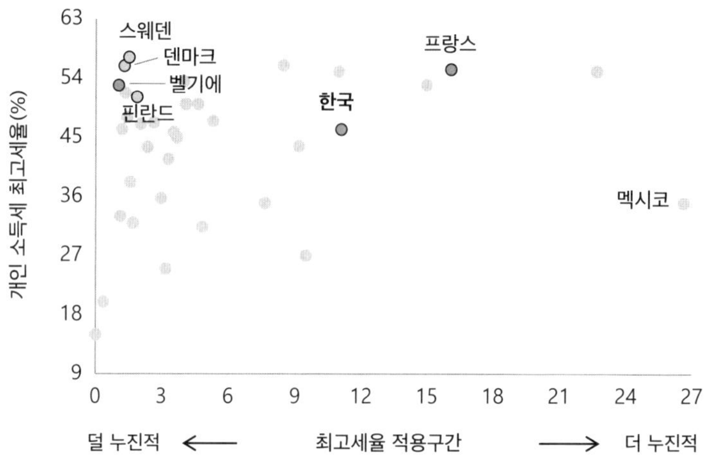

자료: OECD Global Revenue Statistics

다음으로 개인 소득세를 비교해보자. 〈그림 10.3〉은 소득세 최고세율과 누진성을 비교한 결과로서 세로축은 소득세 최고세율을, 가로축은 소득세의 누진성 척도를 나타낸다.[5] 프랑스를 제외한 4개국은 소득세 최고세율이 매우 높고, 누진성은 매우 낮다. 이들 4개국에서는 높은 최고세율이 평균 소득자보다 소득이 조금 더 많은 사람부터 최상위 소득자에게까지 공통으로 적용된다.

프랑스의 소득세율은 OECD 회원국 중 세 번째로 누진적이다. 세율이 누진적일 경우, 최고세율이 높음에도 불구하고 조세수입은 크지 않다. 프랑스가 벨기에보다 최고세율이 더 높지만, 소득세 수입은 약 80% 수준에 불과하다. 참고로 OECD 회원국 중 소득세율이 가장 누진적인 나라는 멕시코이지만 조세수입은 크지 않다. 한국도 OECD 회원국 중 소득세의 누진성이 다섯 번째로 높다.

높은 조세수입은 '부자 세금'을 통해 징수한 것이 아니다

세금을 많이 걷는 나라들의 조세제도가 지닌 세 번째 특징은 '부자 세금'이 전체 조세수입에서 차지하는 비중이 높지 않다는 점이다. 우리는 앞서 '부자 세금'을 상속증여세와 부유세로 정의하였는데, 〈그림 10.4〉는 부자세금이 전체 조세수입에서 차지하는 비중을 보여준다. 2019년 기준으로 5개국 모두 상속증여세와 부유세가 전체 조세수입의

그림 10.4 전체 조세수입 대비 상속증여세와 부유세 수입 비중

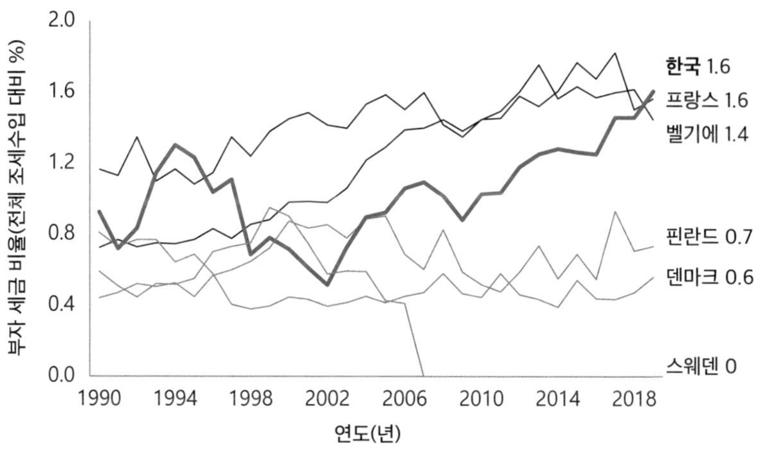

자료: OECD Global Revenue Statistics

0~1.6% 수준에 불과함을 알 수 있다.

그림에서 프랑스와 스웨덴 조세제도의 차이를 재확인할 수 있다. 프랑스는 세계에서 부자 세금의 비중이 높은 대표적 국가이다. 반면 스웨덴은 상속증여세와 부유세 제도를 2004년과 2006년에 각각 폐지하였다. 벨기에, 핀란드, 덴마크는 이들 두 국가의 중간에 위치해 있다. OECD 회원국의 부자 세금 세수 비중이 평균적으로 약 1% 수준이므로 프랑스와 벨기에는 평균보다 높고, 북유럽 3국은 평균보다 낮다.

전체 OECD 회원국을 놓고 보면, 2019년 기준 부자 세금이 세수에서 차지하는 비중이 가장 높은 국가는 스위스이고 그다음이 한국이다. 프랑스와 벨기에 역시 각각 3위와 4위에 위치해 부자 세금의 비중이 높은 편이다. 한국은 OECD 국가들 중 두 번째로 부자 세금의 비중이 높음에도 불구하고 전체 세수입에서 차지하는 비중은 2%에 미치지 못한다.

부자 세금은 공평한 사회를 실현하기 위해 부과하는 세금이지, 조세수입의 증대를 위한 세금은 아니다. 높은 조세수입을 얻고 싶다면 부자 증세가 아닌 보편 증세로 나아가야 한다. 5개국 중 프랑스를 제외한 4개국은 소득세율이 누진적이지 않다. 역진적인 부가가치세 부담도 매우 크다. 프랑스의 경우에는 소득세 세율 체계가 누진적이지만, 부가가치세와 함께 역진적인 조세에 해당하는 사회보장기여금(사회보험료)의 비중이 높다는 사실을 고려해야 한다.

세금을 많이 걷는 나라는 고용주의 사회보험료 부담이 크다

세금을 많이 걷는 나라들의 조세제도가 가진 마지막 특징은 고용주(기업)의 사회보험료 부담이 크다는 점이다. 〈그림 10.5〉는 사회보장기여금(사회보험료)의 부담주체별 세부담을 분석한 것으로, 가로축은 근로자의 사회보험료 부담, 세로축은 고용주의 부담을 나타낸다. 한국은 근로자와 고용주의 부담이 거의 동일한 것을 확인할 수 있다.[6]

그림에서 덴마크를 제외한 4개국 모두 근로자보다 고용주의 사회보험료 부담이 매우 높다. 특히 프랑스는 OECD 회원국 중 가장 높으며, 나머지 3개국도 OECD 평균 대비 현저하게 높은 수준이다. 앞서 벨

그림 10.5 **근로자와 고용주 사회보험료 부담 비교(2018년)**

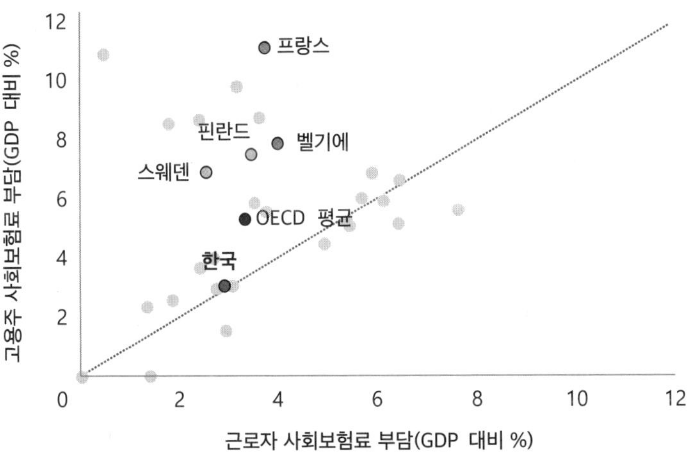

자료: OECD Global Revenue Statistics

그림 10.6 GDP 대비 법인세와 고용주 부담 사회보험료의 합계(2018년)

(단위: %)

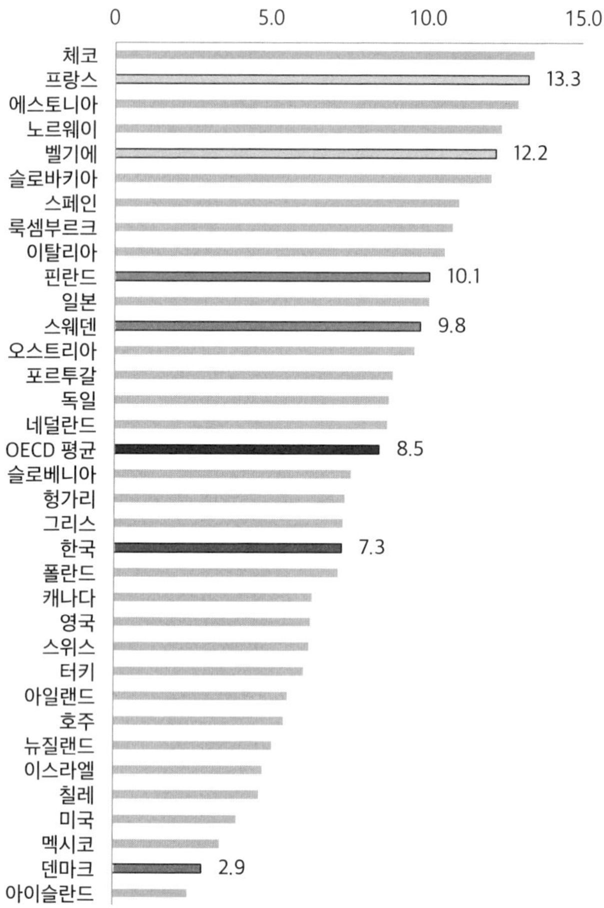

자료: OECD Global Revenue Statistics

기에를 제외한 3개국은 법인세 부담이 크지 않다고 설명하였으나 기업의 사회보험에 대한 기여까지 함께 고려할 경우, 기업의 부담이 결코 작지 않다.

〈그림 10.6〉은 법인세와 고용주 부담 사회보험료를 함께 고려할 경우 부담이 어떻게 변화하는지를 분석한 결과로서, 법인세와 고용주 부담 사회보험료를 합산하여 GDP 대비 비중을 비교하였다. 분석 결과 덴마크를 제외한 4개국 모두 고용주의 부담이 OECD 평균 대비 높은 것으로 나타났다. 덴마크는 별도로 사회보험료를 징수하지 않고 소득세의 일정 비율을 사회보험의 재원으로 사용하므로 개인의 소득세 부담이 세계에서 가장 높고, 고용주의 부담은 OECD 회원국 중 가장 낮은 수준이다. 또한 덴마크는 고용도 유연한데 이는 선진국 사이에서 우수 기업을 유치하고 생산 활동을 장려하기 위한 노력으로 풀이된다. 이렇듯 덴마크는 다른 선진국과 차별화되는 독특한 조세제도를 갖고 있다.

북유럽 국가는 조세회피로 인한 손실이 매우 작다

조세제도의 특징에 따라 납세자의 조세회피 수준도 달라진다. 〈그림 10.7〉은 경제 주체의 조세회피로 인한 세수입 손실을 추정한 결과이다. 부가가치세 손실은 유럽연합EU이 소속 회원국에 대해 분석한 자료를 사용하였으며, 법인세 손실은 IMF 연구진과 일부 학자들이 추정한 자료를 인용하였다. 유럽 국가에 대한 분석 결과만 있기 때문에 한국은 포함할 수 없었다.

분석 결과를 보면 북유럽 국가들의 조세수입 손실이 프랑스, 벨기

그림 10.7 **조세회피로 인한 조세수입 손실**

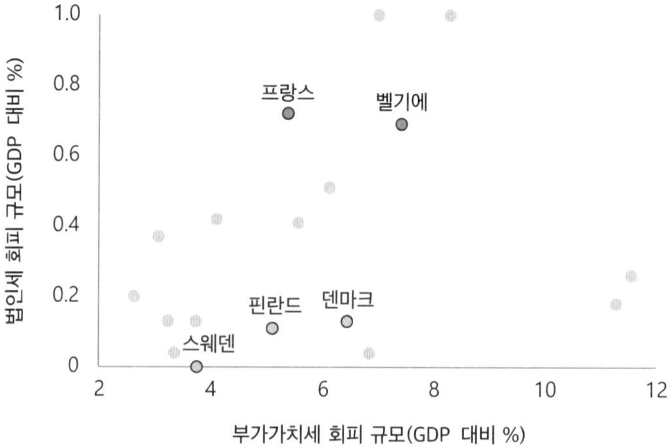

주: 유럽만을 분석하였으며, 낮은 법인세를 통해 자본 유입의 혜택을 받고 있는 폴란드, 체코, 헝가리, 슬로베니아, 아일랜드, 크로아티아, 루마니아, 리투아니아, 라트비아, 불가리아, 키프로스는 제외함.

자료: Murphy(2019)[7]

에에 비해 매우 작은 것을 확인할 수 있는데, 이는 납세자의 적극적인 조세회피가 상대적으로 적다는 의미가 된다. 이러한 차이는 국가 간 조세제도의 특징에서 비롯되는 것으로, 북유럽 국가들은 대체로 자본에 대해서 관대한 세율을 적용하며, 세율이 누진적이지 않고, 일부 부유층에 세부담이 집중되기보다 많은 국민에게 널리 퍼져 있다. 뒤에서 설명하겠지만, 자영업의 비중이 작다는 점도 조세수입 확보 관점에서 유리하다. 다음에서 북유럽 국가의 조세제도의 특징에 대해서 조금 더 자세히 살펴보도록 하자.

10.2 북유럽의 조세제도

북유럽 조세제도의 중요성

북유럽 국가들은 보편적 복지 체계를 잘 갖추고 있음에도 불구하고 높은 국민소득 수준을 유지하고 있다. 1980~1990년대까지만 해도 많은 학자들은 복지 혜택의 확대가 경제에 부정적일 것이라고 생각했다. 복지 혜택이 늘어나면 시민들의 경제 활동 의욕을 감소시켜 경제의 생산성이 떨어질 것이라고 믿었던 것이다.

40여 년이 지난 지금 이러한 믿음은 상당한 도전을 받고 있다.[8] 북유럽의 복지국가들은 낮은 소득 불평등과 높은 경제적 생산성을 동시에 유지하고 있다. 많은 학자들은 북유럽 국가들이 보편적 복지 체계와 높은 경제 성장을 동시에 누릴 수 있었던 비결 중 하나로 그들의 독특한 조세제도를 꼽는다. 이제 그 독특한 조세제도의 특징이 무엇인지 알아보자.

북유럽 국가들은 소득세, 사회보험료(고용주 부담분), 부가가치세 비중이 높다

북유럽 국가들의 조세제도의 특징을 살펴보기 위해서 먼저 북유럽 4개국(덴마크, 핀란드, 노르웨이, 스웨덴)의 세목별 조세부담률(사회보험료 포함)과 OECD 평균을 비교해 보았다. 소득세와 사회보험료 부담 수준을 비교하면 북유럽 4개국 모두 OECD 평균을 크게 상회하고 있으며, 소득세만 본다면 북유럽 국가의 소득세 부담이 한국의 약 2.5~4배까지 크다. 참고로 덴마크의 경우 사회보험료가 소득세에 포함되어 있다.

다음으로 법인세를 살펴보자. 노르웨이를 제외하면 3개국 모두 한국에 비해 부담이 작다. 노르웨이는 석유 산업이 발달하였는데 2020년 현재 석유개발 기업들에는 예외적으로 78%의 높은 법인세를 부과하고 있다. 2020년 기준 명목 법인세율을 비교해 보아도 덴마크(22%), 핀란드(20%), 노르웨이(22%), 스웨덴(21.4%) 모두 한국(27.5%)에 비해 낮다. 다만 한국은 11%에서 27.5%에 걸쳐 있는 누진세 체계를 가지고 있지만 북유럽 국가의 법인세는 단일 세율을 적용한다는 차이가 있다.

부가가치세의 경우, 북유럽 4개국 모두 세부담이 한국의 두 배를 상회한다. 덴마크, 노르웨이, 스웨덴의 부가가치세율은 25%이고 핀란드는 24%로 한국(10%)보다 두 배 이상 높으며, 기타 소비세의 비중도 모두 한국보다 높다. 북유럽 국가들은 부가가치세의 역진성을 고민하지 않는다. 다소 역진적이라고 하더라도 부가가치세를 통해 안정적 세원을 마련하면 복지지출을 늘릴 수 있기 때문에 오히려 저소득층에게 도움이 된다고 믿는다.

그림 10.8 **조세부담률의 구성(2019년)** (단위: %)

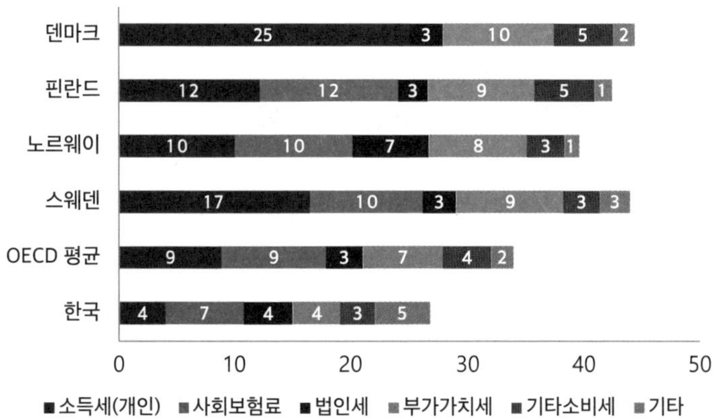

자료: OECD Global Revenue Statistics Database

북유럽 국가의 사회보험료 수준도 OECD 회원국 평균 대비 높다. 사회보험료는 그 부담 주체를 근로자, 고용주(기업), 자영업자 등으로 구분할 수 있는데, 북유럽 국가들의 사회보험료는 고용주(기업) 부담분이 높다는 특징이 있다. 스웨덴, 핀란드, 노르웨이 모두 고용주가 부담하는 보험료(GDP 대비)가 한국의 두 배를 초과한다.[9]

이제 정리해 보자. 북유럽 국가의 조세 체계는 소득세, 사회보험료, 부가가치세라는 세 가지 세목이 근간을 이루고 있다. 사회보험료는 기업이 부담하는 비중이 높다는 특징이 있는데, 기업 입장에서는 높은 수준의 사회보험료를 부담하지만 법인세 부담이 낮아 감당이 가능하다. 또한 북유럽 국가들의 세율은 누진적이지 않다. 법인세는 단일 세율로 부과하고 사회보험료(사용자 부담분)도 역시 누진적이지 않기 때문에 대기업에게 유리한 구조이다.

자본에 대한 세율이 낮은 이원소득세제

스웨덴은 1991년 자본소득(이자, 배당소득, 자본이득)과 근로소득을 구분하여 과세하는 이원소득세제dual income tax system를 도입하였다. 스웨덴은 자본소득에 대해서는 30%의 단일 세율을 적용하고, 근로소득에 대해서는 30~50%의 누진세를 적용한다. 이 제도는 1992년 노르웨이, 1993년 핀란드로 확산되었고, 이후 오스트리아, 벨기에, 아이슬란드, 이탈리아, 일본, 포르투갈, 스페인, 네덜란드, 스위스, 독일 등에서 그와 유사한 제도가 도입되었다.

2021년 현재 배당소득과 자본이득에 대해서 스웨덴은 30%, 노르웨이는 31.7%, 핀란드는 34%의 세금을 부과하고 있으며, 덴마크가 예외적으로 42%의 높은 세율을 적용하고 있다. 북유럽 국가들은 자본소득에 대해서는 낮은 단일 세율로 과세하는 것으로 유명하지만, 그 세율이 다른 선진국들과 크게 차이나지는 않는다. 그 이유는 북유럽 국가들이 노동소득에 대해서는 훨씬 더 높은 세율로 과세하고 있기 때문이다. 즉 노동소득과 비교할 때 상대적으로 세율이 낮다는 뜻이다.

그런데 자본소득에 대해 낮은 세율로 과세할 경우 장기적으로 부의 양극화가 심화되지 않을까? 〈그림 10.9〉는 스웨덴 전 국민이 보유한 총재산에서 스웨덴의 가장 부유한 40개 가문이 소유한 재산이 차지하는 비중을 보여준다. 스웨덴은 1991년에 이원소득세제를 도입한 직후

그림 10.9 **스웨덴 최상위 계층에의 부의 집중도**

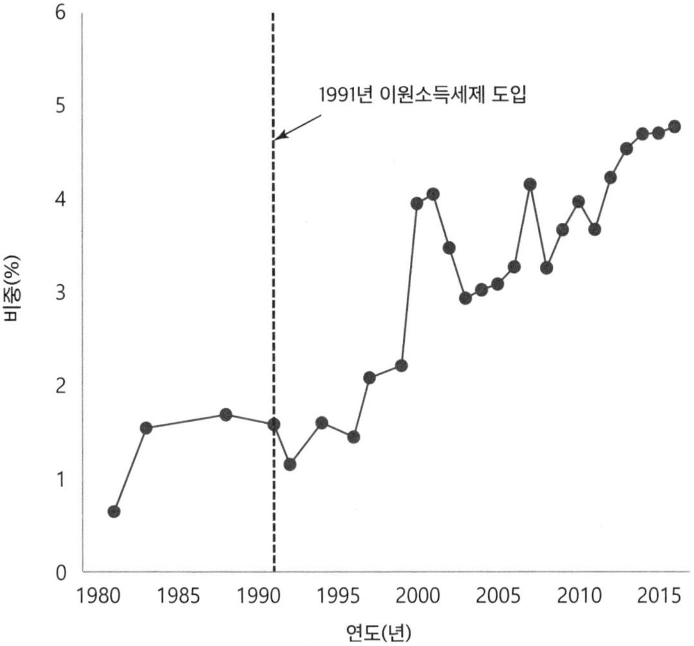

주: 스웨덴 전체 국민이 보유한 총재산 대비 최상위(상위 0.001%) 부자가 소유한 재산의 비중임.

자료: Bastani & Waldenström(2018)[10]

인 1991~1993년에 금융 위기를 겪었는데, 금융 위기에서 벗어난 1995년 이후 최상위 자본가의 소유 재산 비중이 큰 폭으로 증가하였다. 다만 이 그림에 나온 단순한 추세 분석만으로 이원소득세제가 부의 양극화를 촉진시킨다는 결론을 내리는 것은 위험하며, 이원소득세제의 효과에 대해서는 보다 추가적인 연구가 필요할 것으로 보인다.

북유럽 국가들의 상속증여세와 부유세 수준은 높지 않다

앞서 북유럽 국가들의 조세수입에서 상속증여세와 부유세 등 부자 세금의 비중이 높지 않음을 설명하였다. 복지국가의 대명사로 불리는 스웨덴은 상속증여세와 부유세를 부과하지 않고 있는데, 스웨덴이 처음부터 이들 세목을 부과하지 않았던 것은 아니다. 스웨덴은 1885년에 상속세를 도입한 이후, 1910년에 증여세, 1911년에 부유세를 도입하였다. 이후 1934년, 1948년, 1971년 세율이 단계적으로 인상되어 한때 부유세는 최고 4%, 상속세는 최고 70%에 이르렀다. 그러나 스웨덴은 2004년에는 상속증여세를, 2006년에는 부유세를 폐지하였다.

스웨덴이 상속증여세와 부유세를 폐지한 이유는 다음과 같다. 이 두 종류 세금은 도입 이후로 스웨덴 정부의 중요한 수입원이었던 적이 단 한 번도 없었다(〈그림 10.10〉 참고). 두 세목을 합산해도 GDP 대비 1%를 초과한 적이 없었고, 상속증여세는 2004년 기준으로 스웨덴 전체 조세수입의 0.2%에 불과하였다. 또한 상속증여세로 인하여 스웨덴 기업들이 가업을 상속하지 못하는 문제가 발생하였다. 처음에는 가업 상속에 대한 세제 감면 등을 도입하였으나 일반 개인들과의 형평성 문제가 대두되는 등 현실 적용에 어려움이 있었다.[11] 초고소득자들은 해외로 재산을 이전하여 상속증여세를 회피하였고, 오히려 덜 부유한 계층이 세금을 더 많이 납부하는 현상도 상속증여세와 부유세가 폐지된 이유 중 하나이다.[12]

그림 10.10 **스웨덴의 GDP 대비 부유세와 상속증여세 수입**

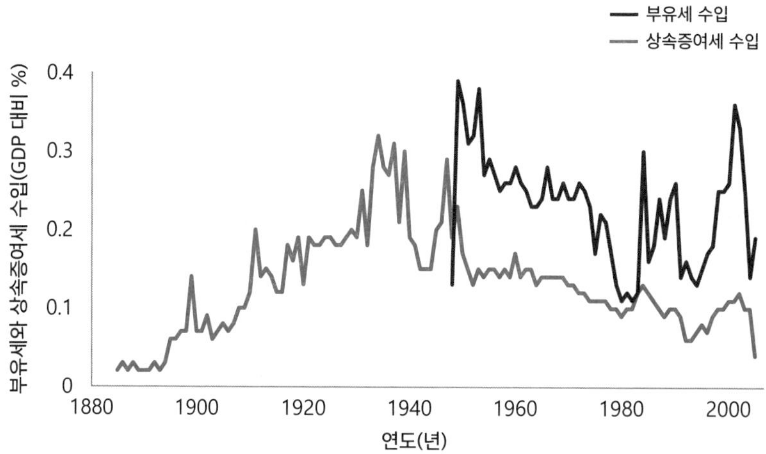

출처: Du Rietz & Henrekson(2015); Du Rietz et al.(2015); Waldenström(2018)에서 재인용[13]

북유럽 국가들은 높은 죄악세를 부과하는 것으로 유명하다

북유럽 국가들의 소비세에는 어떠한 특징이 있는가? 소비세 중 부가가치세가 차지하는 비중이 매우 높다는 점은 이미 설명하였다. 또한 북유럽 국가들은 높은 세율의 '죄악세sin tax'를 부과하는 것으로도 유명하다.[14] 죄악세란 사회에 해롭거나 바람직하지 않은 행위를 억제하기 위한 조세로 술, 담배, 유류에 대한 세금 등을 의미한다.

북유럽 국가들은 일종의 죄악세인 탄소세carbon tax를 적극적으로 도입한 것으로도 유명하다. 핀란드가 1990년에 세계 최초로 탄소세를 도입한 이후 2020년 현재 유럽 국가 중 탄소세율이 가장 높은 국가는 스웨덴이다. 그다음으로는 스위스, 핀란드, 노르웨이, 프랑스 순으로 세율이 낮아진다. 유럽에서 탄소세율이 가장 높은 다섯 국가 중 세 국가가 북유럽 국가인 것이다.

북유럽 국가의 사회보험은 기업들이 지탱하고 있다

지금껏 북유럽 국가 조세제도의 특징을 살펴보는 과정에서 이들 국가의 법인세 부담이 낮고, 자본소득에 대해 낮은 세율을 적용하며, 상속증여세 부담도 매우 낮다는 사실을 확인하였다. 여기까지만 보면 이것이 과연 복지국가의 이상적인 모델이 맞는 것인지 혼란스러울 수 있다. 그러나 한 가지 간과한 항목이 있는데, 바로 사회보험료이다. 수차례 강조하듯이 한 국가의 조세제도를 평가할 때에는 조세, 사회보험료, 재정지출을 함께 보아야만 이해가 가능하다.

북유럽 국가들, 그중에서도 순수한 이원소득세제를 도입한 스웨덴과 핀란드의 경우 사회보험료의 고용주 부담분이 다른 선진국 대비 월등히 높다. 기업들이 높은 사회보험료를 부담하는 대신 법인세, 자본소득세, 상속증여세 부담은 낮게 유지된다. 또한 반대로 사회보험료의 근로자 부담분은 매우 낮기 때문에 높은 수준의 근로소득세를 부과할 수 있는 이유가 된다.

이러한 정책의 이면에는 기업에게 '사회보장에의 기여'라는 사회적 책임을 강하게 요구하되, 창출된 이익에 대한 재산권은 최대한 인정해 주는 철학이 녹아 있다. 이 제도는 장단점이 뚜렷하다. 수익성이 좋

그림 10.11 사회보험료 고용주 부담분 비중과 실업률(2020년)

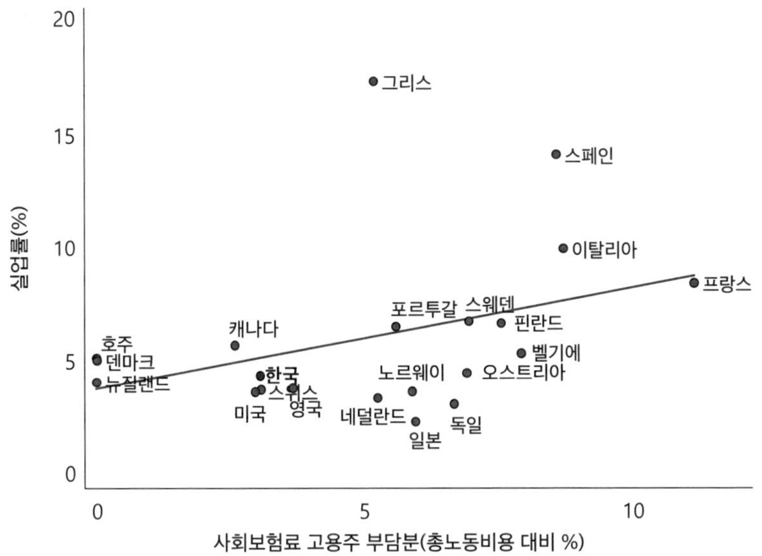

자료: OECD Database

은 기업들은 이윤 규모에 비례하는 법인세 부담보다 사회보험료 부담을 선호할 수 있다. 또한 법인세는 일반 재정에 편입되는 반면 사회보험료는 기업이 고용한 근로자를 위해 사용되기 때문에 사회보험료 부담이 높을수록 기업들이 노조와 협상하는 데에도 유리하다.

다만 기업에게 높은 사회보험료를 부담시키는 정책은 치명적인 단점을 갖고 있다. 기업의 사회보험료 부담이 커질 경우 노동을 고용하는 비용이 증가한다. 법인세는 이익이 날 경우에만 발생하지만, 사회보험료는 이익 여부와 상관없이 고용을 늘리면 발생한다. 마치 추가 고용에 대해 정부가 페널티를 부과하는 것과 같은 효과가 있다. 특히 수익성이 낮은 기업들에게는 사회보험료가 매우 부담될 수 있는데, 실제 데이터를 보면 이러한 우려가 기우가 아님을 알 수 있다. 〈그림 10.11〉은 사회보험료의 고용주 부담분 비중과 실업률 간에 상당히 뚜렷한 상관관계가 있음을 보여준다.[15]

사회보험료 고용주 부담분을 늘리려면 노동 유연성이 확보되어야 한다

사회보험료 고용주 부담분 비중이 높은 국가들은 고용에 미치는 부정적인 효과를 줄이기 위해 비정규직 고용에 관한 규제를 약하게 유지하고 있다. 사회보험료 고용주 부담분이 높으면 기업들이 고용을 꺼리기 때문에 실업률이 높아진다. 따라서 이러한 부작용을 완화하기 위해 비정규직을 자유롭게 고용할 수 있도록 규제를 완화한 것이다.

만약 사회보험료 고용주 부담분이 높음에도 불구하고 노동 유연성을 포기할 경우 어떻게 될까? 〈그림 10.11〉에서 사회보험료 고용주 부담분 비중은 프랑스, 이탈리아, 스페인, 벨기에, 핀란드, 스웨덴, 오스트리아, 독일 순으로 높음을 알 수 있다. 〈그림 10.12〉에서는 이 여덟 개 국가를 포함하여 한국과 일부 국가들의 고용 관련 규제를 비교한 결과를 보여주고 있다. 특징적인 것은 고용주 부담 비중이 높은 8개국들이 두 부류로 나뉜다는 것이다. 3개국(프랑스, 이탈리아, 스페인)은 비정규직 고용규제지수가 높고, 나머지 5개국은 낮다. 한 가지 주목할 사실은 사회보험료 고용주 부담이 높으면서 비정규직 고용규제지수가 높은

그림 10.12 **정규직과 비정규직 고용 관련 규제**

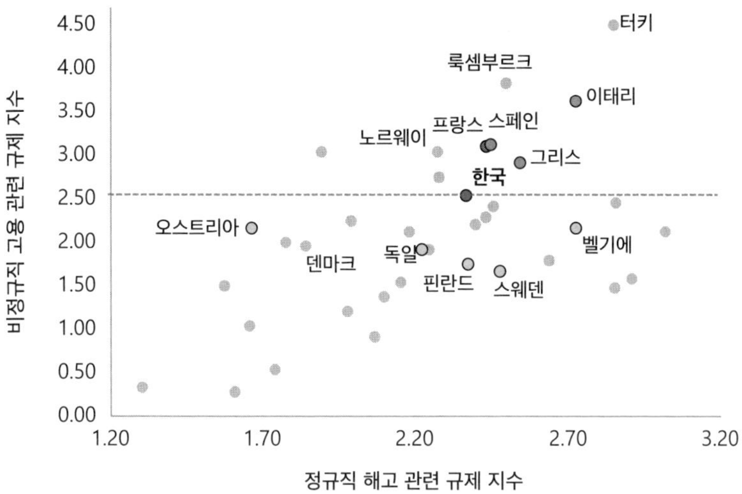

주: 지수가 높을수록 유연성이 떨어짐.
자료: OECD Employment Outlook(2020)

국가들은 실업률도 높은 경향이 있다는 점이다(〈그림 10.11〉 참조).

북유럽 국가의 사회복지지출은 근로 장려를 위한 성격이 강하다

북유럽 국가들은 기업에게 높은 사회보험료 부담을 요구한다. 그런데 이 경우 기업들이 고용을 꺼려 실업률이 높아지기 쉽다. 이러한 부작용을 완화하기 위한 또 다른 노력은 근로를 장려하는 성격의 보조금을 지급하는 것이다.[16] 여기서 말하는 보조금은 영유아 보육, 유치원,

그림 10.13 가족 분야 사회복지지출과 여성의 노동참가율

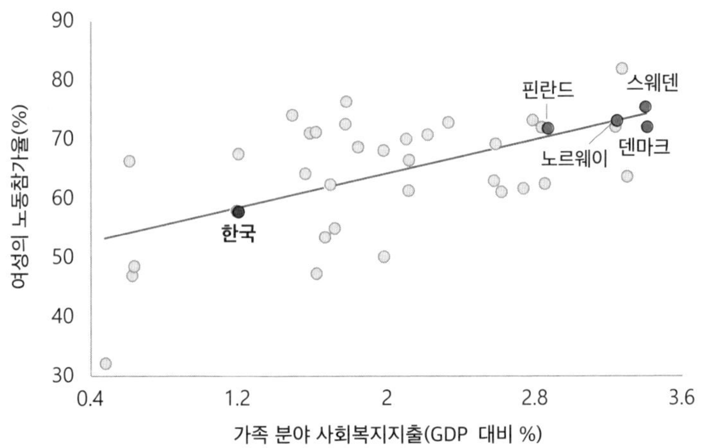

주: 여성의 노동참가율은 2019년 데이터를, 가족 분야 사회복지지출은 2017~2019년 데이터 중 최신 데이터를 사용함.
자료: OECD Data

노인 관련 지출 등 가족 분야 사회복지지출을 의미한다. 앞서 설명하였듯이 북유럽 국가들은 서유럽 국가들과는 달리 '근로를 조건으로' 이들 혜택을 제공한다. 또한 스웨덴과 핀란드는 근로장려금EITC을 세계에서 가장 적극적으로 도입한 국가들이다.

북유럽 국가의 가족 분야 사회복지지출은 특히 여성의 노동 참여를 촉진하는 효과가 있다. 〈그림 10.13〉은 가족 분야 사회복지지출 규모와 여성의 노동참가율 간 강한 양(+)의 상관관계를 보여준다. 참고로 한국은 가족 분야 사회복지지출과 여성의 노동 참가 모두 낮은 수준임을 확인할 수 있는데, 향후 인구 감소가 전망되는 상황에서 경제활동인구를 유지하고 출산율을 높이기 위한 대안으로 북유럽 모델을 참고할 필요가 있다.

자영업자 비중이 작은 점은 조세수입 확보 측면에서 유리하게 작용한다

북유럽 국가들의 자영업자 비중이 작다는 점도 조세수입 확보에 유리하게 작용한다. 〈그림 10.14〉는 OECD 회원국의 자영업자 비중과 국민부담률(조세와 사회보장기여금 부담) 간 뚜렷한 음(−)의 상관관계를

그림 10.14 자영업자 비중과 국민부담률

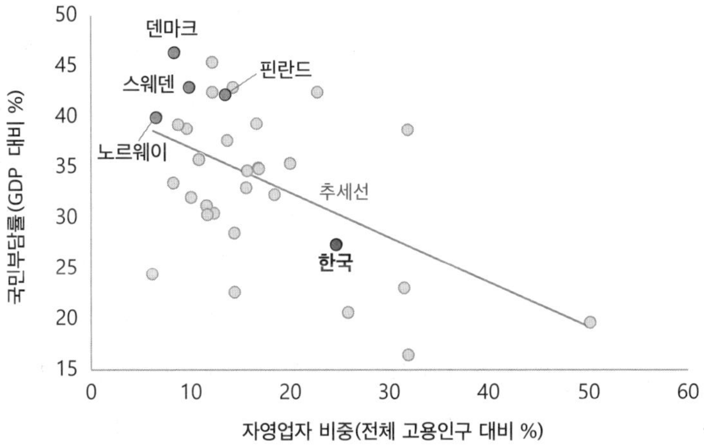

주: 일본의 국민부담률과 노르웨이의 자영업자 비중은 2018년 데이터를 사용하였고, 나머지는 모두 2019년 데이터를 사용함.
자료: OECD Data

보여준다. 북유럽 4개국은 모두 자영업자 비중이 낮다.

한국은 OECD 회원국 중 자영업자 비중이 높은 편에 속한다. 자영업자 수가 계속 감소하고 있기는 하지만, 여전히 취업자 4명 가운데 1명은 자영업자인 셈이다. 자영업자 비중이 높은 원인에 대해서는 다양한 해석이 가능하겠지만, 그 비중이 지나치게 높을 경우 정부가 효율적으로 조세수입을 확보하기 어려워질 수 있다. 또한 사회적 위험의 사각지대에 놓인 인구 비중이 높다는 의미로도 해석할 수 있으므로 정부가 관심을 가질 필요가 있다.

북유럽 국가 조세제도의 특징과 단점

북유럽 국가들은 복지제도가 잘 갖추어져 있으면서도 높은 국민소득 수준을 유지하는 것으로 유명하다. 1980~1990년대까지만 해도 많은 학자들은 복지국가의 경제적 미래에 대해서 부정적인 전망을 했었다. 그렇지만 수십 년이 지난 지금, 세계에서 가장 높은 수준의 복지 혜택을 제공하는 북유럽 국가들은 여전히 높은 수준의 경제적 번영을 누리고 있다. 재정건전성도 다른 선진국 대비 양호하며, 스웨덴의 경우 조세저항마저 매우 낮다.[17] 어떻게 이러한 결과가 가능했을까?

북유럽 국가들의 조세제도의 특징을 요약하면 다음과 같다. 첫째, 조세부담률이 매우 높고, 우리나라를 포함한 다른 선진국 대비 소득세, 사회보험료(고용주 부담분), 부가가치세의 비중이 크다. 둘째, 개인소득세 부담이 누진적이지 않고 중상위층부터 최상위 소득자까지 같은 세율을 적용받는다. 셋째, 법인세 부담이 작은 편이며, 특히 단일 세율을 부과하여 누진적이지 않다. 넷째, 금융소득 등 자본소득에 대해서는 근로소득보다 낮은 세율이 적용된다. 다섯째, 상속증여세, 부유세 등 '부자 세금'의 부담은 높지 않다. 마지막으로 여섯째, 담배, 주류, 유류 등에 대해서 높은 소비세를 부과한다.

북유럽 국가의 조세제도는 많은 사람들이 상상하는 것처럼 따뜻하지만은 않다. 오히려 차가운 이성에 근거하여 설계된 효율적인 제도에 가깝다. 중산층을 포함한 대다수 국민들과 기업들이 효율적으로 복지국가 비용을 분담하도록 설계되어 있다. 그렇다면 과연 우리가 이들의 제도를 벤치마킹할 만한가? 이 질문에 대한 답을 얻기 위해서는 북유럽 국가, 특히 스웨덴과 핀란드 조세제도의 단점을 이해해야만 하는데, 그것은 바로 고용, 그중에서도 '청년 실업' 문제이다. 스웨덴과 핀란드는 기업의 높은 사회보험료 부담 때문에 발생하는 실업 문제에 대응하기 위하여 노동 시장의 유연성을 확보하고자 노력하고 있다. 따라서 이러한 단점을 고려하지 않은 채 북유럽식 제도를 도입할 경우 그것은 북유럽보다 오히려 실업률이 높게 집계되는 남유럽 국가들(이탈리아, 스페인, 그리스 등)의 제도에 가까울 수 있어서 주의가 필요하다.

CHAPTER

11

미래 조세 개혁의 방향

바람직한 조세 정책의 방향

앞서 제1장에서 조세와 재정의 기본 개념을 설명한 후, 제2장에서 한국이 당면한 미래 재정 여건의 심각성과 증세의 필요성을 설명하였다. 그리고 제3장부터 제9장까지 주요 세목별 특징과 정책적 쟁점을 살펴본 뒤, 마지막으로 제10장에서 해외 주요국의 조세제도가 가진 특징에 대해서 설명하였다. 본 장에서는 '조세'를 사회보장기여금(사회보험료)까지 포함한 넓은 의미로 정의하여 바람직한 조세와 재정 정책의 방향을 열 가지로 요약해 제시해 보았다.

첫째, 증세는 불가피하다

우리나라는 심각한 재정적 도전에 직면해 있다. 이는 단순히 코로나19 팬데믹 사태로 정부 지출이 증가해서가 아니다. 재정적 어려움의 원인은 보다 '구조적인 문제'에 기인한다. 세계에서 가장 빠른 속도로 고령화가 진행되는 상황에서, 그 혜택에 비해 매우 낮은 보험료를 징수하고 있는 공적연금이 가장 큰 주범이다. 그 외에도 건강보험, 장기요양보험, 기초연금을 포함한 각종 복지지출이 어려움을 가중시킬 것이다.

사상 최악의 저출산 문제가 대두된 시점에 미래의 재정적 어려움은 이미 확정되었다.[1] 그럼에도 불구하고 한국 사회가 겪을 재정적 어려움은 현재의 국가채무 통계에 나타나지 않는다. 당장이 아니라 지금으로부터 20년 후에 벌어질 문제이기 때문이다. 발생주의 관점을 따르는 현재의 국가회계기준이 이러한 어려움을 정확하게 측정하여 설득력 있게 표현하지 못하는 점은 아쉬운 부분이다.

정부가 미래 재정의 구조적인 문제에 대해서 고민할 시점이 왔다. 그리고 그 고민의 핵심에는 미래 지출 증가에 대응한 재정수입 증가 방안이 포함되어야 한다. 결국 증세는 불가피하며 여기에는 단지 두 가지의 선택만 남아 있다. 첫째, 어느 정도 수준의 복지를 지향할 것인가, 둘째, 어떻게 현명하게 부작용을 최소화하며 세금을 징수할 것인가.

둘째, 바람직한 조세 정책을 논하기 전에 먼저 복지 정책의 방향성을 결정하자

다음의 예시를 통해 바람직한 조세 정책에 대해 생각해 보자.[2] 예컨대 복지 및 증세와 관련하여 다음과 같은 A정책안과 B정책안이 있다고 할 때 여러분은 과연 어느 정책 대안에 찬성하는지 생각해 보자. 편의상 정부는 균형 재정을 달성한다고 가정한다.

(A안) 선별 복지와 선별 증세

- 지출: 무소득자에게는 1년에 1000만 원의 복지 혜택을 제공, 소득자에게는 무소득자에 비해 소득 증가분의 20%만큼 복지 혜택이 감소
- 조세: 연소득이 5000만 원을 초과할 경우, 5000만 원 초과분의 20%를 세금으로 납부

(B안) 보편 복지와 보편 증세

- 지출: 모든 국민에게 1년에 1000만 원의 기본소득 제공
- 조세: 모든 소득에 20%의 단일 세율 과세

A안은 저소득층에게 선별적으로 복지 혜택을 제공하는 안으로, 그 재원은 고소득자에게 부과되는 세금을 통해 조달된다. 소위 '선별 복지와 선별 증세'의 조합이다. 반면에 B안은 모든 국민에게 연 1000만 원의 기본소득이 제공되며, 그 재원도 모든 국민에게 세금을 징수하는 보편 과세로 조달된다.

아마도 많은 분들이 A안과 B안이 매우 다르다고 생각했을 듯하다. 또한 정치적 성향에 따라서도 선호가 달랐을 수 있다. 그러나 조금 깊이 생각해 보면 A안과 B안의 경제적 실질은 동일함을 알 수 있다.[3] 정부로부터 얻는 혜택과 납부하는 세금의 차이인 '순 혜택'이 두 대안에서 동일하기 때문이다. A안과 B안은 〈그림 11.1〉에서 보는 바와 같이

그림 11.1 A안과 B안의 순 혜택

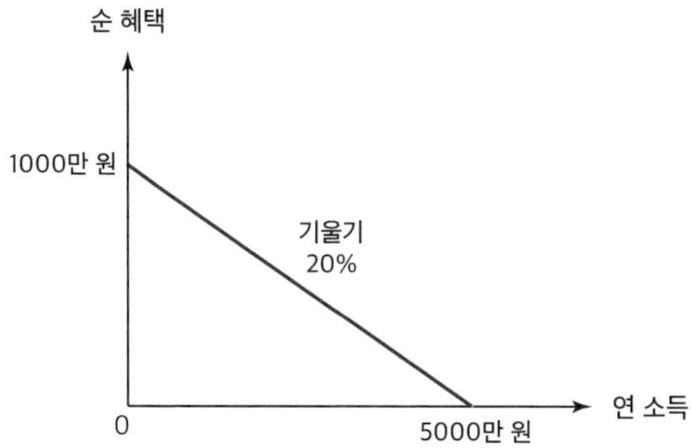

주: 1. 순 혜택은 복지 혜택에서 조세납부액을 차감한 금액임.
2. 연 소득은 조세 납부와 복지 혜택 수령 전의 소득임.

모든 소득자에게 동일한 순 혜택을 제공한다.

이 예시는 조세 정책을 판단할 때에는 지출도 함께 고려할 필요가 있음을 보여준다. 조세 정책만 떼어서 보면 A안과 B안이 크게 다르지만, 조세와 지출을 묶어 함께 고려할 경우 그와는 다르게 판단된다. 즉 바람직한 조세 정책을 논하려면 대한민국 복지 정책의 방향성을 먼저 결정할 필요가 있는 것이다. 어느 정도 수준의 복지를 지향하는가에 따라 조세 정책의 방향성도 결정된다.

또한 이 예시는 '선별 증세를 통한 선별 복지'와 '보편 증세를 통한 보편 복지' 정책이 서로 유사한 효과가 있을 수 있음을 보여주고 있다. 한국의 2021년 상황은 A안의 '선별 증세-선별 복지'에 가깝다. 최근 복지에 대한 관심이 폭발적으로 증가하며 '보편 복지'에 대한 논의가 증가하고 있지만, '보편 증세'에 대한 논의는 애써 외면하고 있는 것은 아닌지 돌아볼 필요가 있다.

셋째, '불평등 완화를 위한 조세'와 '재정수입 확보를 위한 조세'는 다르다

우리는 조세의 세목별 특징과 목적을 명확하게 이해할 필요가 있다. 부의 양극화 해소를 위한 조세와 세수입 확보를 위한 조세는 그 특징이 서로 다르기 때문이다. 상속증여세, 부유세 등 이른바 '부자 세금'은 부의 불평등 완화를 위해서는 필요할 수 있겠지만 우리가 당면할 재정적 어려움을 해결하는 데는 결코 도움이 되지 않는다. 부자 증세를 통해 GDP의 1%를 초과하는 세수를 얻기란 불가능에 가깝다.[4] 만약 1%를 초과하는 세수를 확보했다면 스위스의 부유세처럼 실질적으로는 보편적 조세의 성격을 갖는다.

반면에 소득세, 부가가치세는 재정수입 확보를 위한 세목이다. 특히 소득세는 그 규모를 통해 해당 국가가 선진국인지, 후진국인지를 판별할 수 있을 정도로 중요한 세목이다. 만약 이들을 조세수입 확보 목적이 아닌 부자 증세 목적으로 사용할 경우 대단히 비효율적인 제도가 된다. 소득세의 누진성을 어느 정도 유지한다는 점에서는 긍정적이지만, 그 정도가 지나치면 충분한 수입을 확보하기 어렵다. 또한 현재의 과도한 감면 혜택을 줄임으로써 세금을 납부하지 않는 면세자를 줄여야 한다. 만약 소득세와 부가가치세를 통해 충분한 수입을 확보하지 못할 경우, 한국의 국가채무를 적정 수준에서 관리하기 어려울 것이다.

비슷한 관점에서 '소득 상위 1%의 소득 집중 현상을 해소하기 위한 조세'와 '사회 안전망을 구축하기 위한 조세'도 역시 다르다. 소득 상위 1%와 그 나머지 소득자 간의 불평등을 완화하기 위해서는 상속증여세 등 부자 증세와 함께 초超고소득 근로소득자에 대한 추가 과세 등이 필요하다. 반면 사회 안전망 구축을 위해서는 보편 증세를 통해 충분한 수입을 확보할 수 있어야만 한다.

앞서 세금을 많이 걷는 5개국의 특징을 살펴보았다. 미래 한국의 모델로 어떤 유형을 지향할 것인가는 각자의 가치관에 따라 다를 수 있겠지만 5개국 모두 부자 세금을 통해 재정수입을 확보하고 있는 것이 아니라는 점은 분명하다. 프랑스는 사회보험료 비중이 가장 크고, 스웨덴은 소득세 비중이 가장 크다. 또한 부가가치세는 대부분의 선진국에서 3대 수입원 중 하나로 활용된다. 사회보험료와 부가가치세는 기본적으로 역진적이고, 북유럽의 소득세는 누진성이 매우 약하다. 선진국들은 재정수입 증대를 위하여 수차례 시행착오를 겪으며 조세제도를 개혁해 왔다. 우리는 이러한 선진국의 경험을 참고할 필요가 있다.

넷째, 많은 재정수입을 얻기 위해서는 조세부담이 넓고 고르게 분포되어야 한다

세금을 많이 걷는 국가들의 특징에서도 보았듯이, 세율이 지나치게 누진적이면 많은 수입을 거두기 어렵다. 되도록 많은 국민들에게 조세부담이 분산될 때, 큰 조세저항 없이 대규모 재정수입을 확보할 수 있다. 강력한 사회 안전망을 구축하기 위한 재원은 넓은 세원의 보편 증세를 통해서만 확보할 수 있다. 일부 최상위 부유층에 부과되는 부자세금이 바람직하지 않다는 뜻은 아니다. 다만 보다 보편적 조세를 재원으로 강력한 사회 안전망을 구축하는 방안이 국가의 미래에 한층 이로울 수 있음을 이야기하는 것이다.

또한 모든 조세의 부담이 넓고 고르게 분포되어야 한다는 뜻도 아니다. 다만 정부가 대규모 재정수입을 확보하기 위한 수단인 소득세, 부가가치세, 사회보험료만은 '넓은 세원, 낮은 세율' 원칙을 견지할 필요가 있다. 이 세 가지 '무기'가 지나치게 누진적으로 설계될 경우, 정부는 향후 급격하게 증가할 재정부담을 감당하기 어려울 것이다.

다섯째, 초고령 사회에서는 부가가치세를 사회보장세로 활용할 필요가 있다

부가가치세는 다른 세목에 비해 많은 장점을 갖고 있다. 법인세를 줄이고 부가가치세를 인상할 경우 수출 기업에게 보조금을 주는 것과 같은 효과가 발생하게 된다. 또한 소득세에 비해 저축과 투자를 촉진하는 효과도 있다. 소득세의 경우 최초 소득과 저축을 통해 창출된 수익 모두에 부과가 되는 반면에, 부가가치세는 최종 소비를 할 때에만 부과가 되기 때문이다. 그리고 부가가치세는 법인세 또는 소득세에 비해 경기 변동에 민감하지 않아 안정적 수입원이 될 수 있다.

부가가치세는 초고령 사회에서의 복지지출 재원으로 적합하다. 노인인구가 급속도로 증가하게 되면 경제 활동에 참여하는 젊은 세대와 노인 세대 간 갈등이 중요한 정책적 이슈로 떠오른다. 이때 소득세를 재원으로 노인 복지를 제공할 경우, 젊은 세대에게 조세부담이 집중되어 세대 간 형평성이 저해된다. 따라서 노인을 포함한 모든 국민이 조금씩 부담을 나누어 갖는 부가가치세를 통해 복지에 소요되는 재원을 확보하는 것이 바람직하다. 특히 한국은 머지않은 미래에 국민연금 등 사회보험의 고갈 문제가 대두될 것이므로 부가가치세를 인상하고, 그 인상분을 사회보장세로 전환하여 사회보험 부족분에 충당할 필요가 있다.

여섯째, 자본소득은 '악(惡)', 노동소득은 '선(善)'이라는 이분법적 사고에서 벗어나야 한다

많은 사람들이 자본소득에 대해 부정적인 인식을 갖고 있다. 사실 '자본소득'을 정의하는 것은 쉽지 않은데 이는 자본의 형태가 워낙 다양하기 때문이다. 하지만 논의를 단순화하기 위해 주식과 채권 등 기업에 대한 직접 금융을 자본이라고 정의할 때, 국가 경제의 발전을 위하여 자본이 중요하다는 사실은 더 이상 설명이 필요 없을 것이다.

해외 선진국들은 앞다투어 자본을 유치하기 위해 치열한 경쟁을 펼치고 있다. 북유럽 조세제도의 특징은 자본소득에 대해서는 저율의 단일 세율, 노동소득에 대해서는 고율의 누진세를 부과하는 이원소득세제를 도입하고 있다는 것이다.[5] 높은 조세부담에도 불구하고 성장의 동력을 잃지 않는 이유 중 하나가 바로 이와 같이 자본소득에 대해 합리적인 수준의 세율을 유지하기 때문일 수 있다.

노동소득에 지나치게 관대한 세제는 부작용을 야기한다. 경영자들이 '셀프 연봉 계약'을 통해 일 년에 수백억 원의 연봉을 받는 현상은 근로자들과 소액 주주의 몫을 부당하게 착취하는 행위와 다름없다.[6] 이는 자본 시장의 발전에도 부정적이다. 세계 많은 선진국에서 그 해결 방안에 대해 고민하고 있지만 아직까지는 뾰족한 수가 없는 상황이다. 다만 프랑스처럼 초고소득 근로소득자에 대한 추가 과세를 검토할 수 있겠다.

일곱째, 법인세의 과도한 누진성을 완화할 필요가 있다

한국의 법인세 수준은 OECD 회원국 평균과 유사하지만 회원국 중 가장 누진적인 세율을 갖고 있다. 그러나 이렇게 지나친 누진성은 많은 부작용을 야기한다. 한국은 일부 극소수의 대기업들이 매우 큰 세부담을 짊어지고 있는데 글로벌 기업들의 세계 시장 경쟁력이 약화될 수 있다. 반면 이익을 창출하면서도 누진적 세율체계로 인하여 세금은 매우 적게 부담하고 있는 기업들도 존재한다.

지속적인 성장을 위해서는 법인세에 대한 인식을 바꿀 필요가 있다. 법인세율이 지나치게 높으면 자본이 해외로 유출될 뿐 아니라 시장 자금이 기업의 생산 활동에 유입되지 않고, 부동산 등 비생산적인 투자에 몰리게 된다. 물론 대기업의 독점 문제도 중요한 사회문제임에는 틀림없지만 법인세를 통해 이 문제를 해결하려는 생각은 위험하다. 독점 문제를 해결하는 데는 반독점 규제가 보다 효과적인 수단일 수 있다.[7]

여덟째, 금융자산보다 부동산에 대한 세율이 높아야 한다

불로소득을 창출하는 대표적 자산으로 금융자산과 부동산이 있다. 정부는 시장 자금이 부동산보다 주식 등 금융자산으로 모이도록 유도해야 한다. 부동산에 자금이 몰리면 주택 가격 상승으로 거주 비용이 상승하고 기업들이 사무실을 구하기 어려워져 생산 활동에 부정적이다. 이와 반대로 주식 등 금융자산에 자금이 몰리면 기업의 자금 조달이 용이해져 생산 활동에 긍정적이므로, 금융자산보다 부동산에 대한 세율을 높게 유지할 필요가 있다.

금융자산 간에는 위험의 부담 수준에 따라 세율을 차등 적용할 수 있다. 양도 차익에 대한 세율이 높을 경우 자칫 고위험 자산에 대한 투자가 저해될 수 있다. 차익을 얻을 때는 세금을 납부하지만 정작 손실이 발생하면 그 금액을 보전받지 못하기 때문이다. 따라서 고위험 자산의 투자 이익에 대한 세율은 비교적 낮게 유지할 필요가 있다. 다행히 2023년부터 금융 상품 간 손익 통산, 결손금 이월 공제 등이 적용될 예정이기 때문에 이러한 부작용은 상당 부분 해소될 수 있을 것으로 보인다.

아홉째, '근로를 장려하는 정책'과 '기술 집약적 산업을 육성하는 정책'이 모두 필요하다

한국 사회의 고령화가 진행되면서 복지지출 역시 급속도로 증가할 전망이다. 이 재정적 어려움을 슬기롭게 극복하기 위해서는 일정 규모 이상의 노동력이 필수적이다. 경제활동인구의 노동 참여를 최대한 유도하여 제한된 인구로 재정적 부담을 지탱해야 한다. 이를 위해 여성의 노동 참여를 지원하고, 근로의욕이 있는 노인인구가 일할 수 있는 환경을 마련해야 한다.

북유럽 국가들은 근로장려금, 영유아 보육 지원, 출산 휴직 등의 제도를 통해 경제활동인구의 노동 참여를 적극적으로 지원하고 있다. 근로를 조건으로 지급되는 근로장려금을 세계에서 가장 적극적으로 도입한 국가가 미국과 스웨덴이라는 점은 흥미롭다. 영유아 보육 지원, 출산 휴직 등은 모두 근로를 조건으로 제공되기 때문에 마치 근로에 대한 보조금을 지급하는 것과 같은데, 이 정책들은 공공 부조, 실업급여 등 전통적인 복지제도와 정반대의 효과를 갖고 있다. 스웨덴의 경우 25세에서 64세까지의 모든 연령 구간에서 경제활동참가율이 세계에서 가장 높으며 그중에서도 특히 여성의 경제활동참가율은 압도적으로 높다. 향후 시민들의 경제 활동 참여를 유도하고, 출산을 장려하기 위하여 스웨덴의 제도를 참고할 필요가 있다.

그와 동시에 기술 집약적인 고부가가치 산업에 대한 육성도 함께 추진되어야 한다. 경제활동인구가 감소함에도 불구하고 경제가 정상적으로 성장하려면, 결국 기술 집약적인 산업의 비중이 현재보다 월등하게 커져야 한다. 지금보다 인구가 감소하여 미래 국민의 1인당 조세부담은 커지겠지만, 1인당 부가가치가 함께 높아질 경우 감당이 가능하다. '노동에 대한 의존도가 적은 기술 집약적 고부가가치 산업을 육성하는 정책'과 '근로를 장려하는 정책'이 어찌 보면 서로 모순되는 것처럼 보일 수 있으나, 빠른 고령화가 진행될 한국의 상황에서는 오히려 이것이 최적의 정책 조합이 될 수 있다.

열째, 재정건전성 문제의 핵심은 결국 성장이다

많은 국민들은 보편적 복지국가를 선호한다. 무상 의료, 무상 교육, 무상 보육에 기본소득까지. 그러나 그렇게 생각하는 사람들이 한 가지 간과하는 점이 있다. 이러한 서비스는 결코 '무상'이 아니라는 점이다. 우리는 단지 서비스에 대한 대가를 가격이 아닌 세금으로 납부하고 있을 뿐이다. 세상에 유토피아는 존재하지 않는다.

한 국가의 조세수입은 그 나라 국민의 소득 규모에 의해 제약되며, 소득 규모는 대한민국의 땅에서 더 많은, 그리고 더 가치 있는 재화와 서비스가 생산될 때 증대된다. 결국 경제 성장 없이는 복지도 없다. 연금 문제의 궁극적인 해결 방안 역시 경제 성장으로 귀결된다. 조세를 포함한 모든 재정수입의 원천은 그 국가의 생산에서 비롯되기 때문에 성장이 지속되지 않을 경우, 연금을 포함한 정부재정도 어려워질 수밖에 없다.

한편 재정제도 역시 성장에 기여할 수 있다. 넓은 세원과 낮은 세율의 조세 실현, 재정에의 기여와 재정으로부터의 혜택 간 균형 유지, 납세자의 능력을 고려한 조세부담 배분, 세대 간 형평성을 고려한 연금 설계, 근로·가족·출산의 가치를 중시하는 복지 추구, 사회적 약자를 보호할 수 있는 튼튼한 사회 안전망 구축, 그리고 마지막으로 자유로운 기업 활동에서 창출된 이윤의 재산권 보장 등의 기본적 가치에 충실한 제도를 설계할 때 지속 가능한 성장, 복지, 재정도 가능할 것이다.

미주

| 제1장 |

1. 물론 GDP는 시장에서 거래되는 재화와 서비스의 가치만을 측정한다는 한계를 갖고 있다. 그러나 그와 같은 한계에도 불구하고 그보다 더 좋은 대안 지표가 없는 상황이다. 최근에는 온라인에서 벌어지는 많은 경제활동이 GDP에 포함되지 않는다는 문제도 지적되고 있다.
2. Piketty, T. (2013). *Capital in the Twenty–First Century*. Cambridge, MA. Harvard University Press.
3. 노동소득분배율의 세계적 하락 추세는 인터넷 보급과 세계화로 인하여 일부 글로벌 기업들의 독점력이 증대되는 현상과 깊은 관계가 있다고 알려져 있다.
4. Saez, E., & Zucman, G. (2019). *The triumph of injustice: How the rich dodge taxes and how to make them pay*. WW Norton & Company.
5. 사회복지지출은 그 재원에 따라 '일반재정사업'과 '사회보험'으로 구분된다. 일반재정사업에는 사회 서비스, 사회수당, 공공부조(기초생활보장제도)가 있으며 이는 조세로 충당된다. 반면에 사회보험은 사회보장기여금으로 충당된다.
6. 일반회계는 전체 수입의 약 96%를 조세(국세)로 조달하지만, 특별회계는 35%만 조세로 조달한다(2021년 본예산 기준). 기금의 수입원은 그 종류에 따라 다른데, 사회보험성 기금은 사회보장기여금으로 조달하지만, 사업성 기금은 조세가 아니라 출연금, 부담금 등을 재원으로 한다. 부담금은 조세와 유사한 특성이 있는데 특별회계와 기금의 중요한 재원이다.
7. 한국재정정보원. (2021). 『2021 주요 재정통계』.
8. 추가적으로 공무원이 납부하는 공무원연금기여금, 군인연금기여금을 총수입에 가산해야 국민부담률이 산출된다. 총수입 계산 시에는 이 두 기여금을 내부 거래로 간주하여 차감하는데, '국민의 조세부담'을 측정하기 위한 국민부담률을 계산할 때에는 둘 다 포함한다.
9. 국회예산정책처. (2020). 『조세수첩 2020』.
10. 물론 일부 예외는 존재한다. 예를 들어, 선박에는 재산세가 부과되고, 차량에는 자동차세가 부과된다.
11. 위의 책.

| 제2장 |

1. 빈난새. (2019. 4. 14.). 「2060년엔 소득 30% 국민연금으로 낸다」. 『서울경제』.
2. 물론 일본 정부는 1997년 4월에 3%였던 소비세 세율을 5%로 인상하였다. 그러나 2% 포인트의 세율 인상만으로는 증가하는 재정지출 수요를 감당하기에 역부족이었다.
3. '공공재원'이라 함은 건강보험, 의료급여, 산재보험 등을 포함한다.
4. Lorenzoni, L., Marino, A., Morgan, D., & James, C. (2019). *Health Spending Projections to 2030: New results based on a revised OECD methodology*.
5. Jessop, S., & Howcroft, E. (2021, January 29). Sustainable fund assets hit record $1.7 trillion in 2020: Morningstar. *Reuters*.
6. 어느 대안을 선택할지는 아마도 위험(risk)을 대하는 태도에 따라 다를 수 있다. 위험에 보수적일수록 A안을 선호할 것이다. 그러나 일단은 우리가 위험중립적(risk neutral)이라고 가정하고 평균수익률을 따져보자.
7. 이것이 바로 국가채무의 적정성을 논할 때 '성장률'과 '금리'를 비교하는 이유이다.
8. 하버드 대학교의 헨드랜(Nathaniel Hendren) 교수 연구팀의 분석 결과에 따르면, 미국에서 과거 50년간 추진된 다양한 사회 분야(복지, 보건, 교육, 고용) 재정사업 중에서 저소득층 유아 및 청소년에 대한 지원 사업이 가장 '투자수익률'이 높았다.
9. Summers, L. H. (2015). Demand side secular stagnation. *American economic review, 105*(5), 60-65.
10. 황순주. (2021). 「공기업 부채와 공사채 문제의 개선방안」. 『KDI Focus』, 제106호.
11. 완전 자본 잠식 상태인 한국석유공사도 시장에서 높은 신용 등급을 인정받고 있음을 보면 알 수 있다.
12. 통일부. (2015). 『통일비용 분야 관련 정책문서』. 독일통일 총서 10.
13. 앞서 GDP는 곧 국민의 소득임을 설명하였다. 따라서 GDP가 성장하면 소득이 증가하고, 따라서 조세수입도 증가한다.
14. Mian, A., Straub, L., & Sufi, A. (2021). A Goldilocks Theory of Fiscal Policy.
15. '무역 적자'란 수출보다 수입이 많은 상황을 말한다.
16. 한국 원화 가치가 일정 수준 하락하면 한국 재화의 가격이 저렴해지는 효과가 있어서 수출에 유리해진다. 즉 무역 수지 적자는 원화 가치 하락으로 이어지고, 원화 가치가 하락하면 다시 수출에 유리해진다. 변동환율제하에서는 무역 수지가 일정 구간 내에서 벗어나지 않도록 환율이 도움을 준다.
17. 국회예산정책처. (2020). 『2020 NABO 장기 재정전망』.

18. 전 세계의 많은 통화(currency) 중에서 국제 거래에 사용되는 통화는 극히 일부이다. 2020년 4분기 기준으로 전 세계 외환 보유고의 60%는 미국 달러 자금이다. 기축통화국의 경우, 해외 채권자들이 기축통화국의 통화 보유를 원하기 때문에 더 저렴한 비용에 자금을 조달할 수 있다.

19. 위의 책.

20. 한국 정부도 2021년에 코로나 대응 재정지출을 크게 확대한 바 있다. 따라서 지출 규모에 대한 정확한 국제 비교는 2022년 이후에나 가능할 수 있다.

21. Saez, E., Slemrod, J., & Giertz, S. H. (2012). The elasticity of taxable income with respect to marginal tax rates: A critical review. *Journal of economic literature*, *50*(1), 3-50.

| 제3장 |

1. 이러한 누진세의 비효율성은 일반적으로 저소득자에 비해 고소득자가 제도 변화에 더 민감하게 반응하기 때문에 일어난다. 즉 저소득자에 비해 고소득자들의 노동 공급이 세율 변화에 더 탄력적이다.

2. 〈표 3.2〉의 평균세율은 앞서 설명한 근로소득세 평균 실효세율과는 두 가지 이유로 차이가 난다. 첫째, 근로소득세 평균 실효세율은 국세통계연보 자료에 근거하여 계산하였는데 여기에는 지방세를 합산하지 않았다. 둘째, 표의 평균세율은 전체 근로소득자의 평균 실효세율이 아니라 평균 근로소득을 얻는 소득자의 평균세율이다.

3. OECD. (2019). *Taxing Wages*.

4. 국회예산정책처. (2020). 『조세수첩 2020』.

5. 응능부담원칙은 수직적 공평성뿐만 아니라 수평적 공평성을 판단할 때에도 적용된다. 즉 동일한 부담 능력을 가진 사람들의 조세부담은 동일해야 한다는 것이다.

6. 롤스는 추가적으로 '선(善)에 대한 관점(conception of the good)'을 모른다고 하였다. 이는 주로 종교적 자유 등을 지지하는 논리적 근거로 활용되는데 여기서는 편의상 제외하고 설명하기로 한다.

7. 우리나라의 면세법인 비율은 해외 선진국과 비교했을 때 높은 편이다. 많은 해외 선진국들은 법인세를 단일세율로 과세하고 있어서 면세 비율이 낮다.

8. 상호출자제한기업 집단은 특정 기업 집단에 속하는 국내 회사들의 자산 총액의 합계액이 10조 원 이상인 기업 집단으로, 소위 말하는 '재벌 그룹'들이 여기에 해당한다.

9. 국세청. (2020). 『국세통계연보』.

10. 외국납부세액공제는 '세액공제' 개념이 아니라 외국과의 이중과세 조정을 위한 금액이다.

'세액공제'라는 이름 자체가 부적절하다.

11. 위의 책.

12. 위의 책.

13. 2019년 기준 법인세 세액공제감면 내역을 보면, 일반 기업은 외국납부세액공제(2조 원), R&D세액공제(0.7조) 순으로 높고, 중소기업은 R&D세액공제(1.2조), 중소기업에 대한 특별세액감면(1조) 순으로 높다.

14. 위의 책.

15. 이러한 결론은 중앙정부 기준에서 분석하든, 중앙재정 · 지방재정 · 지방교육재정을 모두 포함하는 일반 정부 기준에서 분석하든 동일하다.

16. 경제학에서는 이 개념을 '탄력성'으로 설명한다. 탄력성이 높을수록 여기서 말하는 '다른 대안'이 많다는 것을 의미하며 조세부담이 작아지게 된다.

17. Gordon, R. J. (2015). Secular stagnation: A supply-side view. *American economic review, 105*(5), 54-59.

18. Keynes, J. M. (1933). *THE MEANS TO PROSPERITY.*

19. Eggertsson, G. B. (2011). What fiscal policy is effective at zero interest rates?. *NBER Macroeconomics Annual, 25*(1), 59-112.

20. Piketty, T. (2014). *Capital in the 21st Century*. Cambridge, MA. Harvard University Press.

21. Mian, A. R., Straub, L., & Sufi, A. (2021). Indebted demand. *The Quarterly Journal of Economics.*

22. Biswas, S., Chakraborty, I., & Hai, R. (2017). Income inequality, tax policy, and economic growth. *The Economic Journal, 127*(601), 688-727.

23. 징세비는 국세청에서 연간 지출한 총지출 금액이다.

24. Benzarti, Y. (2020). How taxing is tax filing? using revealed preferences to estimate compliance costs. *American Economic Journal: Economic Policy, 12*(4), 38-57.

25. 조세에는 법인세, 근로소득세, 부가가치세, 사회보험료가 포함되며, 중간 규모의 기업(medium size company)을 대상으로 조사를 실시하였다.

| 제4장 |

1. 다양한 형태의 법인 중 영리법인을 예로 들어 설명해 보자.

2. 국세청. (2020). 『국세통계연보』.

3. 2018년까지는 과세표준 200억 원 초과 법인에 대해서 22%의 최고세율을 부과하는 3단계 세제였으나 2019년부터 과세표준 3000억 원 초과 법인에 대한 25%의 최고세율을 신설하여 4단계가 되었다.

4. 소득 대비 세금납부액, 즉 실효세율이 역진적이었다는 뜻이다. 절대적인 세금납부액만을 본다면 2018년까지도 일부 최상위 대기업에 대한 법인세 의존도가 높았다.

5. Asen, E. (2020). Corporate Tax Rates around the World, 2020. The Tax Foundation. December.

6. Hanappi, T. (2018). Corporate Effective Tax Rates: Model Description and Results from 36 OECD and Non-OECD Countries. *OECD Taxation Working Papers, 38*. OECD Publishing.

7. 국회예산정책처. (2020). 『조세수첩 2020』.

8. 2019년에 법인세 납부 실적이 있는 상장·코스닥 법인이 총 1314개였으며, 이 중 상위 10개 법인(삼성전자와 SK하이닉스 포함)을 제외하면 1304개 회사가 된다.

9. 정확히 말하면, 이익이 발생했음에도 법인세를 납부하지 않은 법인 수에서, 손실이 발생했음에도 법인세를 납부한 법인 수를 차감하면 9만 4369개가 된다.

10. 참고로 「법인세법」에는 소득이 발생할 경우 최소한의 세금을 납부하도록 한 최저한세 규정이 있다. 그러나 최저한세 적용에서 제외되는 손금산입, 익금불산입, 소득공제 등의 항목이 있기 때문에, 회계상 순이익이 발생함에도 법인세를 납부하지 않는 경우가 발생한다.

11. 우리나라의 법인세가 누진적이기 때문에 최고 명목세율을 기준으로 비교하는 것은 정확한 비교는 아니다. 그러나 뒤에서 설명하겠지만 평균 실효세율을 비교해도 주요 선진국 중 높은 수준인 것은 분명해 보인다.

12. Saez, E., & Zucman, G. (2019). *The triumph of injustice: How the rich dodge taxes and how to make them pay*. WW Norton & Company.

13. 2005년에 핀란드, 2009년에는 영국, 일본, 뉴질랜드, 2018년에는 미국이 기존 세계소득 과세를 버리고 영토주의 과세로 전환하였다.

14. 참고로 포춘 500대 기업의 법인세 실효세율은 순이익 기준이고, 한국 전체 법인의 법인세 실효세율 17.6%은 과세표준 기준이다. 그러나 상장·코스닥 기업의 재무제표를 통해 분석한 당기순이익 기준 법인세 실효세율은 17.6%보다 더 높다.

15. Gardner, M., Roque, L., Wamhoff, S. (2019). Corporate Tax Avoidance in the First Year of the Trump Tax Law. Institute on Taxation & Economic Policy. December 2019.

16. 2020년 현재 중소기업이 되려면 '규모 기준'과 '독립성 기준'을 충족해야 한다.

17. 과세표준이 아닌 순이익이 동일하다고 가정할 경우 세율 차이는 2.7%보다 더 크다. 중소

기업에는 각종 소득공제 등이 적용되므로 순이익 대비 과세표준이 다른 유형의 기업에 비해 작기 때문이다.

18. 중소기업에 대한 세제 혜택은 2017년 8월 2일 세법개정안이 발표된 이후부터 본격적으로 증가하기 시작하였다.

19. Auerbach, A. J. (2018). Measuring the effects of corporate tax cuts. *Journal of Economic Perspectives*, *32*(4), 97-120.

20. Arulampalam, W., Devereux, M. P., & Maffini, G. (2012). The direct incidence of corporate income tax on wages. *European Economic Review*, *56*(6), 1038-1054.

21. 자기자본의 경우 배당금을 지급하지 않을 수 있어서 비용이 발생한다는 사실을 이해하기 어려울 수 있다. 간단한 예를 보자. 한 기업이 주식 발행(자기자본 증가)을 통해 자금을 조달하였다. 새로운 주주는 설령 배당금을 받지 않더라도 기업이 많은 이익을 창출해 주기를 바란다. 보유 주식 가치가 상승하기 때문이다. 신규 주주가 이득을 얻은 것은 기존 주주의 몫이 일부 분배된 것이므로 기존 주주 입장에서 보면 이 분배된 몫이 자기자본비용에 해당한다.

22. 이론적으로는 자산가격 결정모형(Capital Asset Pricing Model, CAPM) 등을 통해 자기자본비용을 추정하는 것이 타당하다. 하지만 현실에서는 자기자본에 시장금리를 곱하여 결정하는 것이 일반적이다.

23. 브라질 등 일부 국가는 ACE 제도를 채택하며 실제 지급된 배당금 지급액만을 비용으로 인정한다.

24. 편의상 벨기에 B사의 이자 수익과 자기자본비용이 동일하다고 가정하였다.

25. 여기에서는 '사내유보금'을 재무상태표 잉여금 항목이 아니라, 기업이 사내에 비축하고 있는 유동성 자금으로 정의한다.

26. 2014년 도입되었다가 2017년 폐지된 '기업소득환류세제', 2020년에 기획재정부가 도입하려다가 국회에서 막힌 '초과유보소득 과세제도'가 여기에 해당한다.

27. Kaymak, B., & Schott, I. (2018). Corporate tax cuts and the decline of the labor share. In 2018 Meeting Papers (Vol. 943). Society for Economic Dynamics.

28. 국가 간 과세권의 조정은 국가 간 체결한 조세 조약에 의해서 조정되는데 만약 조약을 체결하지 않았거나 조약에 규정되지 않은 사항에 대해서는 국내법이 적용된다. 여기에서는 국내법에 규정된 국제적 이중과세의 조정에 대해서만 간략하게 살펴보도록 한다.

29. 영토주의 과세는 속지주의, 원천지주의 관점으로서 외국소득 면제 방식이라고도 하며, 세계소득 과세는 속인주의, 거주지주의 관점으로서 크게 외국납부세액공제 방식 또는 외국납부세액 손금산입 방식으로 나뉜다. 우리나라는 2021년 현재 속인주의 관점의 외국납부

세액공제 방식을 채택하고 있다.

30. 세계소득 방식 중에서 비용인정(손금산입) 방식은 국익에 부합하고, 세액공제 방식은 세계복지에 부합한다는 주장이다.

31. Feldstein, M., & Hartman, D. (1979). The Optimal Taxation of Foreign Source Investment Income. *The Quarterly Journal of Economics, 93*(4), 613-629.

32. 이 국익은 앞에서 설명한 국민소득 개념과 연관되어 있다. 위 국익에 국내 노동자들이 받는 소득을 가산하면 국민소득이 된다.

33. K사가 국익과 동일한 관점에서 투자 의사 결정을 바라보도록 조세제도를 설계하면 된다. 국내 세금이 국익의 크기에 영향을 미치지 않으므로, K사의 투자 의사 결정에도 영향을 미치지 않는 것이 좋다. 따라서 국내 세금은 〈그림 4.19〉의 A와 B에 대해서 동일 세율로 과세되어야 한다. 이를 '기업의 투자 중립성이 확보되었다'라고 말한다.

34. 실제 논문에서는 고정된 자본량을 국내와 해외에 배분하는 의사 결정에 대해 설명하고 있다.

35. 우리나라는 이러한 부작용을 완화하기 위하여 '특정 외국 법인의 유보소득에 대한 합산과세'를 시행하고 있으나, 정상적인 해외 진출 기업에 적용되는 제도는 아니다.

36. 기업 입장에서는 환율이 높을 때, 즉 원화가 약세일 때, 해외소득을 배당하는 것이 유리하다.

37. Zucman, G. (2018). Taxing multinational corporations in the 21st century. Econfip, Resarch Brief.

38. 미국은 이러한 부작용을 차단하기 위하여 2018년부터 영토주의 과세로 전환하며 일부 금융소득과 로열티 수입에 대해서 일종의 최저한세인 Global Intangible Low Tax Income(GILTI)을 도입하였다.

| 제5장 |

1. 2021년 현재 종합소득세율은 6~45%의 누진세이며, 양도소득세율은 자산 보유 기간, 대상 자산의 종류 등에 따라 큰 차이가 존재한다.

2. 2021년부터는 6/15/24/35/38/40/42/45%의 8단계 누진세가 적용된다.

3. 2019년 귀속 소득에 대한 자료(『국세통계연보』)를 보면, 최상위 연말정산 근로소득자(총급여 10억 원 초과)에 적용되는 실효세율은 37.1%이고, 최상위 종합소득자(종합소득 10억 원 초과)에 적용되는 실효세율은 34.6%이다.

4. Gerber, C., Klemm, A., Liu, L., & Mylonas, V. (2020). Personal income tax progressivity: Trends and implications. *Oxford Bulletin of Economics and Statistics, 82*(2), 365-386.

5. 고용주(기업)가 부담하는 사회보험료는 이익에 부과되지 않기 때문에 그것을 자본소득세

로 보기는 어렵다. 그러나 넓은 의미에서 보면, 고용주 부담 사회보험료는 기업의 조세부담이다. 자본소득세 부담과 기업의 조세부담 간 차이가 존재한다.

6. 2020년 현재 주식의 양도소득의 경우, 비상장주식과 대주주의 상장주식 양도차익에 한해 과세되고 있으며, 보유 기간 등을 고려하여 10~30%의 세율이 적용된다. 2023년부터는 금융투자소득세가 신설되며 과세되는 자본이득의 범위가 확대될 전망이다.

7. 국가별로 차이는 있지만 배당소득에 대해서는 일반적으로 법인세와의 이중과세 조정을 허용하기 때문에 자본이득에 대한 세율이 오히려 높은 경우도 있다.

8. 캐나다와 일본은 배당소득과 자본소득에 거의 동일한 세율을 부과하고 있다. 캐나다는 약 50%, 그리고 일본은 약 20%의 세율을 적용한다. 미국은 배당소득에 29%, 자본이득에 24%의 세율을 부과하고 있는데 2021년 6월 현재 바이든 행정부가 자본이득세 인상을 추진 중이다.

9. Subbarao, D., Akerlof, G., Blanchard, O., Romer, D., & Stiglitz, J. (2014). Capital account management: toward a new consensus?. *What have we learned*, 265-270.

10. 참고로 법인이 투자할 경우 손실이 발생해도 다른 투자와의 손익통산이 가능하여 큰 문제가 없지만 개인이 투자할 경우 문제가 된다.

11. 물론 「법인세법」은 제26조에서 인건비 중 "대통령령으로 정하는 바에 따라 과다하거나 부당하다고 인정하는 금액"은 법인의 비용(손금 산입)으로 인정하지 않는다고 규정하고 있으며, 판례(대법원 2017. 9. 21. 선고 2015두6084 판결)에서도 법인의 비용으로 인정하지 않은 사례가 있다. 그러나 그와 같은 규정에도 불구하고 '과다하거나 부당'함에 대한 판단이 모호하기 때문에 비용으로 인정되는 경우가 많은 것이 현실이다.

12. 선진국에서는 20~30년 전부터 경영자의 보수가 크게 치솟는 현상이 발생하고 있고, 이는 물론 한국도 예외는 아니다. 필자는 이러한 현상을 기업의 지분이 희석되며 발생하는 현상으로 이해하고 있는데, 앞으로 대주주의 지분율이 희석되며 이러한 현상은 더욱 가속화될 것이다.

13. 물론 조세 정책 외에 다른 제도적 대안도 존재한다. 기업의 정보 공시를 강화하고 사외이사제도 등을 통하여 대주주의 경영권을 감시하는 제도도 이러한 부작용을 완화하는 효과가 있다.

14. 법인세와 배당소득세의 이중과세 문제를 완화하기 위하여 배당소득공제제도, 수입배당금 익금불산입제도, 유동화 전문회사(이하 'SPC') 등에 대한 조정제도가 있는데 여기에서는 배당소득공제에 초점을 맞추어 논의를 진행하고자 한다.

15. 법인세율 27.5%와 소득세율 46.2%는 2021년 현재 최고세율(지방세 포함)인데, 편의상 추가 이익에 대한 한계세율을 가정하여 최고세율을 적용하였다.

16. 한국의 법인세와 소득세 최고세율은 각각 27.5%와 46.2%로 총 73.7%인 반면, 실제 부담 세율은 법인세 27.5%와 29.2%를 합산한 56.7%이다. 배당세액공제를 통해 17% 포인트의 절감 효과가 발생하였고, 이 17%를 법인세율 27.5%로 나누어 법인세의 약 62%가 조정되었다고 해석할 수 있다.

17. Slemrod, J., & Bakija, J. (2017). *Taxing ourselves: a citizen's guide to the debate over taxes*. MIT press.

18. 호주, 뉴질랜드, 멕시코 등 일부 국가들은 실제 세부담액을 기준으로 배당세액공제를 적용하고 있다.

19. 여기서 소개할 논문은 토마 피케티 교수와 버클리 대학의 이매뉴얼 사에즈(Emmanuel Saez) 교수, 하버드 대학의 스테파니 스탄체바(Stefanie Stantcheva) 교수의 공동 연구이지만, 편의상 제1 저자인 피케티 교수의 연구라고 칭하였다.

20. Piketty, T., Saez, E., & Stantcheva, S. (2014). Optimal taxation of top labor incomes: A tale of three elasticities. *American economic journal: economic policy*, *6*(1), 230-271.

21. 소득세는 중앙정부와 지방정부의 세금을 합산한 수치이다.

22. 위의 책.

23. 2021년 현재 유승민 전 의원이 제안한 '공정소득'이라는 개념이 부의 소득세와 유사하다.

24. 가령 현재의 기초생활보장제도상의 생계급여, 기초연금, 차상위계층에 대한 복지 혜택, 그리고 아동수당 등을 모두 대체할 수 있는 잠재력이 있다.

25. 근로장려금과 부의 소득세는 사회 구성원들의 노동참가율과 노동시간에 영향을 미칠 수 있다. 복지제도가 노동참가율에 미치는 영향(extensive margin)이 클 경우 근로장려금이 유리하고, 반대로 노동시간에 미치는 영향(intensive margin)이 클 경우 부의 소득세가 유리하다. 과거 연구에 따르면 전자가 후자보다 월등히 더 크다. 따라서 근로장려금이 부의 소득세보다 더 유리하다는 것이 일반적인 견해이다.

26. Saez, E. (2002). Optimal income transfer programs: intensive versus extensive labor supply responses. *The Quarterly Journal of Economics*, *117*(3), 1039-1073.

27. 해외 연구에 따르면 근로장려금 혜택의 약 70%는 근로자에게, 나머지 30%는 기업에게 귀속되는 것으로 나타났다.

28. Bastian, J. E., & Jones, M. R. (2021). Do EITC expansions pay for themselves? Effects on tax revenue and government transfers. *Journal of Public Economics*, *196*, 104-355.

29. 한국의 경우 2021년 현재 최대 300만 원까지 지급받을 수 있으며, 총급여 3600만 원 미만 소득자에게만 적용된다. 최대 지급액과 지급 구간 최대치는 이 금액을 평균 임금으로 나누어 계산된다.

30. 영국은 2013년에 근로장려금을 포함한 6개 사회복지제도를 보편공제(Universal Credit)라는 제도로 통합하였다. 보편공제는 현재 영국 일부 지역에서만 시행되고 있으며 2024년 전면 시행을 앞두고 있다.

31. 미국은 각 주(State) 또는 군(County) 단위의 지방정부도 근로장려금을 지급하는 경우가 많다. 여기에서는 연방정부의 근로장려금만을 분석하였다.

32. OECD. (2011). Taxation and Employment, *OECD Tax Policy Studies*, *21*, Paris: OECD Publishing.

33. Rogerson, R. (2007). Taxation and market work: is Scandinavia an outlier? *Economic Theory*, *32*(1), 59-85.

34. Kolm, A. S., & Tonin, M. (2015). Benefits conditional on work and the Nordic model. *Journal of Public Economics*, *127*, 115-126.

35. Sykes, J., Križ, K., Edin, K., & Halpern-Meekin, S. (2015). Dignity and dreams: What the Earned Income Tax Credit (EITC) means to low-income families. *American Sociological Review*, *80*(2), 243-267.

36. 두 명의 자녀를 두고 부모 중 한 명만 취업한 상태를 가정하여 OECD가 계산한 결과이다.

| 제6장 |

1. Carbonnier, C. (2007). Who pays sales taxes? Evidence from French VAT reforms, 1987-1999. *Journal of Public Economics*, *91*(5), 1219-1229.

2. Benzarti, Y., Carloni, D., Harju, J., & Kosonen, T. (2020). What goes up may not come down: asymmetric incidence of value-added taxes. *Journal of Political Economy*, *128*(12), 4438-4474.

3. EU 회원국은 의무적으로 15% 이상의 부가가치세를 도입해야 한다. 이는 회원국 간 세율 차이로 인한 거래의 왜곡을 방지하기 위한 규정이다.

4. 미국은 부가가치세는 없지만 주정부에서 소비세를 부과하고 있으며, 캐나다도 연방정부의 5% 부가가치세에 더해 주정부에서 소비세(sales tax)를 부과하기 때문에, 전체적인 소비세 부담은 한국보다 높다.

5. 캐나다의 표준 부가가치세율(goods and services tax)은 5%이지만, OECD가 발표하는 캐나다의 부가가치세 통계에는 일부 지역에서 부과하는 소비세(harmonised sales tax와 Québec sales tax)도 포함된다. 2019년 기준 지역별 경제 규모로 가중 평균한 부가가치세율은 한국과 유사한 10% 수준이다.

6. 일정 기간 동안 한 나라의 영토에서 생산된 부가가치의 총합이 국내총생산(GDP)이다. 부

가가치세는 부가가치에 대한 세금이므로, GDP 대비 부가가치세 부담이 부가가치세율과 정확하게 일치해야 하는 것이 아닌가 생각할 수 있다. 그러나 두 지표 간 차이가 발생하는 이유는 창출된 부가가치 중 일부에 대해서는 부가가치세가 부과되지 않기 때문이다. 구체적으로 일부 거래의 경우 면세와 영세율 제도를 통해서 부가가치세 부담이 발생하지 않는다.

7. OECD. (2020). *Consumption Tax Trends 2020: VAT/GST and Excise Rates, Trends and Policy Issues.*

8. 아일랜드는 낮은 법인세 덕분에 많은 글로벌 기업이 위치해 있어 수출 규모가 크다.

9. 여기서 최종소비지출은 국민계정(national accounts)상 P3 항목으로, 민간소비와 정부지출의 합이다. 다만 P3가 부가가치세를 포함한 금액이므로 부가가치세를 차감하여 사용한다. 참고로 P3에는 수입금액 중 국내 소비분도 포함되었다. 바로 이것이 GDP를 계산할 때 수입을 차감하는 이유이다.

10. 대부분의 국가가 도입한 소비형 부가가치세를 기준으로 설명한다. '소비형 부가가치세'란 중간재 또는 총투자를 과세 범위에서 제외하는 부가가치세를 말한다.

11. 경감세율은 특정 재화 또는 서비스에 대해서 낮은 세율을 적용하는 제도이다. 한국의 부가가치세는 경감세율을 적용하고 있지 않다.

12. OECD. (2020). *Consumption Tax Trends 2020: VAT/GST and Excise Rates, Trends and Policy Issues.*

13. 위의 책.

14. '환수 효과'란 면세되는 재화를 원재료로 하여 새로운 재화를 생산하였는데, 그렇게 생산된 재화에 대해 과세가 될 경우 이전의 면세 효과가 상실되는 현상을 말한다. 그리고 '누적 효과'란 중간 거래 단계에 면세가 적용되더라도 최종 거래 단계에 과세되는 경우에는 면세된 모든 단계의 부가가치세까지 중복적으로 과세되는 현상을 말한다.

15. 물론 국가 간 세율이 동일하고 모두 원산지 또는 소비지 부가가치세 중 하나를 선택할 경우, 환율과 상관없이 무역에 미치는 영향은 없다.

16. 자국통화표시 환율(예를 들어 원/달러 환율)을 의미한다.

17. 법인세도 수출 시점에 환급해 주면 되는 것이 아닌가 하고 궁금해할 수 있다. 그러나 국제무역 협정에 따르면 부가가치세와 같은 간접세만 환급이 가능하고, 법인세 같은 직접세는 환급이 불가능하다.

18. 1999년부터 일본은 소비세수 중 국세분의 56.4%를 기초연금, 노인 의료, 복지 예산에 충당하도록 국가의 일반회계예산총칙에 규정하였다. 그 이후 소비세법 등이 개정되어 소비세수 중 국세분은 전액 기초연금, 노인 의료, 개호(돌봄) 및 저출산 대책의 사회보장 목적으

로 지출하도록 변경되었다. 2020년 현재 소비세 10%에서 국세분은 7.8%이고, 지방세분은 2.2%이다.

19. 세율 인상 직후의 마이너스 성장은, 세율 인상 직전에 소비가 급증하는 기저 효과 때문이라는 주장도 존재한다. 내구재(durable goods)의 소비 패턴을 보았을 때, 기저 효과도 분명히 존재할 것으로 판단된다. 다만 경제 전체적으로는 세율 인상 직전에 특별히 초과 성장이 이루어지는 현상이 목격되지 않기 때문에 그 효과가 크지는 않았던 것으로 추정된다.

20. Kato, J. (2003). *Regressive taxation and the welfare state: path dependence and policy diffusion*. Cambridge University Press.

21. 부가가치세의 역진성은 두 가지 방법으로 완화할 수 있다. 첫 번째는 저소득층이 주로 구매하는 기초 생활필수품 등의 재화 및 서비스에 면세하는 것이다. 두 번째 방법은 부가가치세를 단일 세율로 부과하되 그 세수를 복지지출의 재원으로 사용하는 것이다. IMF를 포함한 국제기구는 두 번째 방법을 권고하고 있다.

22. '초고령 사회'란 65세 이상의 인구가 전체 인구의 20% 이상인 사회를 말한다.

23. 여기에는 조세를 통한 사회보험 지원뿐 아니라, 우리나라의 기초연금제도처럼 조세를 재원으로 하는 복지지출 증가도 해당된다.

24. 물론 채무를 늘리지 않고 균형 재정을 추구한다는 전제하에 말이다.

25. 일본 정부가 소비세수 전액을 사회복지의 재원으로 사용하였음에도 불구하고 2020년에만 약 19조 8000억 엔이 미래 세대 부담으로 전가되었다.

26. 이는 조세를 재원으로 하는 공공부조뿐만 아니라 사회보험에도 해당된다. 국민연금, 건강보험의 재정건전성이 한계에 도달하면 부가가치세의 인상분을 '사회보장세'로 전환하는 방안을 검토할 필요가 있다.

| 제7장 |

1. 편의상 사회 서비스는 제외하고 설명하기로 한다.
2. 장기요양보험은 8대 사회보험 중 하나이지만, 통상 건강보험과 함께 분류된다.
3. 재정정보원. (2021). 『2021 주요 재정통계』
4. 국회예산정책처. (2019). 『2019~2028 8대 사회보험 재정전망』. 2019-11.
5. 국회예산정책처. (2020). 『4대 공적연금 장기 재정전망』.
6. 근로자와 사업주가 부담하는 금액 외에 자영업자 부담분이 있다. 다만, 전체 사회보험료 수입에서 자영업자 부담분이 차지하는 비중이 상대적으로 작기 때문에 여기서는 근로자와 사업주 부담에 대해서만 설명하기로 한다.

7. 수요와 공급의 가격탄력성의 상대적인 크기에 따라 결정된다. 탄력적일수록 세부담이 작다.
8. Adam, S., Phillips, D., & Roantree, B. (2019). 35 years of reforms: A panel analysis of the incidence of, and employee and employer responses to, social security contributions in the UK. *Journal of Public Economics, 171*, 29-50.
9. 국민연금은 전체 가입자의 소득을 3년간 평균한 값에 연동해서 상한액과 하한액을 결정하며, 건강보험(직장가입자)도 보수월액과 소득월액으로 구성되는 보험료의 하한액과 상한액을 결정하여 매년 고지한다.
10. 2022년 7월부터는 종합과세소득이 연 2000만 원을 초과할 경우, 소득월액 건강보험료를 납부해야 한다.
11. OECD Global Revenue Statistics(코드 2320)에 따르면, 한국은 다른 선진국에 비해 은퇴자에게 부과하는 사회보험료 부담이 큰 편이다.
12. 소득 재분배는 고소득자에서 저소득자로 소득을 재분배하는 '세대(世代) 내 소득 재분배'와 미래 세대에서 현재의 노인 세대로 소득을 이전하는 '세대 간 소득 재분배'로 분류된다. 여기에서는 '세대 내 소득 재분배'에 초점을 맞춰 설명하기로 한다.
13. 오건호. (2019. 1. 4.). 「OECD에서 가장 재정 불균형 큰 국민연금」. 『프레시안』.
14. OECD의 소득대체율 자료는 정부에서 발표한 자료와 약간의 차이가 있다.
15. 참고로 평균소득자의 소득대체율은 37.3%이다.
16. 참고로 OECD에서 발표한 한국의 소득대체율 자료는 정부 발표 자료와 약간의 차이가 있다.
17. OECD. (2019). *Pension at a Glance 2019.*
18. 확정급여와 확정기여 방식에 대한 보다 자세한 논의는 연세대학교 행정학과 양재진 교수가 지은 『복지의 원리』를 참고하기 바란다.
19. 설령 연금을 적립식으로 설계하여 기금을 충분히 쌓아놓았더라도, 30년 이후의 경제 상황은 여전히 중요하다. 적립식의 경우 미래 세대에게 보험료 부담을 전가하는 문제는 발생하지 않겠지만 만약 극단적으로 GDP가 0이라고 가정하면 A씨가 30년 후 지급받게 될 연금으로 소비할 재화와 서비스가 존재하지 않는다는 문제가 발생한다.
20. 국민 의료비는 그 재원에 따라 정부 의무 가입 의료비와 민간 의료비로 구분된다. 2020년 현재 국민 의료비 지출의 절반가량이 사회보험(건강보험, 장기요양보험, 산재보험)에 의한 지출이다.
21. 진료 행위 외에 재료비와 약제에 대한 가격(수가)은 별도로 산정한다.
22. 물론 항생제 오남용 등의 부작용은 존재한다.

23. Meng, Z., Hui, W., Cai, Y., Liu, J., & Wu, H. (2020). The effects of DRGs-based payment compared with cost-based payment on inpatient healthcare utilization: A systematic review and meta-analysis. *Health Policy, 124*(4), 359-367.

24. Choi, J. W., Kim, S. J., Park, H. K., Jang, S. I., Kim, T. H., & Park, E. C. (2019). Effects of a mandatory DRG payment system in South Korea: Analysis of multi-year nationwide hospital claims data. *BMC health services research, 19*(1), 1-9.

25. 물론 국제 비교가 항상 그렇듯 완벽한 비교는 아닐 수 있다. 다만 선진국 대비 의사 수가 적은 것은 논쟁의 여지가 없어 보인다.

| 제 8 장 |

1. 재산세는 지방세 중에서 취득세, 지방소득세, 지방소비세 다음으로 수입이 크다. 종합부동산세는 국세이지만 부동산교부세라는 이름으로 지방자치단체에 전액 이전된다.

2. 첫 번째 및 두 번째 특징과 관련된 논리는 부동산에 대한 시세 차익 목적의 투자가 부정적 외부효과를 발생시킨다는 것이다. 부동산 가격 상승으로 인해 실수요자는 보다 높은 비용을 부담하게 되지만 늘어난 세금 그 자체만으로도 실수요자의 부담이 높아질 수 있다. 따라서 위 논리는 '세금을 부동산 또는 주식 중 하나에 부과한다면 어디에 부과하는 것이 타당한가?'에 대한 답이다. 어디에도 세금을 부과하지 않는 것이 최고의 대안일 수 있다.

3. 이 글을 쓸 당시인 2019년까지의 자료만 포함하였다. 한국의 부동산 보유세 부담이 2020년과 2021년에 크게 증가한 점을 고려하면 향후 추가적인 분석이 필요하다.

4. 순수한 의미의 부동산은 토지이다. 건물의 공급은 장기적으로 변화할 수 있다.

5. 농어촌특별세는 종합부동산세에 부가되는 세금이므로 합산하여 이야기하도록 한다.

6. 미국과 캐나다의 경우, 주택 보유세에 관한 데이터가 존재하지 않아 비교하지 못했다.

7. 2018년 기준으로 주택 보유세 1년 납부 한도는 7412스웨덴 크로나이다.

8. 정확히는 주택 시장과 전세 시장을 구분하여 생각할 필요가 있다. 전세와 주택 구매는 대체재에 해당한다. 전세 물량 증가로 더 많은 사람들이 전세를 얻게 되면, 주택 구매 수요가 감소하여 주택 가격은 하락한다. 다만 여기에서는 전세 물량 증가가 편의상 마치 주택 공급과 유사한 효과가 있다고 설명하기로 하자.

9. Oates, W. E. (1969). The effects of property taxes and local public spending on property values: An empirical study of tax capitalization and the Tiebout hypothesis. *Journal of political economy, 77*(6), 957-971.

10. Prammer, D. (2020). Immovable property: where, why and how should it be taxed? A review of the literature and its implementation in Europe. *Public Sector Economics*,

44(4), 483-504.

11. 한국의 양도소득세는 부동산의 실질 가치가 변화하지 않음에도 물가 인상으로 인해 세금을 납부하게 되는 불합리성을 완화하기 위해 '장기보유특별공제' 제도를 도입하고 있다. 그러나 장기보유특별공제는 부동산의 투자수익률이 주식 등에 비해 더 높아지도록 만드는 대표적 요인이다. 실수요자에 대한 장기보유특별공제는 강화하되, 투기 수요에 대한 공제는 축소하는 방향으로 제도 보완을 고민할 필요가 있다.
12. 다만 핀란드 등 북유럽 국가들은 대체로 이러한 원칙을 따르지 않고 있다.
13. Kopczuk, W. (2021). Reflections on Taxation in Support of Redistributive Policies. Prepared for "Combating Inequality: Rethinking Policies to Reduce Inequality in Advanced Economies"(MIT Press, edited by Olivier Blanchard and Dani Rodrik).
14. 증여세는 각자 증여받은 재산에 대해 세금을 내는 '유산취득세 방식'이다.
15. Cole, A. (2015). *Estate and Inheritance Taxes around the World*. Tax Foundation.
16. 또한 할증세율을 적용하지 않은 표준세율을 고려하였다.
17. OECD. (2021). *Inheritance Taxation in OECD Countries*. OECD Tax Policy Studies.
18. 전체 재산 가액에서 부채 금액을 차감하여 과세한다.
19. 노르웨이의 경우 부유세의 일정 부분은 중앙정부에 귀속되고, 나머지는 지방정부에 귀속된다. 지방에 귀속되는 부분에 대해서는 각 지방정부가 상당한 자율성을 갖고 세율을 정할 수 있다.
20. Edwards, C. (2019). *Taxing Wealth and Capital Income*. Cato Institute.
21. 참고로 노르웨이는 상속증여세가 없으며, 스페인은 2019년 기준 상속증여세(GDP 대비 0.2%)와 부유세(GDP 대비 0.18%)를 합쳐도 한국의 상속증여세 규모(GDP 대비 0.44%)에 못 미친다.
22. Scheuer, F., & Slemrod, J. (2021). Taxing our wealth. *Journal of Economic Perspectives*, *35*(1), 207-230.
23. 상속증여세와 부유세가 전체 조세수입에서 차지하는 비중을 비교해 보면 2위는 한국으로 1.59%, 3위는 벨기에 1.46%, 4위는 프랑스 1.38% 순이다.
24. Sandbu, M. (2019, February 13). Swiss solutions to wealth tax conundrums. *Financial Times*.

| 제9장 |

1. 지자체의 재정을 '일반지방재정'이라고도 한다. 이 경우 일반지방재정과 지방교육재정을

합쳐 '지방재정'이라고 한다.

2. 편의상 기금은 제외하고 설명하기로 한다.

3. 행정안전부. (2020). 『2020년도 지방자치단체 통합재정 개요』.

4. 지방소비세는 2020년 기준 부가가치세액의 21%로 결정되고, 나머지 79%만 중앙재정에 귀속된다. 지방소득세는 소득세와 법인세 과세표준의 일정 비율을 추가로 징수한다.

5. 2020년 기준으로 지자체에 귀속되는 교부세는 보통교부세, 특별교부세, 부동산교부세, 소방안전교부세로 구성된다. 보통교부세와 특별교부세는 내국세(국세 중 관세를 제외한 금액)의 19.24%로, 부동산교부세는 종합부동산세 총액으로, 소방안전교부세는 담배 개별소비세의 일정 비율로 결정된다.

6. 위의 책.

7. 국회예산정책처. (2020). 『조세수첩』.

8. 연방제 국가는 자주 재정권이 강한 경향이 있기 때문에 지방세 비중이 더 높다.

9. 국회예산정책처. (2021). 『사회복지 분야 지방자치단체 국고보조사업 분석』.

10. 2021년 기준 기초연금은 사회복지 분야 보조금의 31%, 전체 지자체 보조금의 20%를 차지한다.

11. 지자체가 부담하는 금액을 '대응지방비'라고 한다. 2019년 1월에 한 자치구청장이 기초연금의 대응지방비 부담 때문에 공무원 인건비마저도 편성하기 어렵다는 취지의 편지를 대통령에게 보낸 사실은 널리 알려져 있다. 대응지방비 중 기초연금 금액이 가장 크지만 기초생활보장제도, 영유아 보육료, 아동수당 등도 마찬가지 문제를 야기하고 있다.

12. 일부 전문가들은 지방세 비중을 늘리며 중앙정부가 재정 격차 완화를 위해 인위적으로 조정하게 되면 문제가 해결된다고 주장한다. 그러나 제도를 굳이 이렇게 복잡하게 설계할 필요가 없다. 제도가 복잡하면 정치가 개입한다. 중앙정부의 분담 비율(보조율)을 상향 조정하는 것이 더 나은 대안이다.

| 제 10 장 |

1. 국민부담률(GDP 대비 조세와 사회보장기여금 수입의 비율)을 기준으로 선정하였다.

2. 덴마크는 개인 소득세의 일정 비율을 사회보험의 재원으로 사용한다.

3. 참고로 프랑스는 사회보험의 재원으로 사회보장기여금 외에 조세도 함께 활용하고 있다. 사회보험의 재원으로 충당되는 조세를 사회보장세(Impôts et taxes affectés, ITAF)라고 한다. 사회보장세(ITAF)에도 여러 가지 세목이 존재하는데 소득세의 일정비율로 부과되는 일반사회기여금(Contribution social généralisée, 이하 CSG)이 절반 이상을 차지하여 가장

크고, 부가가치세와 담배, 술, 탄산음료 등에 대한 소비세의 일정비율로 부과되는 세목이 그 다음이다.

4. 참고로 그림에서 아이슬란드와 뉴질랜드도 상당히 오른쪽에 위치해 있는데, 이 두 국가도 사회보험료 부담이 없거나 매우 낮기 때문에 적절한 비교 대상이 아니다.
5. 누진성 척도는 소득세 최고세율이 평균 소득자의 몇 배를 버는 소득자부터 적용되는지를 조사한 결과이다. 예를 들어 최고세율이 평균 소득자 이상 버는 소득자부터 적용된다면 누진성은 1이다.
6. 국민연금과 건강보험(직장가입자)의 경우 근로자와 고용주의 부담이 동일하다. 그러나 산재보험 등 일부 사회보험은 전적으로 고용주가 부담한다.
7. Murphy, R. (2019). *The European Tax Gap: a report for the Socialists and Democrats Group in the European Parliament.*
8. 복지국가에 대한 경제적 우려는 많이 해소되었다. 그러나 복지 혜택 증가가 단지 장점만 갖고 있는 것은 아니다. 최근에는 관대한 복지 혜택에 따른 이민자 증가가 새로운 문제로 대두되고 있다. 이민자에게 복지 혜택을 차별하지 않는 스웨덴이나 독일의 경우 이민자와 기존 국민 간 사회적 갈등이 높아질 우려가 있다.
9. 덴마크의 경우 사회보험을 개인 소득세를 통해 조달하고 있어 분석에서 제외하였다.
10. Bastani, S., & Waldenström, D. (2018). *How should capital be taxed? Theory and evidence from Sweden.*
11. Ydstedt, A., & Wollstad, A. (2015). *Ten years without the Swedish inheritance tax.*
12. Henrekson, M., & Waldenström, D. (2016). Inheritance taxation in Sweden, 1885-2004: the role of ideology, family firms, and tax avoidance. *The Economic History Review, 69*(4), 1228-1254.
13. Du Rietz, G., Johansson, D., & Stenkula, M. (2015). *Swedish capital income taxation (1862–2013)*; Du Rietz, G., & Henrekson, M. (2015). *Swedish wealth taxation (1911–2007)*; Waldenström, D. (2018). Inheritance and Wealth Taxation in Sweden, *ifo DICE Report, 16*(2), 8-12.
14 Lindert, P. H. (2018). *Welfare States: Achievements and Threats*. Cambridge University Press.
15. 그러나 사회보험료 고용주 부담분 비중과 실업률 간 인과관계를 규명한 연구는 드물다. 그 이유는 최근까지 경제학의 '조세의 귀착 이론'이 매우 지배적이었기 때문으로 풀이된다.
16. Kleven, H. J. (2014). How can Scandinavians tax so much?. *Journal of Economic Perspectives, 28*(4), 77-98.

17. Nistotskaya, M., & D'Arcy, M. (2018). Getting to Sweden: The origins of high compliance in the Swedish tax State. In S. Steinmo (Ed.), *The Leap of Faith: The Fiscal Foundations of Succesful Government in Europe and America* (pp. 33-55). Oxford University Press.

| 제11장 |

1. 인구 감소에도 불구하고 GDP가 비약적으로 성장할 경우 재정건전성 문제는 심각해지지 않을 수 있다. 그러나 합리적인 가정하에서 국민 1인당 조세부담은 현재보다 높을 수밖에 없기 때문에 증세는 불가피하다는 것이다.
2. Mankiw, N. G. (2021). How to Increase Taxes on the Rich. In O. Blanchard & D. Rodrik (Ed.), *Combating Inequality: Rethinking Government's Role* (pp. 137-140). The MIT Press.
3. 물론 제도가 납세자의 선택을 변화시키지 않는다는 가정하에 그러하다.
4. Summers, L. H. (2021). Would a Wealth Tax Help Combat Inequality? In O. Blanchard & D. Rodrik (Ed.), *Combating Inequality: Rethinking Government's Role* (pp. 141-152). The MIT Press.
5. 참고로 스웨덴은 기업의 사회보험료 부담이 높은 편이지만, 법인세가 낮은 데다 상속증여세와 부유세도 없다.
6. 혹자는 대주주가 경영 실패의 책임을 지기 때문에 천문학적 연봉을 받는 것이 타당하다고 주장할 수 있다. 예를 들어, 근로자와 달리 경영자는 사업이 실패할 경우 큰 빚을 떠안을 수 있다. 그러나 이러한 관점은 자본소득과 노동소득의 차이를 구분하지 못한 것이다. 예컨대 어느 투자자가 은행에서 돈을 차입하여 주식에 투자할 수 있다. 이 경우 주가가 하락하면 큰 빚을 지게 되지만, 반대로 주가가 상승하면 매우 큰 이윤을 창출하게 된다. 경영자들이 부담하는 위험에 대한 보상은 사업이 성공할 경우 주식 가치의 상승으로 이루어지는 것이다. 즉, 투자 위험에 대한 보상은 자본소득으로 이루어지기 때문에, 만약 그러한 위험부담 대가를 급여로 지급받게 될 경우 이중으로 보상받는 꼴이다.
7. 다만 인터넷 거래를 통해 성장한 거대 기술 기업의 독점 문제는 반독점 규제만으로 해결하기 어려울 수 있다. 필자 개인적으로는 인터넷 거래 또는 소비에 대한 세금을 신설할 필요가 있다고 생각한다. 현재 국제 사회에서 논의되고 있는 디지털세(digital service tax)가 도입되면, 그 제도를 확대 개편하여 인터넷 거래에 적용되는 새로운 조세제도의 도입을 고민할 필요가 있다.

찾아보기

ㅋ

ㅌ

ㅍ

ㅎ

지은이

홍순만

연세대학교 교수이다. 삼일회계법인에서 공인회계사로 사회생활을 시작하고 이후 외교통상부 한미FTA협상단 행정사무관, 세계적인 컨설팅회사인 맥킨지앤컴퍼니의 컨설턴트를 거쳐 미국 하버드대학교 케네디스쿨에서 수학하였다. 하버드대학 최우수 논문상(Enel Endowment Prize)과 미국 공공관리학회(PMRA), 행정학회(ASPA), 경영학회(AOM) 최우수 논문상을 수상하였다. 행정학 분야 최고 권위의 국제학술지인 *JPART*의 편집위원을 역임하였으며, 주요 연구결과는 *The Wall Street Journal, Washington Post, Boston Globe, LA Times*, CBS News 등 해외 유력 언론에 소개되었다. 연세대학교에서는 최우수 연구자에게 수여하는 언더우드 특훈교수로 선정되었으며 행정대학원 부원장을 역임하였고 현재 연세대학교 예산정책연구센터 소장으로 근무하고 있다. 연세대학교에서 경영학사, 학점은행제를 통해 컴퓨터공학사, 하버드대학교에서 정책학 석사와 박사 학위를 받았다.

본 책에 소개된 데이터는 예산정책연구센터에서 관리하는 Open Public Finance 홈페이지에 업로드될 예정이며, 홈페이지 베타 버전을 다음 주소에서 확인할 수 있다(open-public-finance.streamlit.app).

조세와 재정의 미래 지속 가능한 복지를 위한 증세 방향

1판 펴냄 2021년 11월 22일
1판 2쇄 펴냄 2023년 3월 2일

지은이 홍순만
펴낸이 김영훈
편집인 전영완
펴낸곳 도서출판 문우사
주소 경기도 고양시 일산서구 킨텍스로 255, 일산 디엠시티 스카이뷰 오피스동 1304호
전화 031) 901-6542, 070) 4200-6542 **팩스** 031) 906-6542
홈페이지 www.munu.co.kr **대표메일** moonwoosa@hanmail.net
출판신고번호 제396-2013-000113호

ISBN 979-11-85994-91-8 93350

값 22,000원